Lehrerhandbuch

Mittelpunkt
neu B2

Deutsch als Fremdsprache für Fortgeschrittene

Margit Doubek
Monika Lanz
Angelika Lundquist-Mog

Ernst Klett Sprachen
Stuttgart

Abkürzungen und Symbole in **Mittelpunkt neu B2 Lehrerhandbuch**

DS: Doppelseite
Im: Interaktion mündlich
Is: Interaktion schriftlich
Rm: Rezeption mündlich
Rs: Rezeption schriftlich
Pm: Produktion mündlich
Ps: Produktion schriftlich
UE: Unterrichtseinheit
LB: C1 ▶ Verweis auf die passende Doppelseite bzw. Übung im Lehrbuch

Quellen

Textquelle
S. 37–39 (3. Sich bewerben: Arche Noah): Bewerbungsbrief und persönliches Profil © Martin Lange, Christian-Albrechts-Universität, Kiel

Bildquelle
S. 39: iStockphoto (Alan Crawford), Calgary, Alberta

1. Auflage 1 ⁷ ⁶ ⁵ | 2023 22 21

Alle Drucke dieser Auflage sind unverändert und können im Unterricht nebeneinander verwendet werden. Die letzte Zahl bezeichnet das Jahr des Druckes. Das Werk und seine Teile sind urheberrechtlich geschützt. Jede Nutzung in anderen als den gesetzlich zugelassenen Fällen bedarf der vorherigen schriftlichen Einwilligung des Verlags.

© Ernst Klett Sprachen GmbH, Stuttgart 2013.
Alle Rechte vorbehalten.
Internetadresse: www.klett-sprachen.de/mittelpunkt

Autoren: Margit Doubek, Monika Lanz, Angelika Lundquist-Mog

Redaktion: Anneke Peters, Angela Fitz-Lauterbach
Gestaltung und Herstellung: Anastasia Raftaki
Gestaltung und Satz: Jasmina Car, Barcelona
Umschlaggestaltung: Annette Siegel, Silke Wewoda
Druck und Bindung: Elanders GmbH, Waiblingen

ISBN 978-3-12-676655-5

Inhalt

Konzept des Lehrwerks	4
Tipps zur Arbeit mit Mittelpunkt neu B2	10
Unterrichtsprojekte, Übungen, Spiele	26
Hinweise zum Abschlusstest	50
Lektionstests 1 bis 12	60
Lösungen zum Lehrbuch	84
Lösungen zu den Lektionstests	98
Transkriptionen der Hörtexte im Lehrbuch	101
Übersicht über die Lernziele / Kannbeschreibungen	123

Konzept des Lehrwerks

Zielgruppen und Ziele

Mittelpunkt neu B2 wendet sich an Lerner ab 16 Jahren, die Deutsch auf der Niveaustufe B1 bereits abgeschlossen haben und mit einem kurstragenden Lehrwerk arbeiten möchten, das sie auf die Prüfungen „Goethe-Zertifikat B2" und „telc Deutsch B2" vorbereitet. Das Lehrwerk kann sowohl in deutschsprachigen Ländern als auch im Ausland eingesetzt werden.

Die Komponenten von Mittelpunkt neu B2 im Überblick

- Lehrbuch
- Arbeitsbuch mit eingelegter Audio-CD
- 3 Audio-CDs zum Lehrbuch
- Lehrerhandbuch
- Zusatzmaterialien unter www.klett-sprachen.de/mittelpunkt

Lektionsaufbau und Modulcharakter

Das Lehrbuch ist in zwölf übersichtlich gestaltete Lektionen mit Themen aus Alltag, Beruf, Wissenschaft und Kultur gegliedert. Jede Lektion ist wiederum in sechs Lerneinheiten (jeweils eine Doppelseite) aufgeteilt.

Die Lektionsinhalte und der damit verbundene Wortschatz sind nicht progressiv aufeinander aufgebaut, sondern folgen einem zyklischen Aufbau, indem Lernziele, Textsorten etc. immer wieder aufgegriffen werden. Dadurch hat das Lehrbuch Modulcharakter und bietet ein flexibles System, das sich auch bei unterschiedlichen Voraussetzungen (z. B. Zahl der Unterrichtsstunden, Interessen der Lerner, Heterogenität etc.) an die jeweiligen Gegebenheiten anpassen lässt.

Wenn Sie die Reihenfolge der Lektionen austauschen möchten, sollten Sie jedoch wissen, dass der Schwierigkeitsgrad der Texte und Aufgaben in den ersten Lektionen geringer ist als in den späteren Einheiten. Es ist zudem empfehlenswert, mit Lektion 1 zu beginnen, da sie als Übergang von der B1- zur B2-Stufe konzipiert ist (Aufgreifen des bekannten Themas „Reisen", Wiederholung der Satzbauregeln). Lektion 12, die für die Lerner von den Texten und Strukturen her einfacher zu erarbeiten ist und somit das Erfolgserlebnis am Kursende stärken soll, könnte also partiell auch zu einem früheren Zeitpunkt eingesetzt werden.

Die Zeitspanne, die Sie voraussichtlich mit einer Doppelseite verbringen werden, richtet sich natürlich danach, wie intensiv das Material bearbeitet wird. Im Schnitt kann man von ca. 2 UE pro Doppelseite ausgehen. Zusätzliches Übungsmaterial und Vorschläge für weiterführende Projekte finden Sie im Arbeitsbuch und hier im Lehrerhandbuch.

Der Stoffverteilungsplan für **Mittelpunkt neu B2** geht von den ca. 70 detaillierten Kannbeschreibungen zur mündlichen und schriftlichen Sprachinteraktion, Sprachrezeption und Sprachproduktion aus, die für die Niveaustufe B2 im Gemeinsamen Europäischen Referenzrahmen (GER) vorgegeben sind. Für Ihre Kursplanung ist es wichtig zu wissen, dass die Summe aller Doppelseiten im Lehrwerk alle Kannbeschreibungen mindestens einmal abdeckt.

Die Kannbeschreibungen, auf die die Textsorten und Aufgaben auf einer Doppelseite ausgerichtet sind, können jeweils auf der 2. Seite rechts oben abgelesen werden, z. B. Lektion 12 (DS C):

○ im Radio Informationen aus Nachrichten-, Feature-Sendungen verstehen; sich Notizen machen; einen kurzen Text vortragen

Wenn Sie also diese oder eine andere Doppelseite weglassen möchten, können Sie rasch sehen, um welche Kannbeschreibungen es sich hier handelt. Sie entscheiden dann, ob Sie diese zu einem anderen Zeitpunkt berücksichtigen möchten, oder Sie überprüfen, ob die entsprechenden Kannbeschreibungen in einem anderen Kontext bereits bearbeitet wurden oder in den Folgelektionen behandelt werden. Den schnellsten Überblick über das Vorkommen aller Kannbeschreibungen in den einzelnen Lektionen finden Sie im Anhang „Übersicht über die Lernziele / Kannbeschreibungen im Lehr- und Arbeitsbuch" oder im Internet unter www.klett-sprachen.de/mittelpunkt. In diesem Fall würden Sie feststellen, dass z. B. „im Radio Informationen aus Nachrichten-, Feature-Sendungen verstehen" auch in Lektion 5 und 11 geübt wird, dass man Notizen auch in Lektion 4, 7 und 11 macht und einen kurzen Text auch in Lektion 8 und 10 vorträgt.

Aufbau der Doppelseiten

Jede Doppelseite (DS) einer Lektion stellt also eine in sich geschlossene Einheit dar. Die Doppelseiten sind jeweils nummeriert, von A bis F. Neben den Kannbeschreibungen, d.h. den Lernzielen, die Sie jeweils oben auf der rechten Seite ablesen können, findet man in der Marginalspalte weitere Hinweise, z.B. auf den passenden Abschnitt in der Referenzgrammatik im Anhang des Lehrbuchs oder auf die passende CD samt Tracknummer. Zur besseren Orientierung haben wir für Sie die einzelnen Elemente auf einer exemplarischen Doppelseite gekennzeichnet:

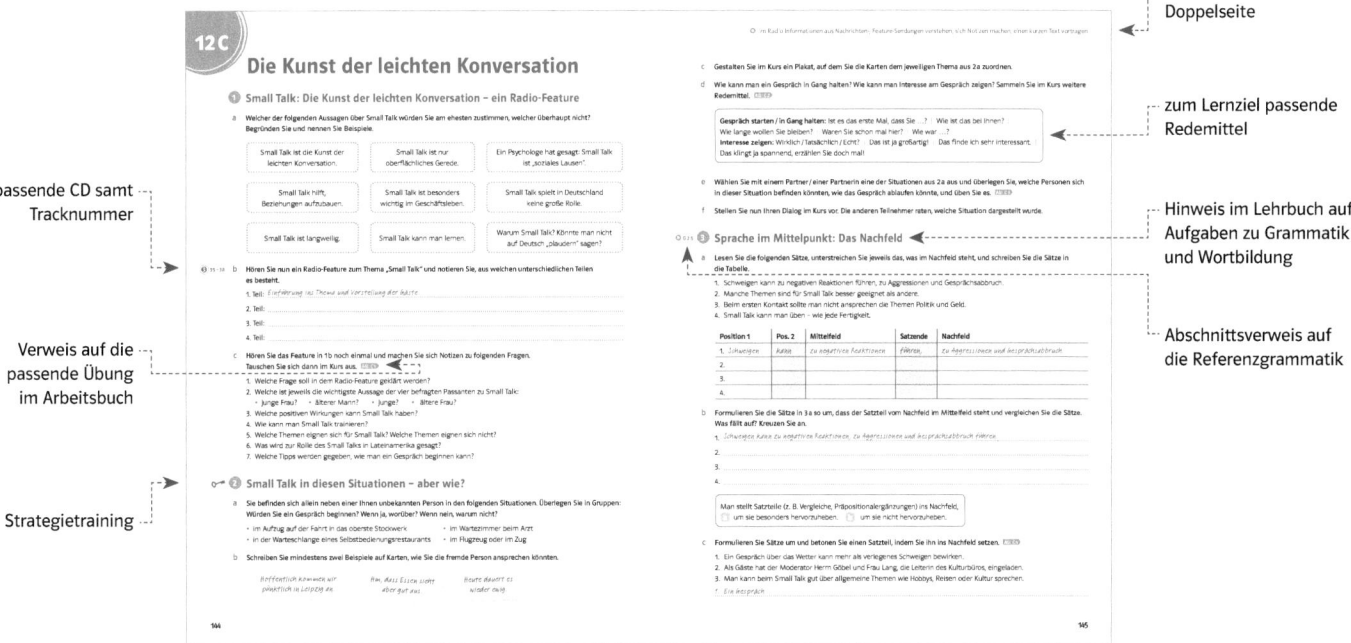

Darüber hinaus werden Aufgaben, die relevante Prüfungsformate üben, in der Marginalspalte gekennzeichnet:

- Ⓟ GI — prüfungsrelevanter Aufgabentyp: neues Goethe-Zertifikat B2 – Aufgaben im Lehrbuch
- Ⓟ GI → www — prüfungsrelevanter Aufgabentyp: neues Goethe-Zertifikat B2 – Aufgaben online
- Ⓟ telc — prüfungsrelevanter Aufgabentyp: telc Deutsch B2

Die Kannbeschreibungen des Gemeinsamen Europäischen Referenzrahmens

Der Gemeinsame Europäische Referenzrahmen (GER) wurde entwickelt, um das Unterrichten, Lernen und das Messen von Lernerfolgen in Europa vergleichbar zu machen. Wenn es früher hieß „Das ist ein Mittelstufenkurs", wusste man nur, dass die Lerner wohl fortgeschritten sein mussten und wahrscheinlich bereits den Grundstufenstoff gelernt hatten. Mit anderen Worten: Diese Angaben waren ungenau und boten einen großen Spielraum für Interpretationen.

Mithilfe des GER kann man dagegen eindeutig sagen, welche Lernziele es gibt, ob und in welchem Maße die Lernziele erreicht worden sind, und was man tun muss, um diese zu erreichen. Der Spracherwerb ist somit transparenter, nachvollziehbar und messbar geworden.

Im GER findet man insgesamt 6 Niveaustufen: A1, A2, B1, B2, C1, C2.

Das Ziel von **Mittelpunkt neu B2** ist es, den Lernern zu helfen, vom B1- auf das B2-Niveau zu kommen. Konkret gesprochen: Lernziel ist es, die ca. 70 detaillierten Zielvorgaben – also die Kannbeschreibungen des GER – im Laufe des Kurses in **authentischen Sprachhandlungen** anwenden zu können, und zwar in den Bereichen:

Interaktion mündlich – Interaktion schriftlich
Rezeption mündlich – Rezeption schriftlich
Produktion mündlich – Produktion schriftlich

In jedem dieser Bereiche ist eine große Bandbreite von Lernzielen vorgegeben, z. B. bei der Rezeption schriftlich werden allein zehn unterschiedliche detaillierte Lernziele vorgegeben. Hieß es z. B. in der früheren Didaktik: Die Fertigkeit „Lesen" wird geübt, so wird heute erwartet, dass die Lerner mit einem ganzen Spektrum von Textsorten umgehen können und sich dabei auf unterschiedliche Leseziele konzentrieren. Die Aufgaben, die die Lerner z. B. im Umfeld des Leseverstehens erfüllen sollen, orientieren sich an dem Sprachniveau B2. Greift man nur vier aus den zehn Kannbeschreibungen zur schriftlichen Rezeption heraus, so wird die Bandbreite der daraus abgeleiteten **Lernziele** und der damit verbundenen **Sprachhandlungen** deutlich:

- in Artikeln und Berichten über aktuelle Themen Haltungen und Standpunkte verstehen
- in längeren Reportagen zwischen Tatsachen, Meinungen, Schlussfolgerungen unterscheiden
- Anzeigen zu Themen eines Fach- oder Interessengebiets verstehen
- in Verträgen die Hauptpunkte verstehen, Rechtliches jedoch nur mithilfe des Wörterbuchs

Diese vier Kannbeschreibungen erfordern den Umgang mit vier unterschiedlichen Textsorten, um diese Sprachhandlungen bewältigen zu können: Berichte, Reportagen, Anzeigen, Verträge.

Beispiel 1: Wenn man die Kannbeschreibung „in Artikeln und Berichten über aktuelle Themen Haltungen und Standpunkte verstehen" herausgreift, findet man in **Mittelpunkt neu B2** z. B. in Lektion 8 (DS E) einen Artikel zum Thema „Burnout". Im Vorfeld tauschen sich TN darüber aus, was sie unter Burnout verstehen. TN lesen daraufhin den Artikel und arbeiten die Meinung der Autorin sowie ihre Argumentationsschritte heraus. So ergibt sich aus der Zielbeschreibung, auf welche Weise die Fertigkeit „Lesen" geübt werden soll. Die Lektüre führt über zu einer Kannbeschreibung aus dem Bereich Produktion schriftlich – „über aktuelle oder abstrakte Themen schreiben und eigene Gedanken und Meinungen dazu ausdrücken" –, indem TN einen Leserbrief zu dem Artikel scheiben und darin ihre eigene Meinung zum Thema „Burnout" darlegen. Im Lehrbuch werden hierfür passende Redemittel vorgegeben. So lernen TN, Argumente für bzw. gegen ein Thema vorzubringen bzw. den eigenen Standpunkt darzulegen. In Lektion 11 (DS D) begegnet man der Kannbeschreibung „Standpunkte verstehen" wieder. Hier arbeiten TN die Haltung der Autoren von Forumsbeiträgen bzw. der darin zitierten Wissenschaftler zum Thema „Klimawandel" heraus. Daraus ergibt sich automatisch die Beschäftigung mit der indirekten Rede.

Beispiel 2: Produktion mündlich, „eine vorbereitete Präsentation gut verständlich vortragen" – auf die mit dieser Kannbeschreibung verbundene Sprachhandlung stößt man in der Universität, aber auch im Berufsleben sehr häufig. Eine Präsentation lebt aber nicht nur vom „Was", sondern auch vom „Wie". In Lektion 4 (DS F) hören TN daher, bevor sie selbst eine Präsentation halten, einen Vortrag darüber, wie man richtig präsentiert. Aufgrund dieses Wissens und mithilfe im Lehrbuch vorgegebener Redemittel bereiten TN ihre Präsentation vor und tragen sie im Kurs vor. Wie in der Realität können die Zuhörer im Anschluss Fragen stellen (Kannbeschreibung aus dem Bereich Interaktion mündlich: „gezielt Fragen stellen und ergänzende Informationen einholen"). Zum Schluss analysieren die Zuhörer die jeweilige Präsentation und geben Ratschläge – ebenfalls eine Kannbeschreibung aus dem Bereich Interaktion mündlich.

Diese Beispiele sollten zeigen: Die Kannbeschreibungen stehen im Mittelpunkt, alles andere wie Textsorten, Redemittel, Wortschatz oder Grammatik ergeben sich aus ihnen:

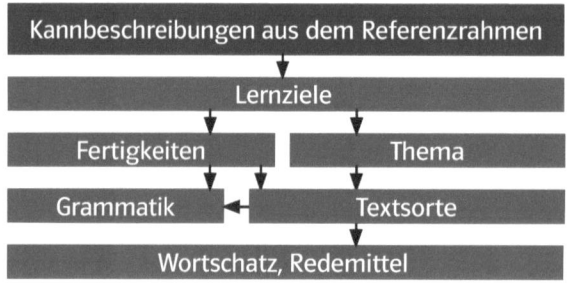

Sprachhandeln im aufgabenorientierten Unterricht

Die Kannbeschreibungen als ausformulierte Lernziele sind kein Selbstzweck. Sie sind vielmehr notwendig für jedes sprachliche Handeln im realen kommunikativen Kontext. Wenn man die Aufgaben in **Mittelpunkt neu B2** analysiert, so wird deutlich, dass für eine angestrebte **Sprachhandlung** häufig mehrere detaillierte Kannbeschreibungen (Feinlernziele) nötig sind, um die Situation im Alltag oder Beruf zu meistern.

Beispiel: In Lektion 4 (DS B) sollen TN Informationen, die sie vorher erhalten haben, schriftlich weitergeben. „Informationen und Sachverhalte schriftlich weitergeben und erklären" ist eine Kannbeschreibung, die der Interaktion schriftlich zugeordnet ist. Genau genommen muss in diesem Fall zunächst aber eine Information, die TN mündlich – hier auf dem Anrufbeantworter – erhalten hat, verstanden werden (Fertigkeit „Hören"), bevor die Lerner die E-Mail schreiben können (Fertigkeit „Schreiben"). Ein anderes Beispiel dafür, dass mehrere Fertigkeiten bei sprachlichen Handlungen integriert sind, findet sich z. B. in Lektion 9 (DS D). Zur Kannbeschreibung „zu einem gemeinsamen Vorhaben beitragen und dabei andere einbeziehen" findet sich die Aufgabe, Informationen zum Schriftsteller Peter Bichsel zu sammeln und im Kurs zu präsentieren. Eine solche Aktion verlangt aber nicht nur Interaktion mündlich, sondern TN müssen im Netz oder in einer Bibliothek recherchieren, die Informationen zusammenstellen und notieren. Neben „Sprechen" erfordert diese Aufgabe also auch die Fertigkeiten „Lesen" und „Schreiben". Bei genauerer Analyse werden Sie feststellen, dass häufig mehr Fertigkeiten integriert und Kannbeschreibungen impliziert sind, als auf der jeweiligen Doppelseite angegeben sind. Dies bedeutet lediglich, dass bei einer authentischen Sprachhandlung zwar häufig mehrere Lernziele eine Rolle spielen, der Fokus aber auf den auf der jeweiligen Doppelseite ausgewiesenen Kannbeschreibungen liegt.

Neben der Kombination von Fertigkeiten bzw. Feinlernzielen zur authentischen Bewältigung von Sprachhandlungen vermittelt **Mittelpunkt neu B2** auch zahlreiche **Strategien**, wie dies zu erreichen ist. So finden TN zu den jeweiligen Lernzielen passende Redemittel in den dazu gehörigen Redemittelkästen. Zudem wird gezielt trainiert, wie man bestimmte Situationen am besten bewältigen kann, z. B. das höfliche Diskutieren in Lektion 1 oder Kompromisse aushandeln in Lektion 6. Auf diese Weise lernen TN, sich sprachlich adäquat zu verhalten. Darüber hinaus üben TN im Lehrbuch und besonders im Arbeitsbuch gezielt Strategien zum Leseverstehen (Lektion 2, 3, 4, 5, 7, 8, 9) und Hörverstehen (Lektion 3, 4, 8, 11), zum Schreiben (Lektion 2, 3, 6, 9), Notizenmachen (Lektion 4, 7), zu Grafiken (Lektion 7), zur Wortschatzarbeit (Lektion 1, 2, 5, 10), zur Fehlerkorrektur (Lektion 6, 7) und für die mündliche Prüfung (Lektion 12). Solche Aufgaben sind mit einem Schlüssel gekennzeichnet: 🔑

Mittelpunkt neu B2 lässt innerhalb der Aufgabensequenzen auch immer Raum für den interkulturellen Blick und gibt damit die Möglichkeit zum Vergleich und Austausch. Hierzu finden sich entweder Aufgaben, in denen TN aufgefordert werden zu reflektieren, wie etwas in ihrem Heimatland gehandhabt wird bzw. sich durch direkte interkulturelle Vergleiche, z. B. Lektion 10 (DS F), kulturelle Unterschiede bewusst zu machen.

Lerner als Berater

Sprachliches Handeln in einer Fremdsprache ohne Lernpartner wäre ein schwieriges Unterfangen. Rein rezeptiv mag jeder allein arbeiten, aber erst durch den Austausch über das Gehörte und Gelesene erfahre ich, was andere TN aus dem Text herausgehört oder -gelesen haben. Darüber hinaus unterstützt die sprachliche Interaktion gleichzeitig den Lernprozess. Die meisten Aufgaben finden deshalb – wie in jedem kommunikativen Unterricht – in Lerngruppen und Lernpaaren statt. Hier helfen und unterstützen sich die Lerner gegenseitig bei der Ausführung ihrer Aufgaben. KL übernehmen dabei vorwiegend die Rolle von Moderatoren, Beratern und Lernmanagern, die z. B. den Gruppen Aufgaben erteilen, Gruppenergebnisse einholen, die Lernziele und die Zeit nicht aus den Augen verlieren etc.

Mittelpunkt neu B2 geht noch weiter: Die Lerner untereinander fungieren hier stärker als üblich als Berater und übernehmen phasenweise Aufgaben, die traditionellerweise KL übernommen haben. Sie geben sich gegenseitig Feedback und Unterstützung im Anschluss an Aufgaben, Präsentationen etc., sagen sich gegenseitig, was gut gelaufen ist und was noch verbesserungsfähig wäre. Mehr dazu im folgenden Kapitel unter Tipp 12 (S. 20).

Der Stellenwert der Grammatik

Wie Sie an den oben genannten Beispielen bereits sehen konnten, ergibt sich die Grammatik, die im Lehrbuch **Mittelpunkt neu B2** aufgegriffen wird, **aus dem Kontext** der Themen und Texte; die Grammatik ist somit auf die Lernziele, d. h. auf die Kannbeschreibungen, abgestimmt. Dabei werden solche Grammatikthemen bearbeitet, die TN auf diesem Sprachniveau erfahrungsgemäß noch Schwierigkeiten bereiten.

Pro Lektion sind die Grammatikthemen auf je zwei Doppelseiten gebündelt. Auf der linken Seite der jeweiligen Doppelseite erarbeiten sich TN einen Lese- oder Hörtext. Dieser Text bildet dann jeweils den Ausgangspunkt für die Behandlung eines bzw. zweier zusammenhängender Grammatikthemen. TN erarbeiten sich schrittweise die Regeln zur Bildung, Funktion und Bedeutung. Das Arbeitsbuch bietet jeweils passende Übungen und je nach Grammatikthema auch ergänzende Übungen, z. B. das Passiv ohne Subjekt zum Thema Passiv in Lektion 5.

Die Referenzgrammatik im Anhang des Lehrbuchs stellt die Grammatikthemen, die in den Lektionen vorkommen, übersichtlich dar. Es handelt sich dabei um die Grammatikphänomene, die die Lerner benötigen, um die angestrebten Sprachhandlungen zu bewältigen.

Verabreden Sie mit Ihren TN, dass sie diese Grammatik erst dann als Nachschlagewerk einsetzen, wenn die **eigene Regelfindung** bereits geschehen ist, also zur Selbstkontrolle und Vertiefung der erarbeiteten Regeln. Denn die Lerner können die Regeln meistens selbst herausfinden, wenn sie die Grammatikverwendung in den Texten bzw. Beispielen herausarbeiten und aufgrund dessen die vorgegebenen Tabellen bzw. Regeln selbst ergänzen. Bei dieser Vorgehensweise handelt es sich um die bewährte lernerorientierte SOS-Grammatik (Sammeln, Ordnen, Systematisieren).

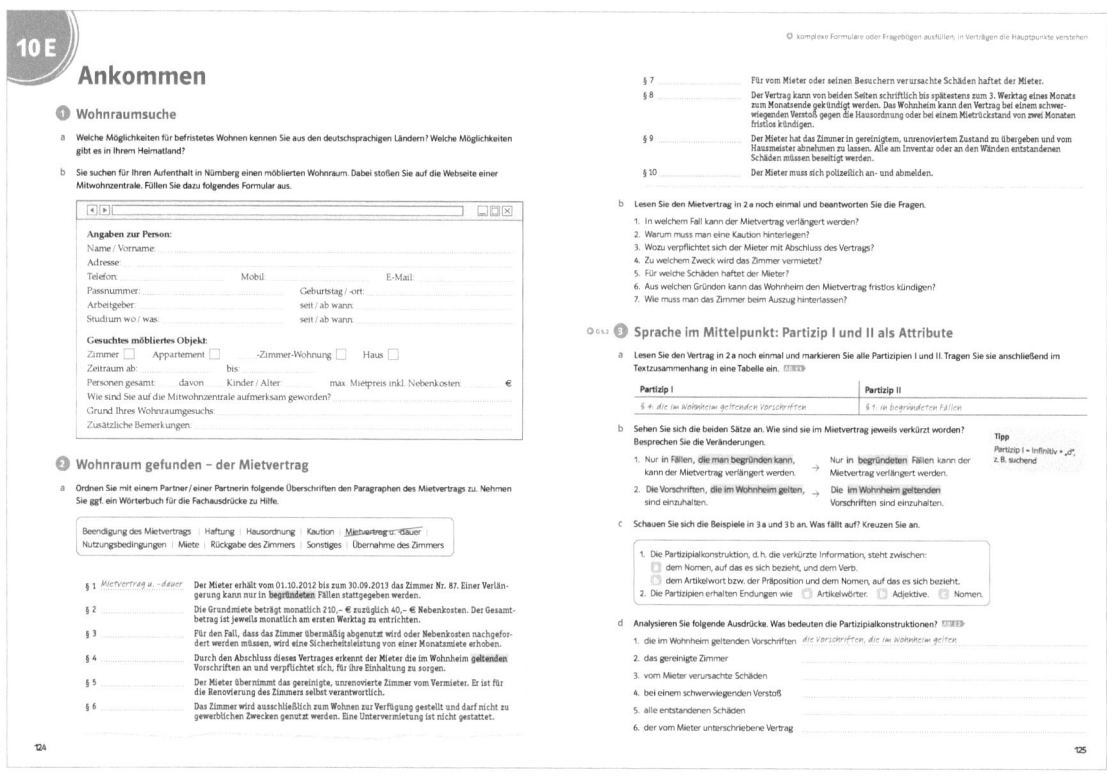

Beispiel: Zunächst beantworten TN Fragen zum Mietvertrag (Aufgabe 2b). Dabei beschäftigen sie sich schon indirekt mit Partizipialkonstruktionen. Danach markieren TN die Partizipialkonstruktionen im Text und sammeln diese in einer Tabelle (Aufgabe 3a). Im Anschluss erfolgt eine Analyse der Partizipialkonstruktionen: Die Funktion wird angesprochen (Verkürzung der Aussage), die Form wird verglichen (Relativsatz und Partizipialkonstruktion), dann wird eine Regel angeboten, bei der TN nur noch die richtige Antwort ankreuzen müssen (Aufgabe 3b/c). D. h., TN müssen nicht die ganze Regel entwickeln, aber sie müssten nach den Beispielen im Text und dem Ordnen fähig sein, die richtige Regel zu benennen und in der folgenden Übung korrekt anzuwenden (Aufgabe 3d).

Zwar gibt es den Hinweis, dass die Grammatik im Abschnitt 5.2 der Referenzgrammatik nachgelesen werden kann. Es ist jedoch für den Lernprozess der TN und die zukünftige Anwendung äußerst wichtig, sich die Grammatikregeln selbstständig zu erarbeiten und die Referenzgrammatik wirklich nur zur Überprüfung der eigenen Ergebnisse bzw. zum späteren Nachschlagen zu nutzen.

Funktion des Arbeitsbuchs

Das Arbeitsbuch von **Mittelpunkt neu B2** dient zur Vertiefung und Erweiterung des Lernstoffs im Lehrbuch und ist analog zum Lehrbuch aufgebaut: In zwölf Lektionen, die jeweils in sechs Lerneinheiten aufgeteilt sind, werden die Themen des Lehrbuchs aufgegriffen. Im Unterschied zum Lehrbuch sind diese sechs Lerneinheiten jedoch unterschiedlich lang, je nachdem wie viel Übungsmaterial der Lernstoff im Lehrbuch jeweils erfordert. Systematische Verweise von den Aufgaben im Lehrbuch auf passende Übungen im Arbeitsbuch erleichtern das Arbeiten. Wortschatz, Redemittel, Grammatik und Strategien werden in sinnvollen Zusammenhängen geübt, daher ist das Arbeitsbuch auch ein notwendiger Bestandteil für den Unterricht. Darüber hinaus enthält jede Lektion für die Kommunikation relevante Ausspracheübungen. Eine Audio-CD mit diesen Übungen sowie weiteren Hörtexten ist in das Arbeitsbuch integriert. Minichecks zur Selbstevaluation, Transkriptionen und die Lösungen zu den Übungen runden das Angebot ab.

Prüfungsvorbereitung

Im Lehr- und Arbeitsbuch werden TN mit den Aufgabenformaten der B2-Prüfung des Goethe-Instituts („Goethe-Zertifikat B2") und von telc („telc Deutsch B2") vertraut gemacht. Die prüfungsrelevanten Aufgabentypen zu telc Deutsch B2 finden Sie immer wieder im Lehrbuch eingestreut. Zum neuen Goethe-Zertifikat B2 finden Sie die meisten prüfungsrelevanten Aufgaben online unter: www.klett-sprachen.de/mittelpunkt-neu. Die Aufgaben im Lehrbuch, zu denen eine solche neue Goethe-Zertifikatsaufgabe gehört, sind mit einem „www"-Hinweis versehen. Eine Modellprüfung zum neuen Goethe-Zertifikat B2 finden Sie online unter www.klett-sprachen.de. Zum Download geben Sie in das Suchfeld auf der Website folgenden Zugangscode ein: m7xtq9f. Passend zur Modellprüfung finden Sie im Internet Informationen zum „Goethe-Zertifikat B2" sowie praktische Tipps und Kommentare zu jedem Aufgabentyp. Eine Übersicht über die Fundstellen der Aufgaben, die die prüfungsrelevanten Aufgabentypen der Prüfungen des Goethe-Instituts und von telc gezielt trainieren, finden Sie im Internet unter www.klett-sprachen.de/mittelpunkt-neu.

Transparenz den Lernern gegenüber

Mittelpunkt neu B2 macht TN und KL durchgehend die Lernziele transparent. In diesem Sinne werden im Inhaltsverzeichnis und auf den Doppelseiten im Lehrbuch die jeweiligen **Lernziele** genannt. Man erfährt, in welchem Fall TN eine prüfungsrelevante Aufgabe lösen („Goethe-Zertifikat B2" bzw. „telc Deutsch B2"). Bei den Grammatik- bzw. Wortbildungsthemen im Lehr- und Arbeitsbuch findet man einen Verweis auf den jeweiligen Abschnitt in der Referenzgrammatik. Dahinter verbirgt sich die Erfahrung, dass Lerner, die die Lernziele kennen, auch bessere Ergebnisse erzielen und fähig sind, ihren eigenen Lernprozess in verstärktem Maße selbstständig zu steuern.

Zu dieser verstärkten Einbeziehung der Lerner gehört auch die **Reflexion** über das eigene Lernen. Im Lehr- und Arbeitsbuch ist die **Bewusstmachung** von Lernvorgängen und Strategien ein fester Bestandteil, z. B. in den Minichecks im Arbeitsbuch „Das kann ich nun" und in den mit dem Schlüsselsymbol gekennzeichneten Aufgaben. Hier werden TN Tipps, Vorschläge und Strategien an die Hand gegeben, die es ihnen ermöglichen, selbstständig mit der deutschen Sprache zu arbeiten, sie zu analysieren und den Gebrauch zu perfektionieren. Im folgenden Kapitel unter Tipp 11 (S. 19) erfahren Sie zudem mehr über das Reflektieren des eigenen Sprachlernwegs in Form eines Lernerportfolios bzw. Lerntagebuchs.

Darüber hinaus werden TN – vor allem im Arbeitsbuch – häufig aufgefordert, ihre Meinung zu **Arbeitstechniken** zu äußern. Dabei geht es in erster Linie nicht um richtig oder falsch, um besser oder schlechter, sondern um die Analyse und Reflexion, die TN direkt auf die von ihnen angestrebten Sprachhandlungen übertragen können.

Beispiele: In Lektion 4 (DS F im Arbeitsbuch) werden TN befragt, welche Notizen sie verständlicher finden. In Lektion 6 (DS A im Arbeitsbuch) werden TN aufgefordert, mit verschiedenen einsprachigen Wörterbüchern zu arbeiten und anschließend die Unterschiede der Wörterbücher herauszuarbeiten.

Tipps zur Arbeit mit Mittelpunkt neu B2

Tipp 1: Arbeitsweise zu Kursbeginn etablieren

Es ist empfehlenswert, ein bis zwei Stunden für die Etablierung von kursbegleitenden Arbeitsformen einzuplanen. Ob und was Sie realisieren können, wird u. a. davon abhängen, wie Ihre Zeit- und Raumvorgaben sind, welche Technik Sie zur Verfügung haben (z. B. Internetzugang). Erfahrungsgemäß lassen sich jedoch Lösungen finden, wenn man kreative und projektorientierte Verfahren einsetzen möchte.

Hier eine Liste der Themen, die Ihnen bei Ihrer Kursplanung helfen sollen und die auch auf den folgenden Seiten unter den einzelnen Tipps aufgegriffen werden.

- Ein fest installiertes Schwarzes Brett (Pinnwand) im Kursraum, z. B. für selbst geschriebene Anzeigen, Artikel, Fotos, Kulturtipps, Lerntipps etc.
- Lernposter im Kursraum aufhängen, z. B. für die Redemittel, die mit der Zeit anwachsen, visualisierter Wortschatz oder Grammatikregeln, die im Kurs erarbeitet wurden, sodass TN sie immer vor Augen haben.
- Feste Zeiten, z. B. für Wortschatzwiederholungen, Minipräsentationen des Tages.
- Transparent machen, wie Gruppenarbeit, Präsentationen und Projektarbeiten technisch ablaufen sollen.
- Projektarbeit: Wie viele Projekte sollen durchgeführt werden, wann werden die Aufträge dazu vergeben, wann die Ergebnisse präsentiert, gibt es eine Dokumentation?
- Soll ein Kursordner für den Kurs angelegt werden, z. B. mit Ergebnissen von Projekt- und Gruppenarbeiten, selbst geschriebenen Gedichten etc.?
- Gibt es eine Kurszeitung mit ausgewählten Materialien aus dem Kursordner? Wenn ja, müssen die Materialien aus dem Ordner dafür redigiert werden, Zeit dafür einplanen.
- Oder gibt es eine virtuelle Kurszeitung, eine eigene Homepage, ein Forum, bei dem TN und KL untereinander kommunizieren können? Wer kümmert sich darum?
- Wollen Sie deutschsprachige Filme oder Lieder im Unterricht einsetzen? Wo können Sie diese bestellen / ausleihen?
- Führen TN ein Lerntagebuch / ein Lernerportfolio? Wie soll das aufgebaut sein? Welche Aufträge geben Sie an TN? Wer liest und bespricht das Portfolio mit TN (KL mit TN oder / und TN untereinander)?

Tipp 2: Der Übungsablauf

Die Aufgaben und Übungen zu den Hör- und Lesetexten im Lehr- und Arbeitsbuch präsentieren einen Ablaufplan für den Unterricht, der auf den Lernprozess abgestimmt ist. Wenn man innerhalb einer Lektion oder Doppelseite einen Teil ändern oder weglassen möchte, sollte man darauf achten, dass das Schema eines in sich abgeschlossenen **Übungsablaufs** nicht völlig außer Acht gelassen wird. In manchen Fällen werden Sie Ihren TN vielleicht auch noch zusätzliche oder alternative Aufgaben rund um einen Hör- bzw. Lesetext geben wollen, um das Erschließen und Bearbeiten eines Textes zu erleichtern.

Normalerweise gibt es vor den einzelnen Hör- und Lesetexten Übungen zur **Vorentlastung des Themas** (Assoziogramme, Mind-Maps, eigene Erfahrungen und Kenntnisse, Bildeinstieg etc.). Sollten diese fehlen oder möchten Sie andere Möglichkeiten nutzen, so können Sie unter Tipp 3 (S. 11) detailliertere Beschreibungen von Vorentlastungsübungen finden.

Die Texte selbst sind meist länger und anspruchsvoller als auf der Niveaustufe B1. Die Lerner sollen jedoch nur selten den ganzen Text detailliert lesen bzw. hören. Durch **gelenkte Aufgabenstellungen** werden **unterschiedliche Hör- und Lesestrategien** im Lehr- und Arbeitsbuch angewendet. Darüber hinaus werden im Arbeitsbuch die verschiedenen Hör- und Lesestrategien gezielt reflektiert.

Abhängig von der Lesestrategie ist auch, welcher und wie viel **Wortschatz** benötigt wird, um den Textinhalt zu erfassen. Müssen Sie Wortschatz vorentlasten, der für die Arbeit mit dem Text wichtig ist? Unter Tipp 5 (S. 14) finden Sie hierzu Anregungen.

Im Anschluss an die Textarbeit folgen in der Regel Aufgaben zur **Überprüfung des Textverstehens** (z. B. Beantwortung von Fragen, Zusammenfassungen etc.). Häufig wird mit dem Text jedoch über das Textverstehen hinaus weiter gearbeitet. TN werden mit den sprachlichen Mustern, die den Kannbeschreibungen zuzuordnen sind, selbst **produktiv**, indem sie sich über die Informationen in den Hör- bzw. Lesetexten austauschen, einen Vortrag halten oder schriftlich eigene Texte produzieren.

Ein Beispiel soll die bisherige abstrakte Beschreibung von Übungsabläufen illustrieren: In Lektion 1 (DS F) hören TN ein Interview mit einer Strandkorbverleiherin. Aufgabe 2a „Was glauben Sie, worum wird es in einem Interview mit dem Titel „Klopf, klopf, liebes Pärchen!" gehen? Versuchen Sie, die Fragen zu beantworten" dient der **Vorentlastung**, da TN hier eine kurze Situationsbeschreibung lesen und sich Antworten zu den gestellten Fragen überlegen. Das erleichtert das erste Hören des Interviews. Zudem **lenkt** Aufgabe 2b TN dahingehend, nur auf die Informationen zu achten, die sie zuvor besprochen haben. Beim zweiten Hören (Aufgabe 2c) müssen TN ankreuzen, ob eine Aussage richtig oder falsch ist. Es geht hier also lediglich um die **Überprüfung des Textverstehens**. Am Ende des Übungsablaufs (Aufgabe 2d) sammeln TN Argumente für und gegen die Geschäftsidee „Strandkorbverleih" und diskutieren darüber. Durch diesen Rückbezug **reproduzieren** TN Informationen aus dem Hörtext und werden selbst **produktiv**.

Tipp 3: Methoden zur Abfrage von Meinungen und zum Einholen von TN-Ergebnissen, z. B. als Vorentlastung von Hör-/Lesetexten, zum freien Sprechen oder zur Auswertung

Die im Folgenden vorgestellten Methoden können Sie unterschiedlich einsetzen. Sie helfen, den Unterricht abwechslungsreich zu gestalten, und sind als nähere Beschreibungen, Varianten oder Ergänzungen zu den im Lehrbuch vorgeschlagenen Übungsabläufen gedacht, die den lernerorientierten Unterricht unterstützen sollen. Dabei kommen auch verschiedene **Kannbeschreibungen vor allem der mündlichen Interaktion und Produktion** zum Tragen, z. B. „sich an Gesprächen und Diskussionen beteiligen sowie eigene Ansichten begründen und verteidigen", „den eigenen Standpunkt begründen und Stellung zu Aussagen anderer nehmen", „ein Problem darlegen, dabei Vermutungen über Ursachen und Folgen anstellen sowie Vor- und Nachteile abwägen", „zu einem gemeinsamen Vorhaben beitragen und dabei andere einbeziehen", „Erfahrungen, Ereignisse, Einstellungen darlegen und die eigene Meinung mit Argumenten stützen", „Informationen und Argumente zusammenfassen und kommentiert wiedergeben" etc.

1. Kärtchenabfrage + Clustern

Ablauf: Gruppenfindung (3 – 5 TN) über verschiedenfarbige Kärtchen. Ein wichtiger Tipp am Rande: Es müssen keine Kärtchen sein; buntes zurechtgeschnittenes Papier ca. DIN A5 erfüllt die gleiche Funktion. Wichtiger ist es, Stifte zu benutzen, die dick und deutlich schreiben, und so schreiben, dass die Schrift auch mit Abstand lesbar ist.

Jede Lerngruppe schreibt auf Kärtchen, was ihr zu dem Thema/der Überschrift/dem Wort etc. einfällt. Wichtig: Pro Kärtchen ein Begriff/Stichwort! In diesem Fall kann jede Lerngruppe die Kärtchen in einer Farbe erhalten. Über Kärtchen in zwei Farben können auch positive oder negative Aspekte in den Gruppen gesammelt werden.

Zwei TN sammeln die Kärtchen von allen Gruppen ein und pinnen/kleben sie so an, dass Sinngruppen entstehen; d.h., Doppelnennungen oder vergleichbare Antworten werden zusammengehängt (Methode: Clustern). Die einzelnen Cluster-Gruppen werden noch einmal im Plenum besprochen.

Zeit insgesamt: je nach Gruppengröße 15 – 20 Minuten.

Beispiel 1: In Lektion 3 (DS C, Aufgabe 1) werden Assoziationen zum Thema „Nachbarschaft" nach positiv (+) und negativ (–) geordnet. Es lohnt sich, diese auf Kärtchen zu schreiben, denn so können sie leichter umgehängt, verteilt etc. werden.

Beispiel 2: Lektion 9 (DS B) beginnt mit einer Vorentlastung: „Arbeiten Sie in Gruppen. Wählen Sie einen der Titel und diskutieren Sie die jeweilige These. Machen Sie Notizen." (Aufgabe 1a). Hier ist es hilfreich, wenn TN ihre Überlegungen stichwortartig auf Kärtchen schreiben. Denn dies erleichtert zum einen den folgenden Austausch im Kurs (Aufgabe 1b) und zum anderen das Textverständnis (Aufgabe 1c), da auf diese Weise der Textinhalt mit den eigenen Nennungen verglichen werden kann.

2. Mind-Map

Mit einer Mind-Map können TN Gedanken, Texte und Wortfelder strukturieren. Im Gegensatz zu einem Assoziogramm, bei dem alles so gesammelt wird, wie es TN in den Sinn kommt, wird hier gegliedert und die Verknüpfungen der Informationen werden so sichtbar gemacht.

Beispiel: In Lektion 2 (DS A, Aufgabe 1b) sollen TN sich darüber austauschen, was etwas oder jemanden schön macht. Hier bietet es sich an, die Gedanken mithilfe einer Mind-Map zu sammeln und zu ordnen. An der Tafel, auf DIN A3 oder Flipchart-Papier, das quer gelegt wird, malt man in die Mitte eine Ellipse mit einem Begriff (z. B. Schönheit). Dann werden einzelne Bereiche gesucht, die das Thema gliedern, z. B. Frauen, Männer, Natur, in der Geschichte. Diese Wörter werden auf Äste geschrieben. Die Äste werden in Zweige unterteilt und zu jedem Begriff auf den Ästen werden wieder Unterbegriffe gesucht.

TN können diese Aufgabe als Einzel-, Partner- oder Gruppenarbeit bearbeiten. Die einzelnen Äste können auch an Lerngruppen verteilt werden, sodass am Schluss jede Gruppe ihren Ast mit Zweigen präsentiert.

KL kann auch eine Mind-Map vorgeben und z. B. die Begriffe für die Äste entfernen, sodass TN diese erraten müssen:

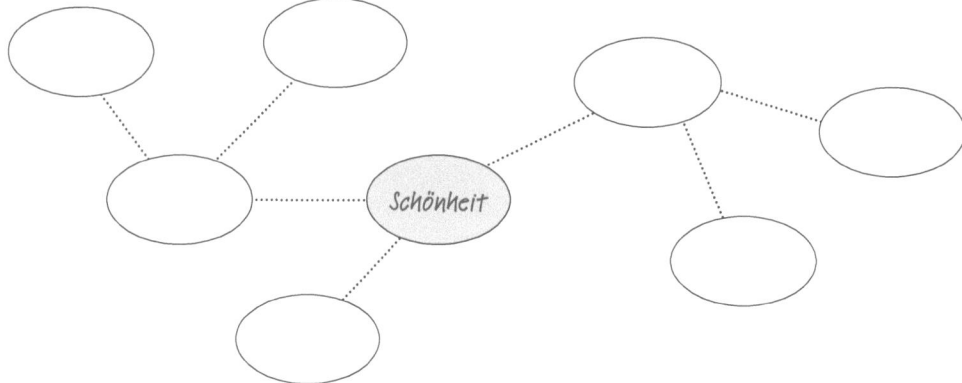

3. Punkteabfrage

Ablauf: TN erhalten alle die gleiche Zahl Klebepunkte, wobei sich die Zahl nach dem Abfrageziel richtet. TN bewerten mit den Punkten Bilder, Thesen oder Texte (z. B. die Fotos zum Thema Schönheit, Lektion 2, DS A).

Beispiele: Fotos oder Thesen, die TN gut finden (z. B. Lektion 2, DS A, Aufgabe 1a und 2b), oder die Texte, die in Lektion 9 (DS F) für TN interessant sein könnten – in beiden Fällen sollte KL die Fotos, Thesen bzw. Texte kopieren, einzeln auf Papier kleben und im Raum verteilen. TN gehen durch den Raum und schauen sich die Fotos an bzw. überfliegen die Thesen / Texte. Sie kleben ihre drei Punkte auf die Fotos, Thesen bzw. Texte, die sie gut finden / interessieren. Wenn sie nichts interessiert, müssen sie auch keine Punkte verteilen; aber sie sollten dies später begründen. Im Plenum werden im Anschluss die Fotos, Thesen bzw. Texte diskutiert, die eine extrem hohe oder niedrige Zahl von Punkten erhalten haben. Welche Gründe gibt es dafür?

4. Kugellager

Die Methode „Kugellager" eignet sich vor allem, wenn Sie als KL möchten, dass sich alle TN gleichzeitig über ein Thema austauschen und / oder wenn Sie Dynamik in das Kursgeschehen bringen wollen. Wichtig ist, dass man genug Platz zum Kugellager-Stellen hat.

Ablauf: Die eine Hälfte der TN stellt sich in einen Kreis und dreht sich dann um, sodass das Gesicht nach außen zeigt. Zu jeder Person gesellt sich jetzt eine andere Person, die sich von Angesicht zu Angesicht vor die Person stellt. Bei ungerader TN-Zahl stellen sich zwei Personen vor eine Person aus dem Kreis – sie befragen sich zu dritt. KL stellt eine Frage, die TN, die sich gegenüber stehen, diskutieren. Nach ca. 2/3 Minuten gibt KL ein vorher vereinbartes akustisches Signal, z. B. in die Hände klatschen. Jetzt gehen jeweils der Außen- und der Innenkreis nach rechts, sodass sich zwei neue Partner gegenüberstehen. Wenn es richtig gemacht wurde, ist es nicht die nächste Person im Kreis, mit der man spricht, sondern die übernächste (gegenläufige Bewegung des Kugellagers). KL stellt nun eine neue Frage. Nach 2/3 Minuten wird der Vorgang nochmals wiederholt und KL stellt eine dritte und letzte Frage, die TN diskutieren. Im Anschluss werden im Plenum zu jeder Frage kurz die wesentlichen Diskussionspunkte gesammelt.

Beispiel: Diese Methode können Sie z. B. bei Lektion 6 (DS B) als Vorbereitung auf die Erörterung zum Thema „Streiten – gut oder schelcht?" (Aufgabe 3) einsetzen: Frage 1: Was spricht für den Standpunkt, dass Streit schlecht ist und man ihn vermeiden sollte? / Frage 2: Was spricht für die Ansicht, dass Streit helfen kann? / Frage 3: Wie geht man in Ihrer Heimat mit Konflikten um?

Tipp 4: Präsentationen aller Art

Gruppenergebnisse präsentieren, etwas vortragen sollen TN in **Mittelpunkt neu B2** in allen Lektionen. In mehreren Lektionen ist es sogar ein Teilaspekt eines Doppelseitenthemas. In Lektion 4 (DS F) wird die Präsentation von Produkten ausführlich geübt. In Lektion 7 (DS F) analysieren TN eine Präsentation und präsentieren und analysieren anschließend „Ihren eigenen Lernweg". In Lektion 8 (DS A) sowie Lektion 9 (DS D) stellen TN jeweils die zu einem Schriftsteller gesammelten Informationen vor. In Lektion 11 (DS C) präsentieren TN ihre Nachrichtenbeiträge. Darüber hinaus finden Sie viele Aufgaben im Lehrbuch, in denen TN etwas vorstellen bzw. präsentieren sollen.

Präsentieren ist also ein wichtiges Lernziel in **Mittelpunkt neu B2**, nicht zuletzt deshalb, weil die Beherrschung dieses Handlungsfelds für das Studium und den Beruf notwendig ist. Darüber hinaus spielt in jedem lernerzentrierten Kurs die Präsentation von Gruppenergebnissen nach einer kurzen Arbeitsphase oder zum Abschluss einer Recherche oder eines Unterrichtsprojekts eine wesentliche Rolle. Bei jeder Ergebnissicherung im Plenum sollten die Gruppenresultate präsentiert werden. Deshalb ist es sinnvoll, schon in den ersten Kursstunden **mit TN zu thematisieren, wie man präsentiert**. Folgende Fragen sollten dabei besprochen werden:

1. Wer präsentiert nach der Gruppenarbeitsphase?

Besprechen Sie mit TN, dass es wichtig ist, während jeder Gruppenarbeitsphase zu überlegen, wie viele TN präsentieren (es können mehrere TN sein), und dass alle TN das Präsentieren von Gruppenergebnissen üben sollten, also es nicht immer dieselbe Person ist, die präsentiert.

2. Wie wird präsentiert, worauf sollte man achten?

Sammeln Sie mit TN schon zu einem frühen Zeitpunkt Tipps für die Präsentation. Neben der Körpersprache und der Stimme sollte der Bereich Visualisierung und der Einsatz von Medien thematisiert werden. Führen Sie zu diesem Zweck eine Diskussion über Visualisierungsmöglichkeiten durch. Erörtern Sie mit TN Fragen wie: Warum sind Visualisierungen so wichtig? Welche Formen von Visualisierungen gibt es? Welche Vor- und Nachteile haben die einzelnen Techniken wie Powerpoint, Overhead, Tafelbild, Plakat etc.? Sind Kärtchen, Cluster, Mind-Maps, Assoziogramme von Wörtern bereits Visualisierungen? Hier können Sie auf die Mnemotechnik zu sprechen kommen, gemeint ist damit: Visualisierungen als Lernhilfe und Unterstützung der gesprochenen Sprache. Bei dieser Analyse und Diskussion ist übrigens bereits eine **Kannbeschreibung** impliziert: „ein Problem darlegen, dabei Vermutungen über Ursachen und Folgen anstellen sowie Vor- und Nachteile abwägen".

Hinweis: Etablieren Sie von Anfang an, dass die Präsentationen nicht vom Sitzplatz aus gehalten werden, sondern stehend, für alle sichtbar, vor der Tafel / vorm Flipchart / beim OHP etc.

3. Präsentation für wen?

Machen Sie TN bewusst, dass die Präsentation keine Aufgabenerfüllung für KL ist, sondern die Kommunikation der TN untereinander fördern soll. Deshalb sollen die Personen / Lerngruppen bereits bei der Vorbereitung der jeweiligen Präsentation darauf achten, dass sich alle TN bei den Präsentationen einbezogen und angesprochen fühlen. Sonst kann es passieren, dass die präsentierende Person vorträgt, die übrigen TN jedoch nur darauf warten, dass sie endlich an die Reihe kommen.

4. Zeitfaktor bei der Gruppenarbeit

Das ganze Procedere einer Gruppenarbeit – Gruppenauftrag geben, Gruppenarbeit, Präsentation, anschließende Diskussion und Zusammenführung der Ergebnisse durch den moderierenden KL braucht Zeit. Das muss bei der Unterrichtsplanung bedacht werden.

Im Schnitt kann man damit rechnen, dass jede Lerngruppe ca. 5 Minuten für ihre Präsentation benötigt. Diese Zeitangabe sollte TN auch von Anfang an transparent gemacht werden, so kann sich ein Zeitrhythmus etablieren. Als KL sollten Sie vermeiden, nur eine Gruppe präsentieren zu lassen. Falls jedoch alle TN denselben Arbeitsauftrag bekommen haben, ist es möglich, dass sich die zweite, dritte etc. Präsentationsgruppe lediglich auf Ergänzungen und Unterschiede zu der ersten Präsentation beschränkt.

Tipp 5: Wortschatz vorentlasten

Im Internet auf www.klett-sprachen.de/mittelpunkt können sich KL und TN den alphabetisch geordneten Wortschatz jeder Lektion, der auf der B2-Ebene neu ist, kostenlos herunterladen. Bedenken sollte man dabei jedoch, dass es sich hier um den gesamten neuen Wortschatz, nicht nur um den Lernwortschatz handelt. Es wäre jedoch nicht sinnvoll, alle diese neuen Lektionswörter systematisch zu lernen. Das wäre lernpsychologisch unklug und widerspricht der Idee, Wortschatz auch aus dem Kontext heraus zu erschließen. Welcher Lektionswortschatz wichtig ist und trainiert werden sollte, ergibt sich letztlich aus der Arbeit im Unterricht und dem Einzelinteresse des TN.

Unbekannter Wortschatz bei der Textarbeit

Durch die thematische Vorentlastung (z. B. Wortnetz, Mind-Map, Assoziogramm) stimmt wahrscheinlich bereits ein Teil des Wortschatzes mit dem des Textes überein. Da alle TN über einen anderen aktiven Wortschatz verfügen, kommt es durch den Austausch und das gegenseitige Erklären zu einer weiteren Vorentlastung. Bevor TN im Kurs die ersten Texte lesen bzw. hören, sollten Sie als KL mit TN besprechen, dass sie den Text weder Wort für Wort verstehen müssen noch alle Wörter auswendig lernen sollen. Können TN den unbekannten Wortschatz im Text aus dem Kontext erschließen, so kann bereits auf einen Großteil der Worterklärungen verzichtet werden.

Häufig gibt es zudem Wörter, die man als bekannt empfindet, weil es sich um Internationalismen oder Wörter der gleichen Wortfamilie handelt. Hierbei kann es sich allerdings auch um „falsche Freunde" handeln, also um Wörter, die ähnlich scheinen, aber eine andere Bedeutung haben. Sensibilisieren Sie TN dafür, fragen Sie bei Internationalismen nach, ob dieses Wort in ihrer Sprache oder im Englischen ähnlich klingt und ob es die gleiche Bedeutung hat.

Sollte es keine Hinweise auf Internationalismen oder verwandte, bekannte Wörter geben, aber handelt es sich um unbekannte Wörter, die für das Textverstehen Ihrer Meinung nach wichtig sind, dann sollten Sie für ein effektives Lernen darauf achten, dass die Wörter nicht im zweisprachigen Wörterbuch nachgeschlagen werden oder dass TN einen Sprachcomputer benutzen. Denn das hilft lernpsychologisch gesehen am wenigsten. Versuchen Sie im ersten Schritt, die unbekannten Wörter mithilfe der strategischen Fragen zur Wortschatzerschließung erschließen zu lassen. Hierzu gibt es in Lektion 5 (DS B) eine Aufgabe, die Sie als KL vorziehen können, indem Sie in einem Text Wörter weglassen und TN die fehlenden Wörter mithilfe der in Lektion 5 vorgestellten Methode erschließen lassen. Wenn Sie hiermit nicht weiter kommen, übernehmen Sie – oder wenn möglich ein TN – die Worterklärung. Die Wörter können auf verschiedene Art und Weise erklärt werden, z. B. durch:

- Gestik und Mimik,
- Zeichnen,
- mit Synonymen, Antonymen,
- mit Beispielsätzen und Situationen.

Tipp 6: Texte knacken / Lesestrategien anwenden lernen

Lesestrategien anwenden

TN sind im Prinzip schon von früheren Sprachkursen gewohnt, dass Texte in einem Lehrbuch didaktisiert, also vorstrukturiert vorliegen und dass sie unterschiedliche Lesestrategien anwenden und auf diese Weise auch Texte über ihrem Sprachniveau lesen können.

Auch in **Mittelpunkt neu B2** werden die meisten Texte auf diese Weise didaktisiert. TN sollen z. B.:

- **Zwischenüberschriften einem Text zuordnen** wie in Lektion 1 (DS D): Nach Abschluss dieser Aufgabe liegt ein Text bereits gegliedert vor; auf diese Weise wird auch ein längerer Text leichter lesbar. Hier ist die Aufgabe allerdings dem Sprachniveau angemessen etwas schwieriger, denn von den zehn zur Auswahl stehenden Zwischenüberschriften passen nur sechs.

- **Textzusammenhang analysieren** wie in Lektion 6 (DS B): Hier konzentrieren sich TN auf die textverbindenden Wörter (z. B. Konnektoren, Pronomen, Präpositionaladverbien), was eine gute Übung zum Training des Leseverstehens ist.

- Texte überfliegen und die Aussagen mit den eigenen Vermutungen vergleichen **(globales Lesen)** wie in Lektion 6 (DS B): Im Anschluss soll die Hauptaussage jedes Abschnitts anhand jeweils zweier vorgegebener Auswahlmöglichkeiten benannt werden.

- Fragen / Aussagen entsprechenden Texten zuordnen wie in Lektion 9 (DS F): TN sollen nur nach den passenden Hinweisen im Text suchen **(selektives Lesen)**. Hier ist die Fragestellung, welche der sechs Buchbesprechungen zu welcher der fünf Personen passt.

- die Hauptaussage von Testabschnitten herausarbeiten wie in Lektion 4 (DS E) bzw. den Aufbau eines Textes analysieren wie in Lektion 8 (DS E im Arbeitsbuch) **(kursorisches Lesen)**.

- Texte manchmal auch **detailliert lesen**, um genau Auskunft geben zu können, was in welchem Textabschnitt / in welcher Zeile steht wie in Lektion 9 (DS D im Arbeitsbuch): Dabei muss ein Text Zeile für Zeile gelesen werden, um die korrekte Aussage anzukreuzen und die passende Zeilenangabe zu notieren.

Bei den meisten didaktisierten Texten finden Sie mehrere **Lesestrategien**, die durch die Aufgaben nacheinander gelenkt angewendet werden. Das ist so, wie die meisten Menschen auch in der Muttersprache z. B. einen Zeitungsartikel lesen: Erst überfliegt man den Text und setzt die Überschrift in Beziehung zu seinem Vorwissen und entscheidet dabei, ob der Artikel von Interesse ist. Erst dann versucht man, die wichtigsten Informationen herauszufinden, und letztendlich liest man noch einmal nach, falls eine Information besonders interessant oder noch unklar ist.

Auf der Niveaustufe B2 wird es wichtig, dass die Lerner diese **Texterschließungsstrategien** eigenständig anwenden können. Vermehrt finden sich daher jetzt längere Texte, die kaum didaktisiert oder vorstrukturiert wurden. D.h. auch, dass TN die Lesestrategien zu diesem Zeitpunkt selbstständig für ihren autonomen Leseprozess ein- und umsetzen müssen. Helfen Sie TN, indem Sie sie auf diesem Weg zum selbstständigen Lesen bringen. Diese Fähigkeit brauchen TN übrigens auch, wenn sie eigenständig Recherchen für ihre Projekte durchführen.

Wie Sie helfen können: Thematisieren Sie mit den Lernern, dass sie solche Texte nicht von Anfang bis Ende genau lesen müssen und nicht jedes Wort bekannt sein muss. Zeigen Sie, möglichst an einem Beispiel, dass mit Lesestrategien selbst schwierigste Texte lesbar werden.

Beispiel: Lektion 8 (DS E): Der Text ist relativ lang und Aufgabe 1b lautet lediglich: „Lesen Sie den Artikel … Welche Definition in 1a wird hier bestätigt?" und Aufgabe 1c verlangt: „Lesen Sie den Artikel in 1b noch einmal. Welche Standpunkte vertritt der Autor und wie begründet er sie?" Diskutieren Sie an dieser Stelle mit TN, wie sie sich mit dieser Aufgabe fühlen, wie sie im „Alltag", wenn sie auf sich allein gestellt wären, mit so einem Text umgehen würden.

Schlüsselwörter finden

Wie Sie oben erkennen können, ist es für die meisten Leseziele nicht notwendig, einen Text Wort für Wort zu verstehen. Trainieren Sie daher die verschiedenen Lesestrategien, ohne sich in Worterklärungen zu verlieren. Ermöglichen Sie TN so die Erfahrung, dass man Texte verstehen kann, ohne jedes Wort verstehen zu müssen.

Etwas anderes ist es, wenn die Schlüsselwörter unbekannt sind, die ja für den Textinhalt notwendig sind. Üben Sie die wichtige Technik: **Schlüsselwörter (= bedeutungstragende / wichtige Wörter) markieren** wie in Lektion 7 (DS E, Aufgabe 1c und 1d). Der Begriff „Schlüsselwörter" stößt bei TN evtl. auf Unverständnis. Geben Sie in solch einem Fall den Arbeitsauftrag: „Suchen Sie im Text die wichtigsten Wörter, also die, die man bei einer Zusammenfassung / Textrekonstruktion braucht." Lassen Sie (in Partnerarbeit) den Text abschnittsweise überfliegen und immer das „wichtigste" Wort / die „wichtigsten" Wörter markieren. Vergleichen Sie die markierten Wörter im Plenum. Sollten gerade diese Wörter unbekannt sein, so kann man trotzdem meist über den Gesamtkontext erschließen bzw. erraten, was die Bedeutung dieses Wortes ist. Helfen Sie bei unbekannten Schlüsselwörtern nur, wenn niemand aus dem Kurs helfen kann.

Bestimmt wird es im Lehrbuch auch andere Situationen geben, in denen TN gerade die bedeutungstragenden Wörter nicht kennen, oder ihnen fehlen genau die Wörter, die sie brauchen, um eine Frage zu beantworten. Gut, dass Sie helfen können. Demonstrieren Sie (theatralisch) die Bedeutung der Wörter, z. B. Lektion 6 (DS B), „Wenn die Fetzen fliegen": Zerreißen Sie ein Blatt Papier und lassen Sie die „Fetzen" unter lautem Grummeln und Brummen fliegen.

Tipp 7: Zum Umgang mit Hörtexten

Vergleichbar mit den Lesetexten sind auch die Hörtexte in **Mittelpunkt neu B2** didaktisch aufbereitet, d. h., es gibt Aufgaben zur Vorentlastung des Inhalts **vor dem Hören**. So sollen sich TN z. B. in Lektion 5 (DS C, Aufgabe 1a) vor dem Hören darüber austauschen, welche Erfahrungen sie mit Praktika haben.

Vor dem ersten Hören werden TN in der Regel aufgefordert, in der Phase **während des Hörens** aus einem Hörtext Informationen herauszuhören **(selektives Hören)**. Um bei dem konkreten Beispiel zu bleiben: Nach der Diskussion über Praktika hören TN eine Radioreportage und sollen in Aufgabe 1b lediglich ankreuzen, ob die Personen, die im Raster aufgeführt werden, dem Thema „Praktikum" gegenüber positiv oder negativ eingestellt sind. Die **detaillierten** Argumente der Personen werden erst nach dem **zweiten Hören** abgefragt, sodass man erst dieses Mal den Text **intensiv hören** muss.

Hinweis: Häufig sind Aufgaben zum Hören bei TN angstbesetzt und das ist nicht gut, wenn man etwas in der Fremdsprache hören / verstehen möchte. Deshalb ist es wichtig, eine entspannte Atmosphäre zu schaffen.

- Die Hörbedingungen müssen optimal sein (Tonqualität, Lautstärke, Entfernung zum Gerät).
- Thematisieren Sie mit TN, dass sie ja normalerweise bei den Hörtexten vom Kontext und den vorentlastenden Übungen her wissen, um welchen Themenbereich es gehen wird, und dass sie nicht alles verstehen müssen, sondern nur Antworten auf die Fragen zum Hörtext geben müssen. Das trifft meist auch auf das Hören im deutschsprachigen Alltagskontext zu, z. B. weiß man, zu welchem Thema man eine Vorlesung bzw. Lesung besucht.
- Anders als beim Lesetext kann man in der Realität bestimmte Textpassagen nicht ein zweites Mal hören. Im Unterricht jedoch können Hörtexte zum Training mehrfach gehört werden. In anderen Fällen sind die Hörbeispiele in Sequenzen unterteilt, damit sich die Lerner Notizen machen können. Denn in der Fremdsprache zu hören und zu schreiben und dabei gleichzeitig weiterzuhören bedeutet – auch für Muttersprachler – eine Überforderung. Die Radioreportage in Lektion 5 z. B. ist daher in sechs Tracks unterteilt, sodass Sie als KL die Tonaufnahme nach jeder Person stoppen können und TN so die Möglichkeit haben, die Argumente einer Person zu notieren, bevor sie die Argumente der nächsten Person hören.
- Als KL sollten Sie unbedingt genügend Zeit geben, um die Aufgabenstellungen im Buch vor dem Hören zu lesen (Aufgabe, zum Text gehörende Fragen, Raster, das auszufüllen ist, etc.) und evtl. mit TN bei Unklarheiten zu besprechen.

Tipp 8: Wortschatz lernen, üben, wiederholen

Wortschatz lernen

Um TN beim Wortschatzlernen zu helfen, ist es sinnvoll, TN zu vermitteln, wie das Gedächtnis funktioniert. Ziel ist es zu verstehen, dass der Wortschatz, mit dem man nicht aktiv beim Lernen umgeht, sofort aus dem Ultrakurzzeitgedächtnis (nach 20 Sekunden) herausfällt oder im Kurzzeitgedächtnis (nach 20 Minuten) vergessen wird.

Sollen TN also im Kurs Wortschatz lernen, so muss es Aufgaben geben, die den neuen **Wortschatz vernetzen**. Viele dieser Vernetzungsaufgaben machen TN bereits beiläufig in **Mittelpunkt neu B2** – besonders im Arbeitsbuch, z. B. bei der Zuordnung zu Synonymen oder Antonymen oder beim Sortieren nach unterschiedlichen Ordnungskriterien (Oberbegriffe, Wortfelder etc.).

Neben der Vernetzung wirkt sich auch bei erwachsenen Lernern **das mehrkanalige / ganzheitliche Lernen** positiv aus. Über Gestik und Mimik, Rhythmus, einen emotionalen Zugang und die Nutzung aller Sinne (tasten, hören, schmecken, riechen, sehen) lernt man erwiesenermaßen leichter. In Lektion 2 (DS F) wird z. B. besprochen, welche Wörter die schönsten deutschen Wörter für TN sind. Bei diesem emotionalen Zugang wird nachvollziehbar, dass TN ihre Wörter bestimmt nicht vergessen und auch die Wörter der anderen TN, die ihren emotionalen Bezug schließlich erklären, ebenfalls mit großer Wahrscheinlichkeit besser behalten.

Zuletzt seien noch die **Mnemotechniken** (Gedächtnistechniken) genannt, die sich TN zunutze machen können, um neue Wörter zu lernen, z. B. mit Eselsbrücken, Reimen, der Verbindung an ein Wort aus der Muttersprache oder das geistige Ablegen / Anbinden des Wortes an einen Ort (Loci-Methode).

Wortschatz üben und wiederholen

Spiele

Aus den meisten Grundstufenlehrwerken sind TN und KL bereits zahlreiche Spiele und Wortschatzübungen bekannt. Diese lassen sich genauso auf dieser höheren Sprachlernebene einsetzen. Das Galgenmännchen und das Kofferpackspiel sind weit verbreitet. Bei abstrakten Begriffen sind manche dieser Spiele schwieriger einzusetzen; aber zum Festigen von Wortschatz ist das Spiel als Übungsform sehr effektiv. Hier ein paar Ideen:

- **Wortschatz-Activity:** Zwei Gruppen/Mannschaften werden gebildet. Jede Mannschaft bekommt einen Stapel neuer Wörter mit einem Hinweis bei jedem Wort, ob es gemalt, umschrieben oder als Pantomime dargestellt werden soll. Der Reihe nach kommt ein Teammitglied nach vorne, zieht eine Karte von seinem Stapel und umschreibt, spielt oder zeichnet ein Wort für ihre Gruppe. Errät die Gruppe das Wort innerhalb von einer Minute, erhält sie einen Punkt. Die Gegenspieler, die dabei natürlich nicht geholfen haben, sind nun an der Reihe.

- **Wortschatz erklären:** Mehrere Gruppen/Mannschaften werden gebildet. Jede Mannschaft wählt z. B. fünf neue Wörter bzw. Ausdrücke aus der jeweiligen Lektion aus und schreibt zu jedem Wort/Ausdruck eine Erklärung auf einen Zettel. Danach liest die Mannschaft ihre Erklärungen einer anderen Mannschaft vor. Diese muss die Wörter bzw. Ausdrücke erraten. Eine solche Aufgabe findet sich z. B. in Lektion 1 (DS F im Arbeitsbuch).

- **Im Raster versteckte Wörter:** Um Wörter zu üben, können KL oder TN füreinander ein Wortgitter herstellen, in das neuer Wortschatz eingetragen wird. Dazwischen stehen x-beliebige Buchstaben. TN tauschen ihre Wortgitter untereinander aus und versuchen alle Wörter in den Wortgittern zu finden.

- **Eine Geschichte erzählen oder schreiben:** Mit dem neuen Wortschatz Geschichten zu erfinden, ist eine aktive Auseinandersetzung mit dem Wortmaterial. Durch die ungewöhnliche Vernetzung von Wörtern merkt man sich wahrscheinlich nicht nur den Wortschatz, sondern auch die seltsame Geschichte. Besonders geeignet ist diese Übung für fortgeschrittene Lerner, denn sie haben bessere sprachliche Voraussetzungen diese Aufgabe gut durchzuführen als Anfänger. Der Ablauf sieht folgendermaßen aus: In einer Schüssel befinden sich Zettelchen, auf denen jeweils ein neues Wort steht. Alle TN ziehen ein Wort. Eine Person beginnt eine Geschichte mit einem Satz, in dem ihr Wort vorkommt. Die nächste Person erzählt weiter, sodass ihr Wort verwendet wird und es irgendeinen Bezug zum ersten Satz gibt usw.

- **Wörter verbinden:** Dazu braucht man eine Tafel. Zehn neue Wörter werden untereinander geschrieben. TN sollen dann für das erste Wort ein Wort finden, das jemand damit verbindet oder dazu assoziiert. In Lektion 5 (DS A) gibt es z. B. Wörter zum Thema „Arbeit und Berufe": Ist das neue Wort „die Fabrik", könnte jemand das Wort „der Arbeiter" assoziieren. Dann wird das alte Wort „die Fabrik" weggewischt. Darunter steht z. B. „die Kreativität". Jemand assoziiert „der Künstler". Wieder wird das alte Wort weggewischt, bis nur noch die Eselsbrücken, also die neuen Wörter, an der Tafel stehen. Jetzt werden die alten Wörter wieder über die Eselsbrücken rekonstruiert und die Eselsbrücken werden weggewischt. Auch hier gilt: Je verrückter die Verbindungen sind, desto besser kann man sich diese neuen Wörter merken.

Tipp 9: Redemittel anwenden – authentische Sprechanlässe schaffen

Die Redemittel sind für die Lerner eine große Hilfe, wenn sie sich der jeweiligen Kannbeschreibung entsprechend äußern wollen – sowohl schriftlich als auch mündlich, sowohl in der Interaktion als auch in der Produktion. Lange Redemittellisten auswendig zu lernen, ist aber genauso sinnlos, wie Wortschatzlisten ohne Kontext zu lernen. Es geht also darum, den Lernern Möglichkeiten zu bieten, die Redemittel aktiv zu benutzen, sie in den Mund zu nehmen, ohne das es ein reiner Patterndrill ist. Für den Unterricht heißt dies, die Möglichkeit zu bieten, die Redemittel eingebettet in Aufgaben anzuwenden.

Hierzu ein paar Ideen:

- **Redemittelposter** für die jeweiligen Situationen schreiben und im Kursraum aufhängen, z. B. für die Kannbeschreibungen „den eigenen Standpunkt begründen und Stellung zu Aussagen anderer nehmen", „Sachverhalte systematisch erörtern sowie wichtige Punkte und relevante Details hervorheben", „mündlich Vermutungen über Sachverhalte, Gründe und Folgen anstellen". Auf diese Weise sind die Redemittel schon geordnet und immer vor den Augen der Lerner.

- **Redemittel sortieren:** Die Redemittel werden auf Klebezettel geschrieben oder auf Zettel, die später an Wäscheleinen aufgehängt werden. Die Zettel können so immer wieder neu von TN sortiert oder umgehängt werden. Z. B. eine Wäscheleine pro – eine Wäscheleine contra. TN bekommen Zettel mit Redemitteln (z. B. das Hauptargument dafür ist … / das Hauptargument dagegen ist …) und sollen sie zuordnen.
- **Minidialoge:** Zwei TN bekommen zwei Redemittel, die in der Lektion eingeführt wurden. Sie schreiben einen kurzen Minidialog (ca. zehn Sätze), in dem die zwei Redemittel gut versteckt vorkommen sollen. Die Aufgabe der übrigen TN ist es, die zwei Redemittel herauszuhören und zu benennen.
- **Pro und Contra:** TN ziehen einen Zettel mit einem Redemittel. Dementsprechend müssen sie sich auf die Pro- oder Contra-Seite stellen. Dann kann über jedes x-beliebige Thema diskutiert werden. TN sollen dabei das Redemittel von ihrem Zettel sowie weitere passende verwenden.
- **Redemittel unterbringen:** TN ziehen Zettel mit Redemitteln. In einer Talkshow, Diskussion etc. müssen sie ihre Zettel geschickt benutzen. Sie dürfen die Show verlassen, wenn sie ihren Ausdruck angewendet haben.
- **Spiel „Gerüchteküche":** Zu einem vorgegebenen Thema sprechen TN 1 mit TN 2 und TN 3 mit TN 4. Sie bekommen Informationen zum vorgegebenen Thema (Stellungnahmen, Vermutungen, Standpunkte, die diese TN vertreten). Zudem werden Redemittel vorgegeben, die TN verwenden sollen. Nach einem Partnerwechsel erzählt jeder TN dem neuen Partner (TN 1 mit TN 3 und TN 2 mit TN 4), welche Vermutungen, Standpunkte etc. der frühere Gesprächspartner vertritt. Im nächsten Schritt fragt die letzte Kombination nach, ob das stimmt, was sie gesagt haben sollen – also TN 1 mit TN 4 und TN 2 mit TN 3. Dadurch werden die Redemittel wie bei einem Patterndrill wiederholt. Aber die Spannung und Aufmerksamkeit bleibt, denn man darf keine Fehler beim Zuhören und Wiedergeben machen. Denn in letzter Instanz weiß der Partner, welche Informationen und Meinungen er / sie ursprünglich weitergegeben hat.

Tipp 10: Grammatik üben und korrigieren

In der Beschreibung des Konzepts (S. 4–9) wurde bereits darauf hingewiesen, dass in **Mittelpunkt neu B2** das Sprachhandeln im Vordergrund steht. Die Grammatik, die notwendigerweise zu üben ist, um das angestrebte Kompetenzniveau zu erreichen, wird im Lehrbuch aus dem jeweiligen Thema und Kontext heraus entwickelt. Darüber hinaus finden Sie im Arbeitsbuch eine große Zahl weiterer Grammatikübungen, denn es ist erfahrungsgemäß ein Wunsch seitens KL und TN, gezielt an Grammatikthemen zu arbeiten. Diese Übungen sollten jedoch nicht systematisch abgearbeitet werden. Wählen Sie als KL stattdessen die Übungen danach aus, welche Grammatikprobleme bei TN häufig auftreten, welche Regeln noch unbekannt sind und welche zwar bekannt sind, aber vergessen wurden oder falsch angewendet werden. Je nach Heterogenität der Gruppe kann es auch sinnvoll sein, dass manche Übungen nur von einzelnen TN in Heimarbeit gemacht werden und TN mit Ihnen im Einzelgespräch nur die Problemfälle besprechen.

Vorschlag für eine Vorgehensweise
- Vermeiden Sie Unterbrechungen während Ihrer Arbeit an den vorgegebenen handlungsorientierten Aufgaben, um die Grammatikkenntnisse zu vertiefen oder Übungen anzusetzen.
- Konkret könnte das für Sie als KL bedeuten, bei Diskussionen und Präsentationen Fehler zwar zu registrieren und zu notieren, sie jedoch taktvoll in der kommunikativen Situation zu ignorieren. Ansonsten hemmt es die Sprecher und lenkt sie von dem eigentlichen Lernziel ab. Auch ein von TN verfasster Text sollte nicht dazu dienen, am Beispiel der aufgetretenen Fehler die defizitäre Grammatik zu besprechen. Hauptaugenmerk ist: Können TN ihre Aufgaben in dem Sinne bewältigen, dass die Sprachhandlungen so ausgeführt werden, wie sie in den Kannbeschreibungen vorgegeben sind. D. h., die Mitteilungen der Lerner sollten trotz auftretender Grammatikfehler eindeutig und verständlich sein.
- Ist es wirklich die Grammatik, die bei der Kommunikation hinderlich ist, so kann das Problem bei nächster Gelegenheit stärker in den Vordergrund rücken. Für TN ist es im Normalfall peinlich, rückwirkend auf Grammatikfehler in der Kommunikation hingewiesen zu werden. Besser ist es, generell in einer Unterrichtssequenz ein Grammatikthema aufzugreifen.

Beispiel: Der Satzbau ist bei Nebensätzen häufig fehleranfällig. Störend in der mündlichen und schriftlichen Produktion ist das vielleicht nicht, aber durch die Häufigkeit ist es sinnvoll, an den auftretenden Satzbauproblemen zu arbeiten. So können Sie als KL in einem solchen Fall vorgehen:

- Zunächst sollten TN selbst eine Analyse ihrer Grammatikprobleme vornehmen. Lassen Sie sie anonym sammeln, welche Grammatikprobleme sie bei sich selbst festgestellt haben. Wahrscheinlich wird etwas wie Satzbau oder Nebensätze als Nennung dabei sein, sodass Sie sich bei der Behandlung von Satzbauproblemen auf diese Umfrage beziehen können.
- Lassen Sie TN dann in Lerngruppen Regeln und Beispiele sammeln, die sie zum Satzbau bei Nebensätzen kennen. Wahrscheinlich wird an dieser Stelle die Kluft zwischen Theorie und Praxis deutlich. In einem solchen Fall gilt es also, zum jeweiligen Problemfeld Übungen anzubieten.
- In **Mittelpunkt neu B2** gibt es immer wieder Übungen zum Satzbau von Nebensätzen: in Lektion 1 kausale, in Lektion 3 temporale, in Lektion 7 modale und finale, in Lektion 8 adversative, alternative und konsekutive, in Lektion 10 konzessive Nebensätze. Bei Bedarf können Sie diese Übungen herausgreifen, auch wenn sie eigentlich in einen spezifischen inhaltlichen Kontext eingebunden sind.
- Möglicherweise liegen für ein spezifisches Problem nicht genügend Übungsmöglichkeiten vor. Sie können jedoch jederzeit spielerische Übungen dazu benutzen, diesmal den Fokus nicht auf die Kannbeschreibungen zu legen, sondern die Grammatik zu üben. In dem Fall von Nebensätzen bietet es sich an, eine Geschichte / ein Märchen erfinden zu lassen, z. B. mit temporalen und kausalen Nebensätzen (nachdem, als, während, weil).
- Immer noch nicht genug Übungsmaterial? Speziell zu Mittelpunkt gibt es die Übungsgrammatik „Mittelpunkt B2 Grammatiktrainer". Außerdem gibt es eine Reihe weiterer guter Übungsgrammatiken auf dem „Mittelstufen-Niveau", die Sie als Ergänzungsmaterial einsetzen können, z. B. „Klipp und Klar. Übungsgrammatik Mittelstufe B2/C1" oder „Grammatik mit Sinn und Verstand".

Tipp 11: Lernerportfolio, Lerntagebuch

Ein Lernerportfolio oder ein Lerntagebuch, das von den Lernern geführt wird, ist durch die bewusste Reflexion des eigenen Lernprozesses für den Lernfortschritt äußerst förderlich.

Das vom Europarat entwickelte **„Europäische Sprachenportfolio"** beinhaltet einen Sprachenpass, eine Sprachenbiografie und ein Dossier. Im Sprachenpass sind alle Fähigkeiten und Kenntnisse für die Sprachen, die der Lerner gelernt hat, verzeichnet. In der Sprachenbiografie werden die eigenen Lernfortschritte dokumentiert. Im Dossier werden alle Materialien, schriftlichen Texte, Ton- und Filmdokumente, die im Laufe des Lernprozesses entstanden sind, sowie alle Tests und Zeugnisse abgelegt.

Möchten Sie ein solches oder ein vergleichbares Instrument für die Dokumentation des Spracherwerbs eines jeden TN kursbegleitend einplanen? Dann gibt es auch die Möglichkeit, abgespecktere Varianten eines Portfolios einzusetzen, die trotzdem für den Lernerfolg förderlich sind.

In jedem Falle muss jede Form von Portfolio / Lerntagebuch eingeführt und begleitet werden. TN können ihr Portfolio und ihre Lernfortschritte z. B. in regelmäßigen Abständen (alle 2 – 3 Wochen) mit wechselnden Lernpartnern durchsprechen. Mindestens dreimal sollte auch ein Gespräch zwischen KL und TN über das Portfolio stattfinden: zu Beginn, als Zwischenevaluation und am Ende des Kurses. Im Lehrbuch **Mittelpunkt neu B2** finden Sie in Lektion 12 (DS F) die Aufgabe: „Mein Sprachlernweg: Stationen und Ausblick". Diese Aufgabe und die Minichecks aus dem Arbeitsbuch können TN z. B. für ihr persönliches Portfolio / Lerntagebuch übernehmen.

Hinweis: Wenn Sie Stationenarbeiten einplanen, haben Sie während der Eigenarbeitszeit die Möglichkeit, eine zusätzliche Station „Portfoliogespräch" einzurichten.

Was können die Lerner im Portfolio / Lerntagebuch dokumentieren?

- **Selbsteinschätzung:** TN versuchen auf der Basis der globalen Kannbeschreibungen ihr Sprachniveau zu Beginn des Kurses einzuschätzen. Denselben Test sollten die Lerner am Ende des Kurses noch einmal ausfüllen, z. B.:

Niveau B1 – Selbständige Sprachverwendung: Lerner können:
- die Hauptpunkte verstehen, wenn klare Standardsprache verwendet wird und wenn es um vertraute Bereiche wie Arbeit, Schule oder Freizeit usw. geht,
- die meisten Situationen bewältigen, denen man auf Reisen im Sprachgebiet begegnet,
- sich zusammenhängend zu bekannten Themen und persönlichen Interessengebieten äußern,
- über Erfahrungen und Ereignisse berichten, Träume, Hoffnungen und Ziele beschreiben und zu Plänen und Ansichten kurze Begründungen und Erklärungen geben.

Niveau B2 – Selbständige Sprachverwendung: Lerner können:
- die Hauptinhalte komplexer Texte zu konkreten und abstrakten Themen verstehen,
- im eigenen Spezialgebiet auch Fachdiskussionen verstehen,
- sich so spontan und fließend verständigen, dass ein normales Gespräch mit Muttersprachlern ohne größere Anstrengung auf beiden Seiten gut möglich ist,
- sich zu einem breiten Themenspektrum klar und detailliert ausdrücken,
- einen Standpunkt zu einer aktuellen Frage erläutern und die Vor- und Nachteile verschiedener Möglichkeiten angeben.

- Die **detaillierten Lernziele / Kannbeschreibungen und Redemittel**, die im Lehrbuch **Mittelpunkt neu B2** bereits transparent gemacht werden, können zusammen mit Beispielen und Ergebnissen aus Übungen dokumentiert werden.

- Der neu erworbene **Wortschatz** mit Merkhilfen, Sätzen oder Bildern kann ebenfalls dokumentiert werden.

- Hilfreiche **Strategien**, die sich TN beim Lesen, Hören, Schreiben, Diskutieren, Präsentieren etc. bewusst gemacht haben, können als **Lerntipp** im Portfolio übernommen werden. Gleichzeitig können diese Tipps auch im Kursraum am „Schwarzen Brett" oder einem „Lernposter" für alle sichtbar aufgehängt werden.

- **Vorhaben, Vorgehensweisen, Reflexionen** über das Sprachenlernen: Das habe ich getan, um Deutsch zu lernen; das hilft mir beim Sprachenlernen; das möchte ich in Zukunft tun, um noch besser Deutsch zu lernen; etc.

- **Gefühlte Lage – meine „Sprachlernkurve":** TN führen während des gesamten Kurses eine Art Fieberkurve, auf der sie eintragen, wie sie sich an den einzelnen Tagen in Bezug auf ihren Spracherwerb gefühlt haben. Die einzelnen Eintragungen werden kurz kommentiert (vgl. hierzu auch S. 49).

- **Eigene Produkte:** Projektergebnisse, eigene Geschichten, Gedichte, Briefe etc.; alles, was an eigenen Produkten aus dem Kurs hervorgegangen ist.

Tipp 12: Kooperative Lernzusammenhänge – gegenseitiges Beraten

KL sind im Unterricht zunehmend moderierend und beratend tätig und TN werden zu autonomen Lernern, die den Lernprozess aktiv (mit-)steuern und reflektieren. Die Mitlerner sind Partner, werden jedoch auch zu Beratern der Lernpartner. Die Kommunikation in der Zielsprache findet zu großen Teilen in den Lerngruppen statt. Wichtig ist es, diese Situation zu nutzen und die Reflexion über den Lernprozess zu verbalisieren. D. h. konkret, dass die Lernpartner sich untereinander ein Feedback darüber geben, was gut gelungen ist und an welchen Stellen noch Verbesserungsmöglichkeiten bestehen.

Thematisieren Sie die neue Rolle der TN als Lernberater. Erklären Sie ihnen, was an diesem Konzept gut ist und dass TN mit dem Feedback, das sie den anderen TN geben, natürlich auch eine Verantwortung den anderen gegenüber haben. Üben Sie das Feedback-Geben im Plenum an einem Beispiel. Geben Sie Feedback-Regeln aus. Diese sind auch für jede Präsentation von Bedeutung.

Wie gibt man Feedback?

Bevor TN ein Feedback geben, sollten sich diejenigen äußern, die die Übung / Präsentation durchgeführt haben. Was ist ihnen gut gelungen? Womit hatten sie Probleme? Dann äußern sich die anderen TN:

- Zuerst nennen TN die positiven Aspekte.
- Danach können TN Fragen stellen, wenn etwas unklar war.
- Zum Schluss können TN Alternativen vorstellen, z. B. Was könnte man besser formulieren?

Mit diesem Beratungsverfahren haben Sie mehrere positive Aspekte des Sprachunterrichts erreicht: Es handelt sich bei der TN-Beratung um authentische Kommunikation und nicht um eine Sprachübung, denn die Beratung (Kannbeschreibung: „anderen Personen Ratschläge oder detaillierte Empfehlungen geben") ist immer auch an Inhalte gebunden und wird in einer konkreten Situation angewendet. Beide – Feedbackgeber und -empfänger – werden sprachlich sensibilisiert und üben dabei, ihren Lernprozess zu reflektieren.

In **Mittelpunkt neu B2** gibt es immer wieder Aufgaben, bei denen dieser Beratungsprozess angeregt wird.

Beispiele: Lektion 4 (DS F, Aufgabe 4e): „Analysieren Sie jeweils die Präsentationen. Gehen Sie dabei auf folgende Punkte ein"; Lektion 7 (DS F, Aufgabe 4b): „Besprechen Sie Ihre Präsentationen im Kurs"; Lektion 10 (DS D, Aufgabe 3c): „Spielen Sie das Gespräch vor. Die anderen hören zu und verfolgen, ob die Gesprächspartner die Anweisungen in 3b umgesetzt und passende Redemittel verwendet haben." Hinweis: Wenden Sie diese Verfahren möglichst auch dann an, wenn nicht ausdrücklich darauf hingewiesen wird.

Tipp 13: Stationen aufbauen

Probieren Sie einmal eine Lektion bzw. Teile einer Lektion als Lernstationen umzuarbeiten. Wichtig ist es, dass TN nach einer Führung durch die Stationen die Arbeit selbstständig durchführen können. Exemplarisch sollen solche Stationen hier am Beispiel von Lektion 2 gezeigt werden. Weitere Erläuterungen hierzu finden Sie auch im folgenden Kapitel (S. 27 – 29).

Ablauf: Im Kursraum werden an mehreren Tischen Lernstationen aufgebaut. Zu Beginn bearbeitet je eine Kleingruppe je eine Lernstation, sodass sich die Kleingruppen mit unterschiedlichen Aufgaben beschäftigen. Die Kleingruppen wechseln je nach eigenem Zeitrhythmus und Interesse zu einer anderen Lernstation.

Vorteile dieser Lernform:
- Bei dieser autonomen Lernform sind alle TN gleichzeitig beschäftigt und können in ihrem eigenen Zeitrhythmus arbeiten.
- Es können attraktive Materialien eingesetzt werden, die nur ein-/zweimal vorhanden sind, z. B. Bilder, DVDs etc.
- Aufgrund der Materialfülle können verschiedene Lernkanäle angesprochen werden, verschiedene Fertigkeiten geübt werden.
- Eine Binnendifferenzierung ist möglich. TN, die ihre Präferenzen und Probleme kennen, können gezielt an ihren Vorlieben oder Schwächen arbeiten.
- In der Lerngruppe haben TN untereinander verstärkt die Möglichkeit, sich gegenseitig zu helfen, zu fördern oder zu beraten.

Nachteile: Die Vorbereitungszeit ist für KL länger. Beim ersten Mal muss alles einmal gut durchdacht werden (Laufzettel kopieren, Aufgabenkärtchen, Arbeitsblätter, Tische zurechtrücken etc.).

Vorbereitung:
- Gruppentische mit Stühlen aufstellen, evtl. auch Fensterbänke und Wände nutzen. Pro Station ein Tisch / Ort.
- Auf den Tischen stehen nummerierte Aufgabenkarten. Wenn möglich, gibt es für jede Aufgabenkarte eine Lösungskarte. Diese kann evtl. auch bei KL liegen. Darüber hinaus liegt auf den Tischen das entsprechende Arbeitsmaterial, z. B. Bilder, Stifte, Arbeitsblätter.
- Auf dem Laufzettel stehen die einzelnen Stationen. Der Laufzettel kann auch dazu dienen, dass TN dort ihre Ergebnisse notieren.

Einführung in das Thema: Das Procedere muss TN vor Beginn vermittelt werden: Zeitvorgabe, Zahl der zu absolvierenden Stationen, Tische freiräumen. Geklärt wird weiter, ob feste Lerngruppen gebildet werden oder freie Gruppenwahl besteht, dass es Lösungen gibt, wo und wie die Ergebnisse dokumentiert werden sollen, dass diese später präsentiert werden, etc. Bevor die Arbeitsweise an den Lernstationen erklärt wird, wird im Plenum noch eine Hinführung zum Thema durchgeführt, hier z. B. die Aufgabe „Mind-Map zum Thema Schönheit". Es folgt ein Rundgang, bei dem alle Stationen kurz vorgestellt werden und evtl. dabei Station für Station zusammen mit TN aufgebaut wird.

Präsentation und Nachbereitung: Es sollte genügend Zeit eingeplant werden, um die Ergebnisse zu präsentieren und diskutieren. Die Präsentation kann z. B. in der nächsten Kurssitzung erfolgen.

Tipp 14: Expertengruppen bilden

Die Grundidee ist, dass TN in Lerngruppen unterschiedliche Texte bearbeiten. Die Methode ist gut geeignet, wenn es in einer Lektion mehrere Texte zu einem Thema gibt, die dann gleichzeitig bearbeitet werden können. Wichtig ist, dass TN ihren Text gründlich erarbeiten, in ihrer Expertengruppe diskutieren und den übrigen TN anschließend so genau wie möglich vermitteln, damit alle, die den Text nicht gelesen haben, gut informiert sind.

Ablauf: Angenommen es wurden drei Text-Gruppen gebildet (hier à vier Personen pro Gruppe), die jeweils einen anderen Text erhalten, so diskutieren TN ihren Text nach einer individuellen Lese-Phase zunächst in der Gruppe. Dabei notieren sie sich die wesentlichen Punkte. Achtung: Zeit vorgeben! Im nächsten Schritt werden sogenannte Wirbelgruppen gebildet. Jede Vierer-Gruppe wird durchnummeriert: Es gibt also je eine Person mit einer 1, 2, 3 bzw. 4. Dann setzen sich alle Personen mit jeweils denselben Nummern an vier verschiedene Tische, sodass es vier Expertengruppen à drei Personen gibt. Innerhalb der Expertengruppen stellt jede Person den anderen TN den Text, den sie bearbeitet hat, vor. Am Ende schließen alle Gruppen mit dem gleichen Informationsstand ab. Auch hier muss die Zeit für die gegenseitige Textpräsentation vorgegeben werden. KL sitzt normalerweise bei einer Gruppe oder wechselt und hört sich so verschiedene Textpräsentationen an. Im Anschluss werden im Plenum die Ergebnisse und die Arbeit in den Gruppen ausgewertet.

Hinweis: Gibt es eine ungerade TN-Zahl, so können in ein oder zwei Wirbelgruppen zwei Personen zusammen ihren Text präsentieren.

Hier der Ablauf noch einmal – diesmal visualisiert:

Phase I: Expertengruppen lesen jeweils einen Text, diskutieren ihn und fassen ihn zusammen (z. B. 30 Minuten insgesamt).

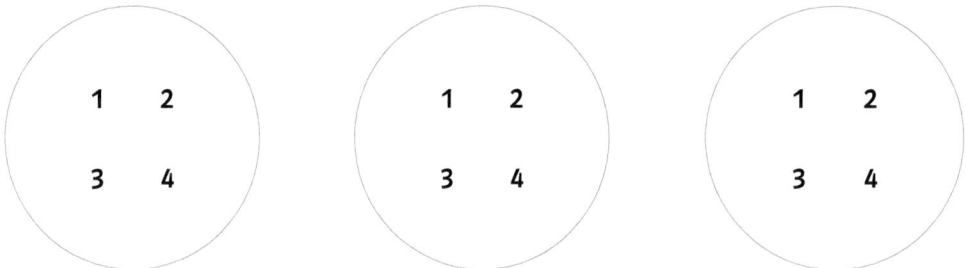

Phase II: Die Expertengruppen werden **Wirbelgruppen**, mischen sich und besprechen alle drei Texte (z. B. 15 Minuten insgesamt = jeder Experte präsentiert 5 Minuten).

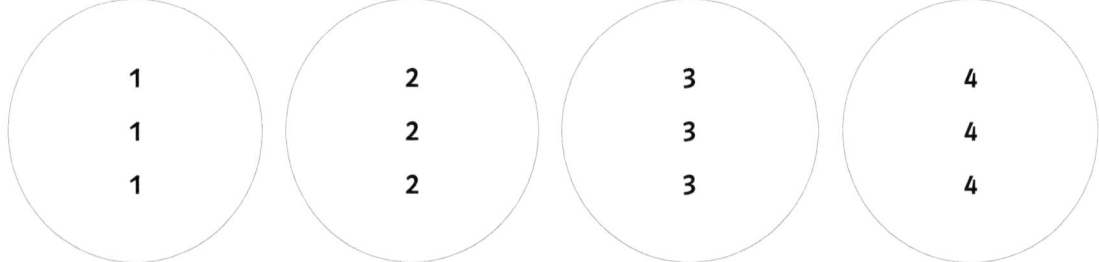

Zwei Beispiele, bei denen Sie diese Methode gut anwenden können:

Beispiel 1: In Lektion 12 (DS B) sollen zwei Textauszüge zum Thema „Small Talk" gelesen werden. Dabei liest laut Arbeitsanweisung eine Person den einen Textauszug, die andere den anderen und anschließend tauschen sich die Paare über ihre Textauszüge aus (Aufgabe 2b). Nach dem Prinzip der Expertengruppen wird jetzt jedoch ein Zwischenschritt dazwischengeschaltet. In einer Lerngruppe sitzen mehrere TN, die Textauszug 1 bearbeiten, in der anderen Lerngruppe mehrere TN, die Textauszug 2 bearbeiten. Bevor sie sich in Paaren den Inhalt des Textes erzählen, können sie in ihren Expertengruppen ihren eigenen Text erst gut besprechen und zusammenfassen. Dies gibt mehr Sicherheit für den genauen Wissenstransfer in der Partnerarbeit.

Beispiel 2: In Lektion 2 (DS B und DS E) findet man zwei Texte, die das Thema „Schönheit" aus unterschiedlicher Warte beleuchten. Hier bietet sich ebenfalls die Möglichkeit an, die beiden Texte zunächst in Expertengruppen zu erarbeiten und dann jeweils den Inhalt des eigenen Textes einem Partner aus der anderen Expertengruppe vorzustellen. Denkbar ist hier auch, dass eine dritte Expertengruppe das Interview zum Thema „Schönheit" (DS C) erarbeitet. In dem Fall würde man wie oben beschrieben vorgehen.

Variante: Wandernde Wirbelgruppen

Wenn bei einer Projektarbeit z. B. als Resultat jeder Gruppenarbeit eine Wandzeitung entstanden sein sollte, so können die Wirbelgruppen, die sich aus den Expertengruppen bilden, von Plakat zu Plakat wandern, wobei jeder Experte den anderen TN das eigene Plakat / Projekt präsentiert. Wichtig ist es, die vorgegebene Präsentationszeit einzuhalten, damit es keinen Stau gibt. Geben Sie als KL die Laufrichtung vor und welche Gruppe an welchem Plakat beginnt.

Kommentar: Diese Präsentationsform eignet sich sehr gut, denn in einer intimen kleinen Lerngruppe hat jeder weniger Lampenfieber. Außerdem trauen sich die Zuhörer auch eher, Rückfragen zu stellen. Probieren Sie dieses Verfahren möglichst vor der ersten großen Präsentation im Plenum, z. B. bei der Präsentation der Touristischen Routen im folgenden Kapitel (S. 26).

Tipp 15: Unterrichtsprojekte

Projektarbeit ist eine Unterrichtsform, die in einem lernerzentrierten, handlungsorientierten Unterricht seit langer Zeit (seit gut hundert Jahren) ein hohes Ansehen genießt. Für Lerner, die an Kursen in Deutschland, Österreich oder der Schweiz teilnehmen, die sich also in einem deutschsprachigen Umfeld befinden, gibt es zahlreiche Projektideen, denen in der Regel gemeinsam ist, dass die Lerner vor allem außerhalb des Kurses „Feldforschung" betreiben: Interviews, Recherchen vor Ort, Beobachtungen an öffentlichen Orten und Plätzen etc. Mit den im folgenden Kapitel beschriebenen Unterrichtsprojekten sowie den zusätzlichen ergänzenden Übungen und Spielen sollen vor allem diejenigen KL angesprochen werden, die Kurse im nicht deutschsprachigen Ausland leiten bzw. die – auch wenn sie sich in einem deutschsprachigen Land befinden – dennoch mal ein Projekt etc. im Kursraum durchführen möchten.

Natürlich können auch im Ausland Feldforschungsprojekte durchgeführt werden. Klassiker sind „Deutsche / Österreichische / Schweizerische Spuren" – gemeint sind also Berührungspunkte in der Geschichte des eigenen Landes – oder „Deutsches / Österreichisches / Schweizerisches in (Name der eigenen Stadt etc.)" – damit kann alles Mögliche gemeint sein, z. B. Institutionen, Personen, Delikatessengeschäfte etc.

Die hier vorgeschlagenen Unterrichtsprojekte, Übungen und Spiele finden jedoch vorwiegend – bis auf etwaige Recherchen – im Internet bzw. im Kursraum statt.

Gemeinsame Merkmale aller Projektformen

- Die Interessen der TN stehen im Vordergrund.
- Die Lerner organisieren ihre Arbeit selbstständig.
- Sie arbeiten in Lerngruppen und müssen sich intensiv mit der Sache und verschiedenen Meinungen innerhalb der Gruppe auseinandersetzen.
- Es findet eine Integration von verschiedenen Fachbereichen / Fächern statt und ebenso eine Integration von Theorie und Praxis.
- Am Ende des Prozesses gibt es ein Produkt und eine Präsentation.
- Die Arbeit und Zusammenarbeit wird von TN selbst evaluiert.
- Und zuletzt: Durch die konkreten Aufgaben, die sich durch das Projekt ergeben, müssen die Lerner in einer authentischen Situation sprachlich handeln.

Bei dem letzten Punkt **Aufgabenorientierung** (Language Tasks) wird am deutlichsten, dass das Hauptlernziel einer modernen Didaktik, wie sie in **Mittelpunkt neu B2** gegeben ist, ohne künstliche Planung erfüllt werden kann und die Lerner den Anforderungen des GER auf natürliche Art und Weise nachkommen.

Folgende **Lernziele / Kannbeschreibungen** sind quasi bei jedem Unterrichtsprojekt impliziert:

- den eigenen Standpunkt begründen und Stellung zu Aussagen anderer nehmen (Im)
- zu einem gemeinsamen Vorhaben beitragen und dabei andere einbeziehen (Im)

- in längeren und komplexeren Texten rasch wichtige Einzelinformationen finden (Rs)
- Informationen aus längeren Texten zusammenfassend wiedergeben (Pm)
- Informationen und Argumente zusammenfassen und kommentiert wiedergeben (Pm)
- ein Thema schriftlich darlegen, Punkte hervorheben sowie Beispiele anführen (Ps)
- zu allgemeinen Artikeln oder Beiträgen eine Zusammenfassung schreiben (Ps)
- über aktuelle oder abstrakte Themen schreiben und eigene Gedanken und Meinungen dazu ausdrücken (Ps)

Vor jedem Unterrichtsprojekt
Um ein gutes Arbeitsklima zu schaffen und alle Gruppenmitglieder bei der Arbeit einzubinden, empfiehlt es sich, die Arbeitsgruppen miteinander Absprachen treffen zu lassen. Auch dies entspricht einem Lernziel / einer Kannbeschreibung: „klare und detaillierte Absprachen treffen und getroffene Vereinbarungen bestätigen".

Vorbereitung KL: Arbeitsauftrag, Vereinbarungs- und Auswertungsbogen schriftlich erstellen.

Folgendes sollte in den Lerngruppen diskutiert werden:
- Was interessiert uns an dem Thema, welche Fragen wollen wir beantwortet haben?
- Wie wollen wir unseren Beitrag präsentieren (schriftlich, mündlich, visualisiert, als Rollenspiel etc.)?
- Wie lang soll unser Beitrag werden bzw. unsere Präsentation dauern?
- Wer übernimmt welche Aufgabe: Wer recherchiert was? Wer malt? Wer schreibt? Wer übernimmt die Korrektur des Geschriebenen?
- Wie viele Personen präsentieren?

Die Ergebnisse sollten auf einem **Vereinbarungsbogen** schriftlich dokumentiert werden.

Am Ende des Projekts sollte ebenfalls ein **Auswertungsbogen** ausgeteilt werden, in dem z. B. auch über die Zusammenarbeit innerhalb der Gruppe diskutiert werden kann:
- Was ist gut gelaufen?
- Haben wir uns an unsere Vereinbarungen gehalten?
- Was würden wir beim nächsten Mal besser machen?

Kursbegleitende Unterrichtsprojekte: Der Kursordner / Die Kurszeitung

Als übergreifendes, kursbegleitendes Projekt kann man einen **Kursordner** führen, in dem sämtliche Beiträge der einzelnen Kurs- und Recherchegruppen in schriftlicher Form dokumentiert werden.

Eine Auswahl der Beiträge kann gegen Kursende von TN redigiert und als **Kurszeitung** kopiert werden. Dies hat den Vorteil, dass TN sich dadurch erneut mit dem Sprachmaterial auseinandersetzen und Präferenzen setzen.

Eine andere Möglichkeit ist es, eine **virtuelle Kurszeitung** im Internet zu veröffentlichen, die mit dem Kurs wächst und TN auch in Zukunft zur Verfügung steht.

Ablauf:
- Das Konzept des Kursordners und der Kurszeitung sollte von Anfang an mit TN besprochen werden.
- Als kursbegleitendes Projekt werden im Kursordner die Ergebnisse von Einzel-, Paar- und Gruppenrecherchen, Produkte von Projektarbeiten und Präsentationen aus den Aufgaben aus Lehr-, Arbeits-, und Lehrerhandbuch von Mittelpunkt neu B2 dokumentiert.
- Zusätzliche Themen, die TN speziell interessieren, sollten bereits zu einem frühen Zeitpunkt gesammelt werden.
- Alle TN erhalten den Auftrag, während der Kurszeit in Paar- oder Einzelarbeit je mindestens einen zusätzlichen Beitrag abzuliefern.
- KL bereitet eine Liste vor, in die sich TN mit ihrem Beitragsthema und dem Präsentationsdatum eintragen können.
- Der Abgabe des Beitrags für die Kurszeitung (1 – 2 Seiten pro TN / Paar) sollte unbedingt eine eigenständige Recherche, Ausarbeitung und Präsentation vorausgegangen sein.

Themenvorschläge für die Kurszeitung, die sich zu einzelnen Texten bzw. Aufgaben in Mittelpunkt neu B2 anbieten:
- Kulturtipps zur deutschsprachigen Musik-, Theater- und Filmszene, zu Malerei und Literatur. TN suchen und formulieren Tipps, die sich vom Thema her anbieten. Darüber hinaus können TN bei bestimmten Vorlieben weiter recherchieren, einen Überblick zu einem Genre, z. B. Kabarett (Lektion 8, DS F), zu einem Künstler, z. B. der Rapper „Casper" (Lektion 3, DS F), einer Stilrichtung, z. B. surrealistische Malerei (Lektion 4, DS A) etc. liefern.
- Biografien deutschsprachiger Schriftsteller, Filmregisseure, Schauspieler, Firmengründer, Sportler, Wissenschaftler etc., z. B. der Lyriker Rainer Malkowski (Lektion 4, DS A), der Komponist Joseph Haydn (Lektion 11, DS A), der Regisseur und Schauspieler Til Schweiger (Lektion 9, DS C), der Erfinder Artur Fischer (Lektion 7, DS A).

Themen, die sich für einzelne Lektionen besonders eignen:
- Touristische Routen und Sehenswürdigkeiten in Deutschland, Österreich und der Schweiz (Lektion 1)
- Kreatives Schreiben: literarische Texte, Gedichte (Lektion 1, Lektion 4, Lektion 11)
- Berufsbilder: Präsentation des eigenen Studiums oder Berufs (Lektion 5)
- Eigene Auslandserfahrungen (Lektion 10)
- Anzeigen verfassen, z. B. real gemeinte Verkauf- und Kaufgesuche, Tauschangebote in der Form von „Biete …"/„Suche …" (Lektion 4) oder Stellengesuche (Lektion 5).

Das Procedere könnte in etwa folgendermaßen ablaufen:
- Bildung von Interessengruppen / Lernpartnerschaften,
- Recherche (im Internet) zu einem selbst gewählten Thema,
- Herausfiltern der Hauptinformationen und Ausarbeitung einer schriftlichen Zusammenfassung
- oder Auswahl interessanter Aspekte
- oder eine schriftliche Interpretation und Bewertung,
- Präsentation,
- Diskussion,
- Auswertung.

Unterrichtsprojekte, Übungen, Spiele

Im Lehrbuch und im Arbeitsbuch gibt es bis auf ganz wenige Ausnahmen (so z. B. „in Spielfilmen oder Theaterstücken der Handlung folgen") zu jeder Kannbeschreibung auf dem B2-Niveau Aufgaben im Kontext von Hör- oder Lesetexten. Mit den hier vorgeschlagenen Unterrichtsprojekten, Übungen und Spielen werden noch einmal zusätzlich zahlreiche der in den Kannbeschreibungen beschriebenen Kompetenzen geübt. Diese Vorschläge sind als Ergänzungsübungen, Varianten oder Alternativen zu bestehenden Übungen im Lehrbuch zu verstehen. Vor allem aber sollen sie helfen, das Erlernte in authentischen Sprachhandlungen und lernerorientierten Projekten umzusetzen.

Lektion 1: Reisen

1. Projekt: Touristische Routen in Deutschland und Österreich LB: B

Lernziele / Kannbeschreibungen:
- den eigenen Standpunkt begründen und Stellung zu Aussagen anderer nehmen (Im)
- in Texten neue Sachverhalte und detaillierte Informationen verstehen (Rs)
- eine vorbereitete Präsentation gut verständlich vortragen (Pm)
- zu allgemeinen Artikeln oder Beiträgen eine Zusammenfassung schreiben (Ps)

Außerdem wird in dem Projekt geübt, Hauptinformationen zu suchen und herauszuschreiben.

Es gibt in Deutschland und Österreich eine große Zahl von themenbezogenen touristischen Routen (z. B. Deutsche Märchenstraße, Klassikerstraße, Alte Salzstraße, Käsestraße Bregenzerwald, Waldviertler Textilstraße).

Ablauf:

Internetrecherche: Lassen Sie die Lerner in Kleingruppen unter www.deutschland-tourismus.de „Freizeit und Erholung" anklicken und dann unter „Ferienstraßen" alle Routen überfliegen und eine auswählen, die sie vom Thema her besonders interessiert. Für Österreich lautet die Adresse www.austria.info. Klicken Sie dort bei „Wählen Sie Ihr Thema" „Mehr Themen" an und wählen Sie dann „traumrouten". Jetzt können TN eine Route auswählen.

Variante: Machen Sie als KL Themenvorschläge zu touristischen Routen, drucken Sie mehrere Texte aus und lassen Sie Neigungsgruppen bilden.

Hauptinformationen suchen und herausschreiben mit folgender Fragestellung:
- Was ist das Thema der Route?
- Warum finden Sie das Thema dieser Route interessant?
- Wo liegt und verläuft die Route?
- Wie lang ist sie?
- Welche Orte, Sehenswürdigkeiten / Museen, würden Sie für einen Besuch empfehlen? Warum? (Geben Sie hierzu unter www.google.de die Route bzw. zentrale Orte ein und suchen Sie so weitere Informationen zu den einzelnen Orten, Sehenswürdigkeiten etc.)

Präsentation: TN sollen möglichst überzeugend und werbewirksam ihre Route präsentieren. Als Hilfestellung dient eine (selbst gemalte) Landkarte, möglichst interessante Informationen und evtl. Fotos aus dem Internet, die sie auf einem Plakat darstellen.

Auswertung: Im Anschluss werden die Präsentationen ausgewertet. Wer ist durch welche Präsentation motiviert worden, die jeweilige Route zu besuchen? Wie ist das geschehen? Welche Aspekte der Präsentationen waren besonders überzeugend? Was kann verbessert werden?

Für die Kurszeitung: Jede Präsentationsgruppe fasst ihre Ergebnisse in Form einer Reiseempfehlung für die Kurszeitung zusammen.

Redemittel: Hier finden Sie … / Hier befindet sich … • Für mich / uns ist besonders interessant / faszinierend, dass … • Wir würden … empfehlen. • In dieser Gegend / Region findet man häufig / gibt es … • Traditionell wurde hier … hergestellt / angebaut. • Die Strecke verläuft von … bis …

2. Ein Wahrnehmungsprojekt: Mikroreisen LB: B

Lernziele / Kannbeschreibungen:
- verschiedene Gefühle differenziert ausdrücken und auf Gefühlsäußerungen anderer reagieren (Im)
- eigene Gedanken und Gefühle schriftlich beschreiben (Ps)
- Erfahrungen und Ereignisse detailliert und zusammenhängend schriftlich beschreiben (Ps)

Auslöser für eine Erkundung und Wahrnehmung der näheren Umgebung am Kursort kann folgendes Zitat von Rabindranath Tagore (1861–1941) sein: „Ich stelle mir bisweilen vor, wenn ich durch die Straßen gehe, ich sei ein Fremder, und erst dann entdecke ich, wie viel zu sehen ist, wo ich sonst achtlos vorübergehe." Genau das sollen TN tun.

Ablauf:
Vorübungen zur Vermittlung des Wortes „Wahrnehmung":
- Paare stellen sich Rücken an Rücken und beschreiben sich gegenseitig ohne sich umzudrehen. Dabei wird klar, dass man häufig nicht alles am Gegenüber wahrnimmt.
- Mit einem Stück Holz können alle Sinne demonstriert werden. Wie sieht das Holz aus? Wie fühlt sich das Holz an? Wie riecht es? Wie klingt es, wenn man damit leicht auf dem Tisch klopft?

Hierzu einige nützliche Wörter: gemasert, rau / glatt, würzig / fruchtig, dumpf / hölzern.

Die Mikroreise: In Paaren oder zu dritt gehen TN in der näheren Umgebung, z. B. rund um das Gebäude in verlangsamtem Tempo spazieren und teilen sich gegenseitig mit, was sie wahrnehmen (sehen, hören, fühlen, riechen) und welche Empfindungen sie dabei haben.

Vorher wird der Ablauf der Mikroreise mit KL besprochen, die Zeit wird festgelegt. Dann treffen TN Absprachen: Wer ist verantwortlich für welche Sinne? Wann wird getauscht?

Schritt 1: Jede/r TN konzentriert sich auf ein / zwei Sinne: sehen, hören, fühlen und riechen (vgl. Absprache). Nach ein paar Schritten bleiben alle stehen, tauschen sich aus und machen sich Notizen.
Schritt 2: Erste Erfahrungen werden kurz im Kursraum ausgetauscht.
Schritt 3: Reiseberichte verfassen: Jede Gruppe verfasst einen kurzen Bericht über seine Mikroreise, in dem die wichtigsten Erfahrungen und Erlebnisse festgehalten werden.
Schritt 4: Die Berichte werden im Plenum vorgelesen und im Portfolio / Lerntagebuch / Seminarordner dokumentiert.

Lektion 2: Einfach schön

Stationenarbeit: Thema Schönheit LB: A

Hier ein Vorschlag für die Ausarbeitung von Lernstationen zu Lektion 2, bestehend aus drei Aufgaben aus dem Lehr- bzw. Arbeitsbuch und drei zusätzlichen alternativen Aufgaben, die unterschiedliche Lernkanäle ansprechen sollen.

Begründung, Ablauf und nähere Beschreibung von Stationenarbeit vgl. Tipp 13 (S. 21). Hier finden Sie konkrete, ausformulierte Beispielaufgaben und Arbeitsblätter, die Sie natürlich für Ihre Zwecke verändern können, z. B. können Sie Station 4 bis 6 durch weiteres Material im Lehrbuch ersetzen. Nehmen Sie aber dann in jedem Falle einen Hörtext und bieten Sie eine lockere spielerische oder eine Malaufgabe an.

Mögliche Zeiteinteilung: 2 UE: Einführung mit Mind-Map, Regeln und Führung 30 Minuten; Durchführung 45 Minuten; Präsentation / Auswertung 30 Minuten.

Aufgaben für die einzelnen Stationen zum Ausschneiden und Aufkleben

Laufzettel

Thema: Schönheit

Name: _____

Station 1: Fotos

Mein Foto – mein Kommentar: _____

Station 2: Fragebogentest

Meine Reaktion auf das Ergebnis: _____

Station 3: Lesetext „Ganz schön einfach"

Meine Vermutungen vor dem Lesen: _____

Station 4: Schönheitsberatung

Tipps, die mir gefallen haben: _____

Tipps, die ich geben konnte: _____

Station 5: Steckbriefe der Schönsten ihrer Zeit

Das war neu für mich: _____

Station 6: Lied: Der Schöne

Brief an Freundin / Freund

Station 1: Fotos

Aufgabe: Diskutieren Sie über die Fotos und schreiben Sie Ihre Kommentare zu den jeweiligen Fotos auf das Papier. Sie können auch die Kommentare der anderen kommentieren. Die nächsten Besucher der Station können die Bilder, aber auch wiederum Ihre Kommentare diskutieren und kommentieren.

Material: Fotos, Papier und Stifte, Laufzettel.

Vorbereitung KL: Fotos im Lehrbuch (DS A) liegen einzeln und jeweils auf ein größeres Blatt Papier geklebt auf dem Tisch. KL kann auch weitere Fotos hinzufügen.

Lernziel / Kannbeschreibung: sich an Gesprächen und Diskussionen beteiligen sowie eigene Ansichten begründen und verteidigen (Im).

Station 2: Fragebogentest „Mir ist wichtig . . ."

Aufgabe 1: Welche Fragen zum Test erwarten Sie? Sammeln Sie Fragen in der Gruppe.

Aufgabe 2: Füllen Sie den Fragebogen aus und diskutieren Sie das Ergebnis in der Gruppe.

Material: Aufgabe 1: Frage 4a aus dem Lehrbuch, Aufgabe 2: Test aus dem Arbeitsbuch, Papier und Stifte, Laufzettel.

Vorbereitung KL: Lehrbuch (DS A, Aufgabe 4 a) auf ein extra Blatt und den Fragebogentest aus dem Arbeitsbuch (DS A, Aufgabe 3) kopieren bzw. TN im Arbeitsbuch lösen lassen, Arbeitsbücher müssen griffbereit sein.

Lernziel / Kannbeschreibung: sich an Gesprächen und Diskussionen beteiligen sowie eigene Ansichten begründen und verteidigen (Im).

Station 3: Lesetext – Die Macht der Schönheit

Aufgabe 1: Diskutieren Sie in der Gruppe: In welchen Situationen könnten es schöne Menschen leichter haben? Wie? – im Beruf / bei der Partnerwahl / in der Schule / bei Schwierigkeiten? Halten Sie Ihre Ergebnisse vor dem Lesen auf dem Laufzettel fest.

Aufgabe 2: Lesen Sie den Text und vergleichen Sie Ihre Vermutungen mit dem Textinhalt.

Material: Lesetext, Stifte, Laufzettel.

Vorbereitung KL: Lesetext im Lehrbuch (DS B) kopieren oder Lehrbuch **Mittelpunkt neu B2** griffbereit haben.

Lernziel / Kannbeschreibung: mündlich Vermutungen über Sachverhalte, Gründe und Folgen anstellen (Pm).

Station 4: Schönheitsberatung

Aufgabe: Beraten Sie und lassen Sie sich in Ihrer Stationengruppe beraten: Schönheit von innen und von außen. Was können Sie bieten? Typ- und Farbberatung: Make-up, Kleidung, Frisur etc., Beratung zum Thema Gesundheit und Wohlbefinden (Ernährung, Gymnastik etc.). Wenn Sie Lust haben, können Sie Fotos machen (vorher – nachher).

Material: Schminkzeug, verschiedenfarbige Tücher, Spiegel, Frisierzeug, Digitalkamera, Stifte, Laufzettel, Beratungswortschatz, viel Humor.

Vorbereitung KL: möglichst viel Material (TN mitbringen lassen), Digitalkamera, Beratungswortschatz im Lehrbuch (DS C, Aufgabe 1 c) für jede Gruppe kopieren.

Lernziel / Kannbeschreibung: anderen Personen Ratschläge oder detaillierte Empfehlungen geben (Im).

Station 5: Steckbriefe der Schönsten von einst

Aufgabe 1: Lesen Sie den Text „Wandel der abendländischen Schönheitsvorstellungen": Wie sah eine Schöne zur Zeit der Antike, des Mittelalters, der Renaissance, der 1960er- und der 1980er-Jahre aus?

Aufgabe 2: Malen und beschreiben Sie für eine Ausstellung in Ihrer Gruppe mehrere Steckbriefe von Schönheiten in ihrer Zeit.

Material: Computerausdruck, ggf. Wörterliste zum Thema Körperteile, Papier und Stifte.

Vorbereitung KL: Ausdruck von www.wikipedia.com zum Thema Schönheit im Wandel (unter Stichwort „Schönheitsideal") oder von TN vorher recherchieren und ausdrucken lassen, Papier und Stifte, ggf. Wörterliste zum Thema Körperteile erstellen.

Lernziele / Kannbeschreibungen: in längeren und komplexeren Texten rasch wichtige Einzelinformationen finden (Rs), zu verschiedenen Themen ziemlich klare und detaillierte Beschreibungen geben (Pm).

Station 6: Lied: Der Schöne

Aufgabe: Hören Sie das Lied und lesen Sie den Text von Annett Louisan. Stellen Sie sich vor, Ihnen wäre passiert, was Louisan beschreibt. Schreiben Sie (als Gruppe) einer Freundin / einem Freund einen Brief, in dem Sie Ihre Gedanken und Gefühle beschreiben.

Material: Lied und Text, MP3-/CD-Player, Kopfhörer, Briefpapier und Umschläge, Stifte, Briefkasten.

Vorbereitung KL: Annett Louisan: „Der Schöne", Text. Informationen zu diesem Lied und der Biografie von Annett Louisan finden Sie unter www.annettlouisan.de. Den Text und Downloads finden Sie, wenn Sie bei www.google.de unter „annett louisan lyrics" suchen. Der Text und das Lied „Der Schöne" befinden sich auf der CD „Boheme". In jedem Falle die Briefe später bei der Präsentation vorlesen lassen.

Lernziel / Kannbeschreibung: eigene Gedanken und Gefühle schriftlich beschreiben (Ps).

Lektion 3: Freundschaft

1. Soziale Netzwerke im Internet: Pro oder Contra – Diskussion im „Aquarium" LB: A

Lernziele / Kannbeschreibungen:
- sich an Gesprächen und Diskussionen beteiligen sowie eigene Ansichten begründen und verteidigen (Im)
- den eigenen Standpunkt begründen und Stellung zu Aussagen anderer nehmen (Im)
- ein Problem darlegen, dabei Vermutungen über Ursachen und Folgen anstellen sowie Vor- und Nachteile abwägen (Im)

Ablauf:
Lassen Sie TN zwei Gruppen – eine Pro- und eine Contra-Gruppe – bilden, die dann ein Diskussionsduell im sogenannten Aquarium durchführen.

Vorteil der Aquariumsdiskussion: Alle TN sind involviert und können sich einbringen, aber die Hauptaktion läuft in einer überschaubaren Gruppe:

- Zunächst sammeln jeweils die Pro- und die Contra-Gruppe die für sie passenden Redemittel, die sie für eine Diskussion brauchen. Als Hilfestellung können TN hier auch auf die Redemittel für Diskussionen im Lehrbuch, Lektion 6 (DS D, Aufgabe 2 d) zurückgreifen:

pro	contra
dafür spricht …	dagegen spricht …
Ein weiteres Argument dafür ist, dass …	Ich lehne … ab, weil / dass …
…	…

- Dann sammeln die Gruppen Argumente, die sie bei ihrer Pro- und Contra-Diskussion zum Thema „Soziale Netzwerke im Internet" einsetzen können. Zur Unterstützung kann KL folgende Fragen stellen: Wer von Ihnen ist in sozialen Netzwerken im Internet registriert, z. B. Facebook etc.? Mit wie vielen Personen sind Sie im sozialen Netzwerk befreundet? Kommen die meisten dieser Freunde aus Ihrem Heimatland oder aus der ganzen Welt? Kennen Sie alle Personen, mit denen Sie im sozialen Netzwerk befreundet sind, persönlich? Nutzen Sie soziale Netzwerke, um sich zu verabreden oder Einladungen zu verschicken? Können fremde Personen alle Informationen, Nachrichten und Bilder auf Ihrem Profil sehen? Welchen Nutzen und welche Risiken haben soziale Netzwerke im Internet?
- Das Aquarium aufbauen: In der Mitte des Raumes werden zwei Stuhlreihen à vier bis fünf Stühle aufgestellt. Die Stuhlreihen stehen sich gegenüber. Auf der einen Seite sitzen die Pro-Diskutanten, auf der anderen die Kontrahenten. Jede Gruppe wählt anfangs jeweils drei bis vier TN aus, die sich auf diese Stühle setzen; dabei bleibt jeweils bei jeder Gruppe ein Platz frei. Das ist das sogenannte Aquarium. Hinter den beiden Stuhlreihen stehen jeweils im Halbkreis Stühle, auf denen als Beobachter und Verstärkung auf der einen Seite die Pro- und auf der anderen Seite die Contra-Gruppe sitzt.
- Wenn die Diskussion läuft und ein Gruppenmitglied aus den eigenen Reihen ein gutes Argument hat bzw. etwas beitragen möchte, kann sich diese Person schnell auf den freien Stuhl setzen. Dafür muss allerdings eine Person der Aquariumsgruppe unaufgefordert zurück in den Außenkreis wechseln, sodass immer ein freier Platz für die Außenrunde bleibt.

2. Ein interkultureller Vergleich: Räumliche Nähe und Distanz LB: C

Lernziele / Kannbeschreibungen:
- verschiedene Gefühle differenziert ausdrücken und auf Gefühlsäußerungen anderer reagieren (Im)
- Erfahrungen, Ereignisse, Einstellungen darlegen und die eigene Meinung mit Argumenten stützen (Pm)

Ablauf:
Führen Sie das Interview als „Kugellager" durch (vgl. Tipp 3, S. 12):

- Frage 1: Wie weit (in Metern) wohnen die nächsten Nachbarn zu Hause weg?
- Frage 2: Können Sie Ihrem Nachbarn ins Fenster schauen? Wird dieser Blick unterbunden (Rollos, Gardinen)?
- Frage 3: In Deutschland kann man selten anderen in die Wohnung schauen. Viele Leute haben Gardinen und Rollos. Was empfinden Sie dabei?

Lektion 4: Dinge

1. Sich an Dinge herantasten: Produkte aus Deutschland, Österreich und der Schweiz LB: B

Lernziele / Kannbeschreibungen:
- gezielt Fragen stellen und ergänzende Informationen einholen (Im)
- ausführliche Beschreibungen von interessanten Dingen und Sachverhalten verstehen (Rm)

Mit dieser Übung werden die Aufgaben im Lehrbuch um den haptischen Zugang beim Lernen – also „Tasten und Fühlen" – erweitert.

Ablauf:
Vor der Übung sprachliche Mittel an der Tafel / auf Postern sammeln:
Materialien: Stoff, Leder, Plastik, Papier, Pappe, Wolle, Filz, Plüsch, Porzellan, Metall, Gummi etc.
Beschaffenheit: weich, hart, biegsam, fest, beweglich, flauschig, glatt, rau etc.
Form: länglich, quadratisch, rund, klein, groß, eckig, kugelförmig, spitz, gezackt etc.

Unter einem Tuch hat KL mehrere Produkte versteckt, z. B. Dübel (z. B. Fischer), Bleistift (z. B. Faber), Schokolade (z. B. Ritter Sport oder Lindt), Gummibären (z. B. Haribo), kleines Stofftier (z. B. Steiff), Schuh (z. B. Salamander), Waffeln (z. B. Manner), Tablette (z. B. Bayer), Uhr (z. B. Swatch), Spielfigur (z. B. Playmobil), Puzzleteil (z. B. Ravensburger). Ein TN ertastet einen der Gegenstände unter dem Tuch und beschreibt ihn möglichst genau, ohne den Gegenstand zu nennen. Auch Rückfragen der TN über Form, Größe und Beschaffenheit sind erlaubt. Wenn alle Gegenstände beschrieben sind und die Vermutungen gesammelt wurden, wird das Geheimnis gelüftet.

Hinweis: Bei großen Gruppen empfiehlt es sich, die Aufgabe in Kleingruppen mit mehreren Tüchern und Produkten durchführen zu lassen.

2. Lernstrategien bewusst machen und üben: Dingsda LB: C1

Lernziele / Kannbeschreibungen:
- ausführliche Beschreibungen von interessanten Dingen und Sachverhalten verstehen (Rm)

Dieses Spiel ist zwar schon bekannt (vgl. Wortschatz-Activity, Tipp 8, S. 17 und im Lehrbuch, DS C), an dieser Stelle lohnt es sich aber, über den Nutzen dieses kleinen Wortes mit TN zu reflektieren. Ergebnis dieser Reflexion sollte sein, dass TN nun bewusst dieses Wort einsetzen können, da dies auch Muttersprachler machen.

Hier ein Vorschlag, wie Sie die Sprachgebrauchsstrategie bei TN bewusst machen können:

KL erzählt und spielt folgendes Beispiel:
„Gestern wollte ich eine Gemüsesuppe machen. Ich benutze dann immer so 'n Dingsda, sonst isst mein Sohn die Suppe nicht. Das ist so 'n langes Ding mit kleinen Messern unten dran, die wirbeln dann immer so rum (Geräusch machen und Gestik) und machen alles klein. Aber dieses Dingsda funktioniert nur mit Strom und wir hatten gerade einen Stromausfall. Also musste ich so 'n Dingsda mit Handbetrieb benutzen. Den Namen hab ich vergessen, aber das hat so 'nen lustigen Frauennamen. Das sieht aus wie ein Sieb und ist aus Metall. In das Sieb kippt man dann das Gemüse. Oben ist eine Art Schneide mit einer Kurbel (Gestik). Die dreht man dann im Kreis im Sieb herum und so wird das Gemüse zerkleinert."

Fragen an TN:
- „Warum habe ich nur von ‚Dingsda' gesprochen?" (Lösung: Ersatzwort, wenn einem das Wort nicht einfällt – das ist eine Strategie)
- „Können Sie sich die Geräte vorstellen, malen oder den Namen sagen?" (Lösung: Pürierstab, Flotte Lotte)

Im Anschluss bearbeiten TN in Lerngruppen das folgende Arbeitsblatt. Die Ergebnisse werden dann im Plenum verglichen.

Arbeitsblatt

1. Welche Strategien habe ich angewendet, damit Sie verstehen, welche Geräte verwendet wurden? Kreuzen Sie die richtigen Antworten an.

   - [ ] a. Ich habe gesagt, wie die Geräte aussehen.
   - [ ] b. Ich habe gesagt, wozu man sie braucht.
   - [ ] c. Ich habe gesagt, wo sie sich befinden.
   - [ ] d. Ich habe ein Wort aus einer anderen Sprache benutzt.
   - [ ] e. Ich habe mir mit Gestik und Mimik weitergeholfen.
   - [ ] f. Ich habe eine Zeichnung gemacht.
   - [ ] g. Ich habe gesagt, aus welchem Material die Dinge sind.
   - [ ] h. Ich habe Geräusche produziert.

2. Welche Strategien sind Ihrer Meinung nach am besten?

3. Deutsche benutzen das Wort „Dingsda" relativ häufig. Haben Sie dieses Wort schon in der deutschen Sprache genutzt? Würden Sie es benutzen? Wann?

4. Und jetzt Sie: Beschreiben Sie in Ihrer Gruppe ein „Dingsda". (= DS C, Aufgabe 1 b)

3. Anzeigen schreiben: Zu verschenken LB: E1

Lernziele / Kannbeschreibungen:
- sich an Gesprächen und Diskussionen beteiligen sowie Ansichten begründen und verteidigen (Im)
- ausführliche Beschreibungen von interessanten Dingen und Sachverhalten verstehen (Rm)
- Anzeigen zu Themen eines Fach- oder Interessengebiets verstehen (Rs)
- Anzeigen verfassen, die eigene Interessen oder Bedürfnisse betreffen (Ps)

Ablauf:
KL fragt TN, ob sie ungeliebte/überflüssige/kitschige Dinge besitzen, die sie aus Pietät dem Schenker gegenüber oder aus sonstigen Gründen nicht weggeworfen haben. KL sagt, dass es im Kurs die Chance gibt, diese Dinge loszuwerden und/oder ein Objekt zu bekommen.

Aufgabe: TN schreiben Anzeigen, die sie an die Pinnwand/das Schwarze Brett hängen. Dort sollen die Objekte von den Besitzern wie Schätze angeboten werden. Alle TN lesen diese Anzeigen und notieren sich, welches Objekt sie gerne besitzen möchten. Im Anschluss begründet jeder seine Wahl – auch wenn die Wahl heißt, dass kein Objekt gewählt wurde. Gibt es mehrere Interessenten für ein Objekt, so müssen die Bewerber mit guten Argumenten um das Ding kämpfen. Die Gruppe entscheidet, wer sich besonders überzeugend für das Ding eingesetzt hat, wer es also erhalten soll. Erst dann werden die Objekte gezeigt und „verschenkt".

4. Präsentation: Nonverbale Kommunikation bei Präsentationen LB: F4

Lernziele / Kannbeschreibungen:
- ein Problem darlegen, dabei Vermutungen über Ursachen und Folgen anstellen sowie Vor- und Nachteile abwägen (Im)
- anderen Personen Ratschläge oder detaillierte Empfehlungen geben (Im)

Vorbereitung KL:
Kärtchen kopieren und ausschneiden. Arbeitsauftrag formulieren.

Evtl. die Präsentationen auf Video aufzeichnen, um schwer interpretierbare Szenen wiederholt zeigen zu können.

Ablauf:
TN bereiten in Paaren eine ca. dreiminütige Produktpräsentation vor. Bevor TN ihr jeweiliges Produkt präsentieren, baut KL die zusätzliche Schwierigkeitsstufe „ungünstiges Verhalten" ein. Dass der Fokus bei dieser Übung zunächst nicht auf dem Inhalt, sondern auf der nonverbalen Kommunikation liegt, muss TN bewusst gemacht werden. Daher sollte KL zunächst die Spielregeln erläutern.

Spielregeln: Als Erstes ziehen TN je ein Kärtchen (s. unten), auf dem eine Handlungsanweisung steht, die zu einem Verhalten während der Präsentation führt, das nicht erwünscht ist. Vor der jeweiligen Präsentation sollte jedem TN Zeit gegeben werden, um sein „ungünstiges Verhalten" in die Präsentation einzubauen (TN müssen dafür evtl. Tische verschieben, einen OHP aufstellen etc.).

Alle TN präsentieren kurz ihren Text und schauspielern dabei, indem sie die auf den Kärtchen beschriebenen nicht erwünschten Verhaltensweisen vorspielen. Die übrigen TN sollen den jeweiligen Präsentator unterbrechen, wenn sie dessen unerwünschtes Verhalten erkennen und benennen können (z. B. durch „Stopp" rufen). TN geben dann Ratschläge für ein angemessenes Verhalten bzw. erläutern, welche Form von Körpersprache bei einer Präsentation positiv wirken könnte, und diskutieren die Ratschläge im Plenum. Im Anschluss werden die Tipps schriftlich festgehalten.

Nach dieser Übung sollten die von den Paaren ausgearbeiteten Produktpräsentationen nun nochmals vollständig, aber dieses Mal mit positiver Körpersprache vorgestellt werden, um die Inhalte zu besprechen.

Kärtchen für falsches / ungünstiges Verhalten bei einer Präsentation

kein Blickkontakt beim Sprechen	eine Person lange und intensiv anschauen	beim Sprechen eine seitliche Haltung einnehmen	beim Reden immer schneller werden	beim Reden hektisch hin- und herlaufen
vor der Tafel stehen und beim Schreiben mit TN sprechen	auf dem Tisch sitzen – dabei beide Füße baumeln lassen, dann Füße auf einen Stuhl stellen	mit dem ausgestreckten Arm auf einen TN zeigen	beim Sprechen hinter dem Overheadprojektor stehen	im Sitzen reden und sich dabei hinter einem Stapel Bücher verstecken
etwas an der Tafel erklären und dabei über die Schulter hinweg TN ansprechen	sich vor einen sitzenden TN stellen und mit ihm reden	beim Sprechen Hände in die Hosentaschen stecken	beim Sprechen Arme vor der Brust kreuzen	den Mund mit der Hand bedecken
die Hände beim Sprechen auf den Rücken nehmen	an den Haaren rumspielen	sich beim Sprechen an die Wand / Tafel anlehnen	…	…

Ratschläge sammeln und sich zu eigen machen:
TN vergleichen die Tipps, die sie selbst gesammelt haben, mit denen aus dem Lehrbuch (DS F, Aufgabe 3 b) und mit den folgenden Tipps. Im Anschluss sucht jeder TN für sich selbst die zehn Tipps (für das Portfolio / Lerntagebuch), die er / sie unbedingt beherzigen möchte.

Körpersprache – 20 Tipps und Tricks:
1. Erst blicken, dann sprechen.
2. Vermeiden: Blick in Richtung Fluchtweg (Fenster, Tür) wenden.
3. Mindestabstand von 2 m zur Gruppe, sonst Scheibenwischerblick.
4. Rat: Eine Person unter den Zuhörern suchen, die eine positive Ausstrahlung hat, um positiven Kontakt auf alle TN zu übertragen, aber: einzelne Personen nie zu lange anschauen.
5. Übersprungshandlungen (bei Stress) vermeiden, z. B. am Kopf kratzen, die Haare ordnen.
6. Vermeiden: Unruhiges Hin- und Hergehen.
7. Am besten: Freies Stehen in Tischnähe; aber keine Barrieren bauen, die Füße auf dem Boden lassen.
8. Wichtig: In ganzer Körperbreite sichtbar sein.
9. Achtung: Im Umgang mit TN müssen Distanzzonen eingehalten werden (ca. 60–150 cm, ist aber kulturell unterschiedlich), zur Kontaktaufnahme muss jedoch die persönliche Distanz durchbrochen werden.
10. Wichtig: Nicht vor TN aufbauen, sondern gleiche Blickhöhe einhalten.
11. Positiv: Immer wieder die Hände zwischen Brust- und Bauchhöhe halten; das strahlt Ruhe aus.
12. Verschränkte Arme = Verdeckungsgeste.
13. Am besten: weite, offene, ruhige Kontaktgesten in Richtung der TN.
14. Eine übertriebene Mimik wirkt negativ, aber unterstützende Ausdrucksmimik wirkt lebendig.
15. Gesten der Zurückweisung vermeiden, z. B. die Zeigefingergeste, Arme verschränken.
16. Schweigen ist intensive Kommunikation, daher gezielt einsetzen.
17. In Sprechpausen werden Körpersignale intensiv registriert; Pausen als rhetorisches Mittel einsetzen.
18. Merke: Werden Sie immer leiser, je lauter die Gruppe wird.
19. Sprechtempo variieren – das erhöht die Aufmerksamkeit.
20. Ich-Botschaften formulieren, statt „man" oder „wir" zu benutzen.

5. Projekt: Eine Produktmesse organisieren LB: F4

Lernziele / Kannbeschreibungen:
- gezielt Fragen stellen und ergänzende Informationen einholen (Im)
- auf Fragen im eigenen Fach- oder Interessenbereich detaillierte Antworten geben (Im)
- anderen Personen Ratschläge oder detaillierte Empfehlungen geben (Im)
- in Texten neue Sachverhalte und detaillierte Informationen verstehen (Rs)
- in längeren und komplexeren Texten rasch wichtige Einzelinformationen finden (Rs)
- eine vorbereitete Präsentation gut verständlich vortragen (Pm)
- ein Thema schriftlich darlegen, Punkte hervorheben sowie Beispiele anführen (Ps)
- sich während eines Gesprächs oder einer Präsentation Notizen machen (Ps)

Ablauf:

1. Internetrecherche
TN entscheiden sich in Kleingruppen für ein Produkt, das sie präsentieren wollen. Sie können dazu z. B. ein Produkt aus dem obigen Projektvorschlag „1. Sich an Dinge herantasten" auswählen. Damit TN ihr Produkt wirklich überzeugend auf der Messe präsentieren können, informieren sie sich in ihren Kleingruppen über die jeweilige Firma – bevorzugt mit Firmensitz im deutschsprachigen Raum. Sie recherchieren dazu auf der jeweiligen Homepage, z. B. www.steiff.de, www.swatch.com, www.manner.at.

Punkte, zu denen TN die wichtigsten Informationen suchen und über die sie später kurz berichten sollen: Firmensitz, Firmengründer, Firmengeschichte, Produkte, Interessantes und Wissenswertes.

2. Gestalten der Messestände
TN versuchen die gesammelten Informationen auf dem Messestand gut visualisiert und spannend zu präsentieren, z. B. Biografie des Firmengründers, historisch Interessantes, Besonderheiten des jeweiligen Produkts, Landkarten, auf denen der Firmensitz eingezeichnet ist etc.

3. Vorbereitung auf Kundengespräche
TN sammeln in Kleingruppen Fragen, die mögliche Kunden auf der Messe stellen könnten, und überlegen sich Antworten dazu. Außerdem überlegen sich TN ihre Reaktion auf Kunden, die z. B. ohne Punkt und Komma reden, alles besser wissen, Angst haben zu fragen, sich nicht entscheiden können, nicht wissen, was sie wollen, nicht mehr gehen wollen etc.

4. Informationen am Messestand präsentieren

Die Kleingruppen teilen sich auf. Ein Gruppenmitglied vertritt jeweils seine Gruppe am Messestand und präsentiert ihr Produkt. Die übrigen Gruppenmitglieder spielen Messebesucher und besuchen die verschiedenen Messestände. Auf die Messebesucher werden folgende Rollen verteilt: Journalist, Händler, Jugendlicher, Besserwisser, Vielredner, aktiver Rentner etc. Nach einiger Zeit können die Rollen innerhalb der Kleingruppen (mehrmals) getauscht werden.

5. Notizen machen und Rückfragen stellen

Die Messebesucher sollen sich möglichst viele Notizen zu interessanten Informationen machen, die sie lesen oder beim Messebesuch hören. Natürlich können sie am Messestand auch Fragen stellen und weitere Informationen erbeten.

6. Rückblick: „Was konnte ich mir merken?"

Nach dem Messebesuch soll jeder Besucher für sich sammeln, was er/sie wo gehört oder gelesen hat. Alle TN notieren sich die Informationen, die sie behalten haben, und begründen im Anschluss im Plenum, warum diese Details noch präsent sind, was daran faszinierend war etc. Welche Firmenpräsentationen waren am überzeugendsten? Warum?

7. Reflexion: „Was haben wir gut gemacht?"

Jeder TN überlegt zunächst für sich persönlich, was er gut gemacht hat und was er hätte besser machen können. Danach sammeln alle gemeinsam im Plenum, was sie als Messeplaner gut gemacht haben und was sie hätten besser machen können. Anschließend können Tipps für andere Messeplaner formuliert werden.

Lektion 5: Arbeit

1. Präsentation: Das eigene Studienfach, der eigene Beruf oder Traumjob LB: A2

Lernziele / Kannbeschreibungen:
- gezielt Fragen stellen und ergänzende Informationen einholen (Im)
- zu verschiedenen Themen ziemlich klare und detaillierte Beschreibungen geben (Pm)
- eine vorbereitete Präsentation gut verständlich vortragen (Pm)
- eigene Gedanken und Gefühle mündlich beschreiben (Pm)

Je nach Zielgruppe – Schüler, Studenten, Berufstätige – können Sie das folgende Arbeitsblatt abändern. Erfahrungsgemäß empfinden TN diese Aufgabe als große Herausforderung, freuen sich, sich und ihr Studienfach/ihren Beruf/ihren Traumjob darstellen zu können, sind stolz auf ihren Werdegang und erobern sich gern ihren persönlichen Wortschatz zum Thema Arbeit. TN untereinander erfahren dadurch viel über die anderen TN.

Ablauf:
Alle TN erhalten das folgende Arbeitsblatt. Je nach Gruppengröße können zwei bis drei TN pro Sitzung ihr Studienfach/ihren Beruf/ihren Traumjob präsentieren.

Nach jeder Präsentation können die anderen TN Fragen stellen.

Arbeitsblatt

Stellen Sie den anderen Teilnehmern Ihr Studienfach, Ihren Beruf oder Traumjob vor.
Erzählen Sie, warum Sie dieses Fach gewählt haben:
- Warum ist dieses Fach/dieser Beruf für Sie attraktiv (gewesen)?
- Was haben Sie gelernt? Was können Sie besonders gut?
- Was möchten Sie in der Zukunft machen?

Schreiben Sie nur Stichwörter auf und präsentieren Sie den Text frei.
Denken Sie daran: Wir merken uns mehr, wenn wir Bilder/Zeichnungen/Fotos sehen.
Zeit für die Präsentation: 5–10 Min.

2. Planspiel: Unternehmensgründung LB: A2

Lernziele / Kannbeschreibungen:

Es werden bei der Zusammenarbeit in der Gruppe viele Kannbeschreibungen der mündlichen Interaktion angewendet:

- sich an Gesprächen und Diskussionen beteiligen sowie eigene Ansichten begründen und verteidigen (Im)
- den eigenen Standpunkt begründen und Stellung zu Aussagen anderer nehmen (Im)
- ein Problem darlegen, dabei Vermutungen über Ursachen und Folgen anstellen sowie Vor- und Nachteile abwägen (Im)
- zu einem gemeinsamen Vorhaben beitragen und dabei andere einbeziehen (Im)
- bei Interessenkonflikten oder Auffassungsunterschieden eine Lösung aushandeln (Im)
- klare und detaillierte Absprachen treffen und getroffene Vereinbarungen bestätigen (Im)
- auf Fragen im eigenen Fach- oder Interessenbereich detaillierte Antworten geben (Im)

Ebenfalls angewendet werden Kannbeschreibungen der mündlichen und schriftlichen Rezeption sowie der mündlichen und schriftlichen Produktion:

- komplexe Informationen über alltägliche und berufsbezogene Themen verstehen (Rm)
- ausführliche Beschreibungen von interessanten Dingen und Sachverhalten verstehen (Rm)
- in Texten Informationen, Argumente oder Meinungen ziemlich vollständig verstehen (Rs)
- eine vorbereitete Präsentation gut verständlich vortragen (Pm)
- über interessante Themen klare und detaillierte Berichte schreiben (Ps)
- sich während eines Gesprächs oder einer Präsentation Notizen machen (Ps)

Zudem können Wortschatz und Redemittel der Lektion in diesem neuen Kontext wiederholt und so trainiert werden.

Ablauf:

Dieses Planspiel besteht aus mehreren Phasen: Gruppenbildung, Geschäftsideen entwickeln, einen Businessplan entwerfen, eine Pressemitteilung schreiben, das Unternehmen präsentieren.

Evtl. können Sie die Phase der Ideensuche im Plenum als Brainstorming vorverlegen und jede Gruppe kann dann bereits eine Geschäftsidee wählen. Hier ein paar Vorschläge: Frühstücks-/Essens-Service (frische Brötchen/Essen ins Haus), Partyservice, Übersetzungsbüro/Fremdsprachenschule, Recyclingfirma etc.

Falls Ihre TN Wirtschaftswissenschaften o. Ä. studieren, können Sie zusätzlich Informationen zu deutschen Rechtsformen von Unternehmen erarbeiten lassen wie eingetragener Verein (e.V.) oder Aktiengesellschaft (AG). In diesem Falle lohnt es sich, für das Planspiel insgesamt mehr Zeit zu veranschlagen. Bei anderen Gruppen bietet es sich an, nicht zu sehr ins Detail zu gehen. Realistisch ist es, bei vier Gruppen insgesamt ca. 4 UE für das Planspiel einzuplanen.

Aufteilung:
- 1 UE Geschäftsidee entwickeln + einen Businessplan aufstellen
- 1 UE Pressemitteilung schreiben + die Präsentation vorbereiten
- 2 UE Präsentation + Bewertung des Konzepts und des Businessplans

Präsentation:

Vor der Präsentation gibt jede Unternehmergruppe einer anderen ihren Businessplan und ihre Pressmitteilung zur Prüfung. Die Kontrollgruppe (in ihrer Rolle als Notar oder Bank) prüft kritisch das Unternehmenskonzept, das in der Pressemitteilung dargelegt wird, sowie den Businessplan und macht sich Notizen zu Kritikpunkten / Fragen. Dann stellt die Unternehmergruppe ihr Projekt vor (Businessplan, Pressemitteilung). Anschließend stellt die Kontrollgruppe kritische Fragen, auf die die Unternehmer antworten müssen.

Alle übrigen TN sind während der Präsentation und dem anschließenden Gespräch zwischen Unternehmer- und Kontrollgruppe Beobachter, machen sich Notizen und äußern sich nach diesem Gespräch zu beiden Gruppen im Hinblick auf Fairness, Realitätsbezug und Gesprächsverlauf.

Arbeitsblatt

1. Gruppenbildung
Bilden Sie eine Gruppe mit 4–5 Mitgliedern. Wichtig ist es, dass Sie gut zusammenarbeiten können.

2. Geschäftsidee entwickeln
Gründen Sie in Ihrer Gruppe ein Unternehmen. In welcher Branche, mit welchem Konzept wollen Sie sich auf dem deutschen Markt selbstständig machen? Die Ideen sollten bedarfsorientiert sein: Welche Unternehmen, Produkte, Dienstleistungsbetriebe könnten fehlen? Gibt es vielleicht in Ihrem Land Unternehmen, die es in Deutschland nicht gibt?
Was kann jeder von Ihnen besonders gut? Verteilen Sie die Aufgaben für Ihren Betrieb, z. B. Wer in der Gruppe übernimmt den Schwerpunkt Finanzierung, Buchführung, Marketing etc.?
Wie heißt Ihr Unternehmen?

3. Businessplan
Wie werden Sie sich finanzieren? Mit welchen Einnahmen können Sie rechnen? Wie wird das Verhältnis Einnahmen und Ausgaben im Laufe des ersten Geschäftsjahres sein? Schreiben Sie dazu Daten und Zahlen auf, die Sie bei einem Notar einreichen müssen.
Tipp: Tabellen oder Diagramme sind eine gute zusätzliche Visualisierung.

4. Pressemitteilung und Vorbereitung auf das bewertende Gespräch
Verfassen Sie für die lokale Zeitung eine Pressemitteilung, in der Sie sich objektiv und werbewirksam präsentieren (höchstens eine Seite). Sie werden Ihr Unternehmen einer kritischen Organisation (z. B. einer Bank oder einem Notar) präsentieren müssen. Überlegen Sie sich, wer von Ihnen was sagt, und überprüfen Sie noch einmal Ihren Businessplan.

5. Informationsaustausch
Ihre Geschäftsidee wird von einem Notar oder einer Bank, d. h. einer Kontrollgruppe, geprüft. Geben Sie zu diesem Zweck Ihre Pressemitteilung und Ihren Businessplan an eine Kontrollgruppe – Sie werden ebenfalls eine Pressemitteilung und einen Businessplan einer anderen Gruppe erhalten.

6. Bewertung
Für die Bewertung werden drei Gruppen gebildet:
- Die Unternehmergruppe präsentiert ihr Unternehmen und die Finanzierung.
- Die Kontrollgruppe kennt das Konzept und die Finanzierung des Unternehmens und wird nach der Präsentation kritische Fragen stellen bzw. die Unternehmensidee kommentieren.
- Die Beobachtungsgruppe: Das sind alle übrigen Teilnehmer. Sie beobachten die Präsentation der Unternehmergruppe und die kritische Überprüfung. Was haben beide Gruppen gut gemacht? Was haben Sie nicht verstanden, was war nicht klar oder realistisch?

3. Sich bewerben: Arche Noah LB: D1

Lernziele / Kannbeschreibungen:
- sich an Gesprächen und Diskussionen beteiligen sowie eigene Ansichten begründen und verteidigen (Im)
- den eigenen Standpunkt begründen und Stellung zu Aussagen anderer nehmen (Im)
- Erfahrungen, Ereignisse, Einstellungen darlegen und die eigene Meinung mit Argumenten stützen (Pm)
- Informationen und Argumente zusammenfassen und kommentiert wiedergeben (Pm)
- eine Geschichte zusammenhängend erzählen (Pm)

Mit dieser Übung wird das Thema Bewerbung auf spielerische Art und Weise weiter vertieft.

Dieser Unterrichtstipp basiert auf einem Unterrichtsprojekt von Martin Lange, Leiter des Lektorats Deutsch als Fremdsprache an der Christian-Albrechts-Universität, Kiel. Wir danken Herrn Lange herzlich dafür, dass wir seine Idee aufgreifen durften.

Ablauf:
1. Brainstorming
KL fragt TN, ob sie den Namen „Noah" kennen. Ggf. hilft ein Hinweis, dass Noah bekannt ist, weil er ein großes Schiff gebaut hat, um Tiere mitzunehmen. TN tragen ihr Wissen über die Geschichte von Noah zu-

sammen. KL sammelt Stichpunkte an der Tafel, z. B. Noah, Schiff (die Arche), 3 Söhne, Tiere, die Flut, Taube, Gott, Strafe, Ölbaumzweig, Rettung, Regenbogen. Diese werden anschließend gemeinsam geordnet und die Geschichte der Arche Noah wird noch einmal zusammenhängend erzählt. Dabei muss nicht auf Details geachtet werden, denn es geht nur um die grobe Handlung der Geschichte. Die Geschichte der Arche Noah ist zur Vorbereitung auch im Internet zu finden: http://www.bibel-online.net/buch/neue_evangelistische/1_mose/6/.

2. Planung
KL sagt, dass Noah vor gewaltigen Planungsaufgaben steht, bevor die Fahrt der Arche beginnen kann. Über die Leitfragen (Woran muss Noah vorher denken? Was muss er bei der Planung berücksichtigen?) kommen TN zu Überlegungen wie: Welches Futter brauchen die Tiere an Bord? Welche Tiere dürfen nicht nebeneinander auf der Arche untergebracht werden? Welche Informationen braucht er über die Tiere?

3. Ein Tier auswählen
KL beschreibt, dass Noah eine Pressekampagne startet, vor der Flut warnt und die Tiere auffordert, sich um einen Platz auf der Arche zu bewerben. KL fordert TN auf, sich ein Tier auszusuchen, in dessen Rolle sie einen Bewerbungsbrief und ein persönliches Profil erstellen möchten. Dazu zeigt KL Bildmaterial von Tieren mit deren Namen, z. B. in einem Bildwörterbuch oder ausgedruckt auf verschiedenen Bildkärtchen. Um das Gruppenergebnis interessanter zu machen, sollte jeder TN ein anderes Tier wählen.

4. Schreibaufgabe Teil 1: Bewerbungsbrief
KL fordert TN auf, in der Rolle des von ihnen gewählten Tieres einen Bewerbungsbrief an die Firma „Noah & Söhne" zu schreiben. Als Hilfe stellt KL Bildwörterbücher oder eine Wörterliste zu Körperteilen von Tieren zur Verfügung. Als Vorlage kann die folgende Bewerbung dienen. Die Schreibaufgabe kann auch als Hausaufgabe gegeben werden.

Emilia Elefant
Auf der Steppe 37
Südafrika

Firma Noah & Söhne
Schiffbauerdamm 17
Palästina

Natal, kurz vor der Flut

Bewerbung um einen Platz auf der Arche für Ehepaar Elefant

Sehr geehrter Herr Noah,

hiermit bewerbe ich mich mit meinem Mann Emil um einen Platz auf Ihrer Arche.
Wir brauchen etwas mehr Platz auf Ihrem Schiff, aber wir sind … und wir können …
Auf der Arche können wir Ihnen helfen, denn … Unterwegs brauchen wir …
Es ist sehr wichtig, dass wir Elefanten mitfahren dürfen, weil …
Über eine positive Antwort würden wir uns sehr freuen.

Mit freundlichen Grüßen

Emilia Elefant

Anlagen

5. Schreibaufgabe Teil 2: Persönliches Profil

KL fordert TN auf, in der Rolle ihres Tieres ein persönliches Profil zu erstellen, an dem Noah die Tiere sofort erkennt und auch etwas über ihre Eigenschaften und Bedürfnisse erfährt. Dazu sammelt KL zunächst mit TN Beschreibungskategorien an der Tafel, z. B. Wohnort/Lebensraum, Ernährung, Fähigkeiten, Aussehen/Besondere Merkmale, Größe etc. Als Hilfe dienen auch hier wieder Bildwörterbücher bzw. eine Wörterliste mit passendem Vokabular. Als Vorlage kann das folgende persönliche Profil dienen. Die Schreibaufgabe kann auch als Hausaufgabe gegeben werden.

Persönliches Profil

Aussehen/Besondere Merkmale:	dicke graue Haut, große Ohren, langer Rüssel, kräftige Beine Mein Mann hat große Stoßzähne (er ist aber nicht gefährlich).
Lebensraum:	die afrikanische Steppe Wir haben Verwandte in Indien und Thailand (etwas kleiner, aber nicht so kräftig).
Größe:	ehrlich gesagt, nicht ganz klein (ca. 4m hoch, 5m lang)
Ernährung:	strikt vegetarisch: Gras, Blätter Wir sind auch mit Heu zufrieden und fressen garantiert keine anderen Tiere!
Fähigkeiten:	Wir sind sehr stark, können schwere Dinge tragen, können gut hören, mit Wasser spritzen und sauber machen. Und wir sind freundlich zu allen. Wir vergessen nichts und helfen Ihnen sehr gerne, für Ordnung an Bord zu sorgen und die anderen Tiere zu unterrichten.

Natal, kurz vor der Flut

Emilia Elefant

6. Korrekturphase

In Kleingruppen korrigieren TN ihre Bewerbungen und Profile gegenseitig. KL sollte hierbei auf das Ziel der Korrektheit von Bewerbungen hinweisen, da Bewerbungen häufig aussortiert werden, wenn sie formale Fehler enthalten. Trotzdem soll nicht nur die Korrektheit der Texte im Fokus stehen, sondern vielmehr auch der Prozess der Überarbeitung und Verbesserung der Texte.

7. Kandidaten auswählen

Die Kleingruppen tauschen nun ihre Bewerbungen und Profile, sodass jede Gruppe die Bewerbungen und Profile einer anderen Gruppe bekommt. Jede Gruppe versetzt sich in die Rolle von Noah, der die Bewerbungen der Tiere erhält. Die Gruppen wählen jeweils die Bewerber aus, die sie an Noahs Stelle mit auf die Arche nehmen würden. Anschließend stellt jede Gruppe ihre Favoriten vor. Dabei begründen TN, warum sie sich für bzw. gegen die Tiere entschieden haben. Die Leitfragen dafür können sein: Soll dieses Tier mitfahren dürfen? Was hat Ihnen an der Bewerbung gefallen? Wie könnte das Tier noch deutlicher überzeugen?

8. Ausstellung der Briefe

Zum Abschluss können die Bewerbungen und persönlichen Profile im Kursraum aufgehängt werden.

Lektion 6: Streiten oder kooperieren?

1. Kooperieren: Bleistiftspiel LB: A

Lernziele / Kannbeschreibungen:
- zu einem gemeinsamen Vorhaben beitragen und dabei andere einbeziehen (Im)
- bei Interessenkonflikten oder Auffassungsunterschieden eine Lösung aushandeln (Im)

TN sollen bei diesem Spiel erfahren, dass sie an schnellsten und am weitesten kommen, wenn sie nicht gegeneinander arbeiten, sondern am gleichen Strang ziehen – also kooperieren. Daher empfiehlt es sich, dieses Spiel als Einstiegsspiel für das Thema „Kooperieren" einzusetzen.

Ablauf:
Material: 1 ungespitzter Bleistift, 1 Spitzer, Notizzettel (Zahl sollte nicht durch drei teilbar sein, z. B. 100).

TN werden in drei gleich große Gruppen geteilt und durchnummeriert – Gruppe 1, 2, 3. Gruppe 1 bekommt nur den Bleistift, Gruppe 2 nur den Spitzer, Gruppe 3 nur den Stapel Papier.

Die Aufgabe lautet für jede Gruppe: Beschriften Sie möglichst viele Zettel mit Ihrer Gruppenzahl.

Zeit: 10 Minuten, KL zieht sich zurück.

Nach 10 Minuten bricht KL das Spiel ab (falls TN nicht schon früher fertig sind).

Situationsanalyse: Was ist passiert? Gibt es eine Siegergruppe? Gab es eine andere Lösung des Problems, z. B. dass sich alle drei Gruppen als eine Gesamtgruppe verstanden haben und nicht als Konkurrenten?

Interview zum Diskussionsverlauf während des Wettspiels: TN tun sich zu Paaren zusammen. Ein TN interviewt, der andere antwortet. Nach dem Interview präsentieren die Interviewer die Ergebnisse im Plenum.

Fragen zum Diskussionsverlauf: z. B. Wie war der genaue Ablauf der Verhandlungen aus Ihrer Sicht? Würden Sie die Diskussion in verschiedene Phasen einteilen? Welche Gefühle hatten Sie während der Aufgabe? Sind Sie mit dem Ergebnis zufrieden? Gab es pro Gruppe einen Sprecher; wenn ja, wurde er / sie gewählt? Wurde alles demokratisch ausgehandelt oder gab es dominantes Verhalten? Wäre Ihrer Meinung nach die Diskussion anders verlaufen, wenn es um etwas sehr Wichtiges gegangen wäre?

2. Kooperieren: Dubbing LB: E6

Lernziele / Kannbeschreibungen:
- in Spielfilmen oder Theaterstücken der Handlung folgen sowie die meisten Informationen verstehen (Rm)
- einen kurzen Text relativ spontan und frei vortragen (Pm)

Was ist Dubbing?
„Dubbing" ist ein Begriff aus der Welt des Films. Wenn wir einen ausländischen Film mit ausländischen Schauspieler/innen sehen, in dem aber alle in unserer Sprache miteinander kommunizieren, so handelt es sich um einen Film, der gedubbt wurde. Die Sprecher, die den Text synchronisieren, sprechen den Filmtext nun in unserer Sprache. Damit dies aber nicht so sehr auffällt, versuchen sie dabei, sich beim Sprechen den Lippenbewegungen der Filmschauspieler anzupassen.

Ablauf:
Für das Theaterstück im Lehrbuch (DS E, Aufgabe 6) heißt das, dass Esel, Hund, Katze und Hahn auf der Bühne zu sehen sind und auch ihren Mund bewegen, dass jedoch vier weitere Personen ebenfalls auf der Bühne sind. Diese müssen jedoch für das Publikum unsichtbar sein. Z. B. können sie unter einem abgedeckten Tisch kauern. Sie müssen die vier Spieler aber sehen können, da sie deren Rollen sprechen. Da es ein Improvisationstheater ist, kennen zwar alle die Handlung, aber es gibt keine vorgegebenen Dialoge. Die vier TN unter dem Tisch müssen nur wissen, wen sie sprechen sollen.

Nun beginnt die Kooperation. Die Sprecher müssen auf die Gestik der vier Mimen achten und die Mimen müssen gut hinhören, was die Sprecher unter dem Tisch sagen, damit sie dementsprechend handeln können.

Es macht nicht nur viel Spaß, es ist eine ausgezeichnete Sprech-, Hör- und Kooperationsübung für fortgeschrittene Lerner.

Lektion 7: Wissen und Können

1. Anzeigen verfassen: Suche … / Biete … LB: A

Lernziele / Kannbeschreibungen:
- Anzeigen zu Themen eines Fach- oder Interessengebiets verstehen (Rs)
- Anzeigen verfassen, die eigene Interessen oder Bedürfnisse betreffen (Ps)

Ablauf:
Jeder TN verfasst zwei Anzeigen für die Kurszeitung oder für das Schwarze Brett im Kursraum – eine für die Kategorie „Suche …", eine für die Kategorie „Biete …".

Voraussetzung ist, dass die Anzeige ernst gemeint ist. Sucht z. B. jemand eine Person, die Strähnchen färben kann, so sollte dies auch zu einer Verabredung führen können. Bietet jemand an, Grammatik zu erklären oder eine Typberatung durchzuführen, so sollte das auch in der Realität umgesetzt werden, also zu einer echten Sprachhandlung führen.

2. Projekt: Wissensquiz LB: A

Lernziele / Kannbeschreibungen:
- in Texten neue Sachverhalte und detaillierte Informationen verstehen (Rs)
- in längeren und komplexeren Texten rasch wichtige Einzelinformationen finden (Rs)

Ablauf:
TN recherchieren im Internet nach Texten mit Sachinformationen aus verschieden Sachgebieten, z. B. zum Thema Geschichte, Architektur, Meereskunde etc. Oder TN verfügen bereits über ein Spezialwissen aufgrund ihres Studiums, ihrer Arbeit etc. In Kleingruppen wird ein Quiz mit mehreren Fragen und jeweils drei möglichen Antworten erarbeitet. Gleichzeitig sollte die jeweilige Gruppe ein Lösungsblatt mitliefern.

Die Quiz-Blätter bleiben auf den Gruppentischen liegen und jede Gruppe geht von Tisch zu Tisch (z. B. im Uhrzeigersinn) und löst jedes Quiz, indem sie gemeinsam die möglichen Antworten diskutiert. Im Anschluss kann jede Gruppe ihre Ergebnisse anhand des Lösungsblatts kontrollieren. Auf jedem Tisch liegt neben dem Quiz ein Blatt Papier mit der Überschrift „Lob, Fragen, Kommentare".

Wer nach dem Quiz mehr über eine Antwort / Tatsache wissen möchte, bekommt von den Spezialisten weitere Informationen.

3. Projekt: Ich kann was! Das kann nicht jeder! LB: F

Lernziele / Kannbeschreibungen:
- auf Fragen im eigenen Fach- oder Interessenbereich detaillierte Antworten geben (Im)
- anderen Personen Ratschläge oder detaillierte Empfehlungen geben (Im)
- detaillierte Informationen umfassend und inhaltlich korrekt weitergeben (Im)
- detaillierte Anweisungen und Aufträge inhaltlich genau verstehen (Rm)

Ablauf:
In Ihrem Kurs wird es sicherlich jede Menge „Könner" geben, also Personen, die etwas Besonderes können. Die einen beherrschen evtl. die Kunst des Origami-Faltens, die anderen können stricken, Stepptanzen, eine Powerpoint-Präsentation erstellen oder ein kompliziertes Gericht kochen.

Alle TN wählen je ein Thema, das sie präsentieren bzw. vormachen und möglichst den anderen beibringen wollen. Sollte es mehrere Personen zu einem Thema geben, so können sie den Wortschatz in Paaren / Gruppen nachschlagen. Geben Sie einen Hinweis auf die mögliche Verwendung von Passivkonstruktionen oder Ersatzpassivkonstruktionen.

Die Ablaufbeschreibungen sollen zunächst schriftlich ausgearbeitet, dann aber frei vorgetragen werden. Im Anschluss haben die anderen TN die Möglichkeit, nachzufragen und um weitere Erklärungen zu bitten. Ziel ist es, dass die anderen TN auch ein Stück weit das lernen, was die anderen gut können.

Die Beschreibungen können im Anschluss noch gestaltet (z. B. mit Zeichnungen) und im Kursordner gesammelt werden, sodass alle TN die Anleitungen später wieder nachschlagen können.

Lektion 8: Gesundheit

1. Alternative Heilmethoden: Pro oder Contra – Diskussion im „Aquarium" LB: D

Lernziele / Kannbeschreibungen:
- sich an Gesprächen und Diskussionen beteiligen sowie eigene Ansichten begründen und verteidigen (Im)
- den eigenen Standpunkt begründen und Stellung zu Aussagen anderer nehmen (Im)
- ein Problem darlegen, dabei Vermutungen über Ursachen und Folgen anstellen sowie Vor- und Nachteile abwägen (Im)

Ablauf:

Lassen Sie TN zwei Gruppen – eine Pro- und eine Contra-Gruppe – bilden, die dann ein Diskussionsduell im sogenannten Aquarium durchführen.

Vorteil der Aquariumsdiskussion: Alle TN sind involviert und können sich einbringen, aber die Hauptaktion läuft in einer überschaubaren Gruppe:

- Zunächst sammeln jeweils die Pro- und die Contra-Gruppe die für sie passenden Redemittel, die sie für eine Diskussion brauchen. Als Hilfestellung können TN hier auch auf die Redemittel für Diskussionen im Lehrbuch, Lektion 6 (DS D, Aufgabe 2 d) zurückgreifen:

pro	contra
dafür spricht …	dagegen spricht …
Ein weiteres Argument dafür ist, dass …	Ich lehne … ab, weil / dass …
…	…

- Dann sammeln die Gruppen Argumente, die sie bei ihrer Pro- und Contra-Diskussion zum Thema „Alternative Heilmethoden" einsetzen können.
- Das Aquarium aufbauen: In der Mitte des Raumes werden zwei Stuhlreihen à vier bis fünf Stühle aufgestellt. Die Stuhlreihen stehen sich gegenüber. Auf der einen Seite sitzen die Pro-Diskutanten, auf der anderen die Kontrahenten. Jede Gruppe wählt anfangs jeweils drei bis vier TN aus, die sich auf diese Stühle setzen; dabei bleibt jeweils bei jeder Gruppe ein Platz frei. Das ist das sogenannte Aquarium. Hinter den beiden Stuhlreihen stehen jeweils im Halbkreis Stühle, auf denen als Beobachter und Verstärkung auf der einen Seite die Pro- und auf der anderen Seite die Contra-Gruppe sitzt.
- Wenn die Diskussion läuft und ein Gruppenmitglied aus den eigenen Reihen ein gutes Argument hat bzw. etwas beitragen möchte, kann sich diese Person schnell auf den freien Stuhl setzen. Dafür muss allerdings eine Person der Aquariumsgruppe unaufgefordert zurück in den Außenkreis wechseln, sodass immer ein freier Platz für die Außenrunde bleibt.

2. Video: Kabarettist Dr. Eckart von Hirschhausen LB: F1

Lernziele / Kannbeschreibungen:
- (im Fernsehen) Informationen in Reportagen, Interviews oder Talkshows verstehen (Rm)
- ausführliche Beschreibungen von interessanten Dingen und Sachverhalten verstehen (Rm)
- literarischen oder alltäglichen Erzählungen folgen und viele wichtige Details verstehen (Rm)
- eigene Gedanken und Gefühle mündlich beschreiben (Pm)

Ablauf:

KL fragt TN vor dem Sehen, ob sie den Begriff „Kabarett" kennen und ob es so etwas in ihrem Heimatland gibt. Dann zeigt KL ein Video von Dr. Eckart von Hirschhausen.

Aufzeichnungen der Fernsehauftritte des Kabarettisten finden sich im Internet, z. B. auf www.youtube.de. Geben Sie z. B. „Dr. Eckart von Hirschhausen (3/7)" ein. In der ersten Hälfte des Videos (ca. 5:20 Min.) geht es um die Sportarten Nordic Walking und Inlineskaten. Weitere Informationen zu Dr. Eckart von Hirschhausen finden sich auf www.hirschhausen.com.

Nach dem Sehen fragt KL, wie der Videoausschnitt auf TN gewirkt hat, was sie verstanden haben und ob es ihrem Humor entspricht. Der Videoausschnitt kann auch als Grundlage für eine Diskussion über das Thema „Humor" dienen.

Lektion 9: Gefühle

1. Spiel: Adjektive darstellen und erraten LB: A2

Lernziel / Kannbeschreibung:
- eigene Gedanken und Gefühle mündlich beschreiben (Pm)

Vorbereitung KL:
Schreiben Sie für jeweils zwei TN ein Adjektiv der Gefühlsbeschreibung auf ein Kärtchen und gleichzeitig dieselben Adjektive auf ein Plakat, z. B. ängstlich, müde, fröhlich, lustig, heiter, traurig, gelangweilt, stolz, aufgeregt, nervös, lieb, freundlich, zuvorkommend, frech, aggressiv, neugierig, einsam, schüchtern, verklemmt, nachdenklich, gequält, kess, ironisch, aufsässig, hinterlistig.

Ablauf:
TN betrachten zunächst die Adjektive auf dem Plakat. Evtl. müssen einzelne Wörter noch umschrieben werden, z. B. kess, aufsässig, hinterlistig. Nachdem alle unbekannten Wörter geklärt sind, werden die Adjektive auf dem Plakat abgedeckt.

Jeweils zwei TN ziehen eine Karte. Ein Paar fängt an und unterhält sich darüber, was in der letzten Woche / am letzten Tag / … im Kurs passiert ist. Die Art, wie die Personen sich unterhalten, entspricht dem Adjektiv, das sie gezogen haben. Wenn sie z. B. das Adjektiv „gelangweilt" gezogen haben, erzählen sie evtl. über einen spannenden Film, den sie gesehen haben. Sie sagen vielleicht sogar „der Film war total spannend", aber die Art, wie sie berichten, ist völlig „gelangweilt" (sie gähnen dabei, lümmeln sich auf ihren Stühlen herum, ohne jegliche körperliche Anspannung, die Stimme ist monoton). Nach ein paar Sätzen raten die übrigen TN, um welches Adjektiv es sich gehandelt hat und wie die Darsteller das zu erratende Adjektiv durch ihre Körpersprache den Zuhörern und Zuschauern mitgeteilt haben. Außerdem überlegen TN, was für ein Gefühl man selbst hat, wenn man solchen Personen zuhört.

Auf diese Weise wird auch deutlich, dass Unterschiede zwischen „fröhlich", „lustig", „heiter" so gut wie nicht darzustellen sind – diese Adjektive können so als Synonyme erkannt werden.

2. Spiel: Fremde Sprache – bekanntes Gefühl LB: A2

Lernziel / Kannbeschreibung:
- eigene Gedanken und Gefühle mündlich beschreiben (Pm)

Dieses Spiel kann ergänzend zum oben beschriebenen 1. Spiel eingesetzt werden. Wie bei diesem Adjektiv-Spiel sollen TN auch hier ein Gefühl ausdrücken – diesmal jedoch nur über die Stimme.

Ablauf:
Alle TN ziehen entweder ein Kärtchen (s. Spiel oben) oder entscheiden selbst, welches Gefühl sie vermitteln wollen. Sie sprechen in einer Phantasie-Fremdsprache und sollen – wie beim obigen Spiel – das Gefühl über Stimmmodulation, Gestik und Mimik vermitteln.

Steigerung des Schwierigkeitsgrades: Die „Fremdsprachen-Sprecher" stehen hinter einer Wand, sodass man das Gefühl wirklich nur über die Stimme erraten kann.

3. Eine Geschichte schreiben: Ein … Gefühl LB: F2

Lernziel / Kannbeschreibung:
- eine zusammenhängende Geschichte schreiben (Ps)

Ablauf:
TN schreiben in Gruppen eine kurze Geschichte, ca. 10 bis 20 Sätze. Die Gruppen sollten möglichst gleich groß sein und im Idealfall sollte es vier Gruppen geben. Drei Bedingungen sind zu erfüllen: Die Geschichte handelt von Gefühlen / einem Gefühl, sie muss viele Details enthalten und alle Gruppenmitglieder müssen die Geschichte niederschreiben.

KL kann auch den Anfang einer Geschichte vorgeben, z. B.:

„Ein blödes Gefühl
Vor ca. einem halben Jahr, es war an einem Freitag, sollte ich bei Freunden den schwarz-weiß gefleckten Hasen Stupsi füttern. Es war schrecklich, erst hatte ich den roten Schlüsselbund vergessen und dann stand in der linken Ecke der Garage gar kein Heu wie verabredet. Also bin ich erst mal in die nächste Tierhandlung in der Langen Gasse gegangen und habe 500 g Heu gekauft …"

Sie sehen schon, hier wimmelt es von Details und das ist wichtig für die nächste Aufgabe.

4. Selbst geschriebene Geschichten erzählen: Wie ein Gerücht entsteht LB: F2

Lernziele / Kannbeschreibungen:
- einen kurzen Text relativ spontan und frei vortragen (Pm)
- sich während eines Gesprächs oder einer Präsentation Notizen machen (Ps)

Diese Aufgabe ist eine Weiterführung von „3. Eine Geschichte schreiben". Ziel ist es zu demonstrieren, wie schnell ein Text ohne böse Absicht verändert und verfälscht wird.

Ablauf:
Zunächst wird nur eine der selbst geschriebenen Geschichten aus der obigen Aufgabe erzählt. Wichtig ist es, dass diese Geschichte mehrfach (möglichst dreimal) weitererzählt wird. Deshalb bietet es sich an, dass die jeweils unbeschäftigten TN andere Aufgaben ausführen, die sie jederzeit unterbrechen können.

Es gibt also vier Gruppen, z. B. à drei Personen: die Gruppe A, B, C; die Gruppe I, II, III; die Gruppe a, b, c; und die Gruppe 1, 2, 3.

1. Die erste Lerngruppe erzählt ihre Geschichte aus der obigen Aufgabe, d.h., die Personen A, B, C erzählen jeweils einer Person aus der zweiten Schreibgruppe (I, II, III) ihre Geschichte. A erzählt I, B erzählt II, C erzählt III die Geschichte. Die Gruppen a, b, c und 1, 2, 3 sind derweil anderweitig beschäftigt.
2. Die Gruppe I, II, III erzählt die Geschichte, die ihnen eben erzählt worden ist, wiederum jeweils einer Person aus der dritten Lerngruppe (a, b, c); d.h., I erzählt a, II erzählt b und III erzählt c die Geschichte. Die Gruppen A, B, C und 1, 2, 3, sind nun anderweitig beschäftigt.
3. Die Personen der Gruppe a, b, c erzählen nun wiederum die gehörte Geschichte jeweils einer Person aus der vierten Lerngruppe (1, 2, 3); d.h., a erzählt 1, b erzählt 2 und c erzählt 3 die Geschichte. Die Gruppen A, B, C und I, II, III sind nun anderweitig beschäftigt.
4. Die vierte und letzte Gruppe (1, 2, 3) rekonstruiert die Geschichte im Plenum. Hierbei wird es sicher untereinander schon drei Varianten geben.
5. Die erste Lerngruppe (A, B, C) erzählt im Plenum die Urversion. Alle achten auf die Unterschiede zwischen der ersten und letzten Version.
6. Gemeinsam wird herausgearbeitet, was sich verändert hat. Dabei sollte auch auf die möglichen Ursachen einer solchen Veränderung eingegangen werden.
7. Jetzt kann die zweite Lerngruppe auf die gleiche Art und Weise ihre Geschichte in Umlauf bringen.

Hier noch einmal der Ablauf als Tabelle visualisiert:

	Gruppe A, B, C		Gruppe I, II, III		Gruppe a, b, c		Gruppe 1, 2, 3
1. Runde	A	erzählt	I				
	B	erzählt	II				
	C	erzählt	III				
2. Runde			I	erzählt	a		
			II	erzählt	b		
			III	erzählt	c		
3. Runde					a	erzählt	1
					b	erzählt	2
					c	erzählt	3
4. Runde	1, 2, 3 erzählen ihre Versionen im Plenum.						
5. Runde	A, B, C erzählen die Urversion im Plenum.						
6. Runde	Vergleich						

Lektion 10: Raus in die Welt

Spiel: Besuch bei einer fremden Kultur LB: F

Lernziele / Kannbeschreibungen:
- sich an Gesprächen und Diskussionen beteiligen sowie eigene Ansichten begründen und verteidigen (Im)
- verschiedene Gefühle differenziert ausdrücken und auf Gefühlsäußerungen anderer reagieren (Im)

Spiel-Informationen:
Dauer: 1–2 UE, 2 Teile: Spiel + Diskussion.
Personen: 2 Schauspieler: Mann und Frau (= 2 TN, die eine Einführung bekommen haben), 1 Diskussionsleiter (= KL).
Name der fremden Kultur: Kann KL erfinden; der Name sollte aber keinen Hinweis auf eine bestehende Kultur geben oder TN später zu irgendeiner Interpretation verleiten.
Material: drei Schalen, eine mit Wasser, eine mit Essen (z. B. Popcorn), eine mit einem Getränk; Tücher, Kerzen, Räucherstäbchen.
Raum: Stühle im Kreis.

Sprache der Fremden:
- Zischen = nicht Zustimmung (nur wenn ein Besucher der fremden Kultur sich falsch verhält)
- Summen = Lob, Zustimmung
- Zungenschlag = Aufmerksamkeit einfordern

Ablauf:
1. Vorbereitung
KL muss die zwei Schauspieler einen Tag vor dem Spiel einweihen. Am Tag der Durchführung bespricht KL mit den anderen TN das Procedere: Wir machen eine Reise in ein fremdes Land. Diese Kultur ist uns sehr fremd, deshalb die Bitte, sich sensibel und höflich zu benehmen. Im Kursraum richten die beiden Vertreter der fremden Kultur alles her. KL wird alle Besucher, die draußen vor der Tür „angereist" sind, der Reihe nach zu den Fremden führen.

Es empfiehlt sich jedoch, bei größeren TN-Gruppen einen Teil der TN die Zeremonie beobachten zu lassen. Die Beobachter sind ebenfalls nicht eingeweiht und sollen später auch ihre Eindrücke und Wahrnehmungen mitteilen. Sie sitzen bereits im Raum, bevor die Gäste ankommen. Man kann ihnen sagen, dass nicht alle mitreisen können, sie sich die Reise aber im Fernsehen anschauen dürfen.

Im Raum: Mann und Frau sitzen bereits in Position: Der Mann sitzt auf einem Stuhl, er hat Schuhe an. Die Frau kniet neben dem Stuhl, sie hat keine Schuhe an. Beide sind in Tücher gehüllt, Kerzen und Räucherstäbchen stehen um sie herum, die drei Schalen sind etwas versteckt, aber griffbereit.

2. Beginn
KL führt die Besucher nacheinander in den Raum zu dem Paar. Die anderen warten draußen. Der Mann deutet den eintretenden Frauen an, dass sie die Schuhe ausziehen sollen. Die Männer sollen die Schuhe anbehalten. Anschließend wird jeder begrüßt.

3. Begrüßung
Begrüßung der Männer: Der fremde Mann begrüßt die Männer, indem er eine Schulter und eine Hüfte hält und dann sein rechtes Bein hochhebt und am Besuch reibt. Dann sollen sich die männlichen Besucher auf einen Stuhl setzen.

Begrüßung der Frauen: Die fremde Frau begrüßt die Frauen, indem sie ihnen an den Beinen vom Knie abwärts entlang streicht – auch die Füße – und den Frauen andeutet, dass sie im Kreis knien sollen.

4. Waschen
Nachdem alle Männer und Frauen begrüßt wurden, reicht die fremde Frau jedem Mann die Schüssel mit Wasser – zuerst dem Mann aus ihrer Kultur, der die rechte Hand ins Wasser tunkt und sich Wasser ins Gesicht tupft. Die Frauen waschen sich nicht.

5. Füttern

Die Frau bietet „ihrem" Mann Essen an. Sie greift in die Schale und füttert ihn mit Popcorn. Der Mann summt laut und reibt sich den Magen. Zuerst füttert die Frau alle Männer, dann die Frauen. Die Frau kehrt zurück, kniet sich neben den Mann, der ihr den Kopf sanft zu Boden drückt.

6. Trinken

Frau reicht zuerst den Männern die Schale zum Trinken. Auch hier wiederum bietet sie die Schale zuerst „ihrem" Mann, dann den Männern und zuletzt den Frauen an.

7. Wahl

Beide Vertreter der fremden Kultur stehen auf und laufen im Kreis herum und schnalzen, ohne klar zu machen, dass sie nach der Frau mit den größten Füßen schauen. Diese Frau wird dann aufgefordert, neben dem fremden Mann, der sich wieder auf den Stuhl setzt, hinzuknien.

Auswertung:

Beschreiben: KL fragt teilnehmende und beobachtende TN: Wo sind Sie gewesen? Was ist passiert? Dann gehen alle die Rituale Schritt für Schritt durch. TN beschreiben objektiv der Reihe nach, was passiert ist – ohne Gefühle und Interpretationen.

Deuten: KL fragt: Wie interpretieren Sie das, was Sie gesehen und erlebt haben? Denken Sie daran, dass nicht alles, was wir sehen, auch das bedeutet, was wir kennen, dass wir die fremde Kultur durch unsere eigene Brille betrachten. Haben TN zudem gemerkt, dass wir das tun, was von uns erwartet wird, wenn wir uns auf das Fremde / das Ungewohnte einlassen, obwohl uns niemand gesagt hat, was wir tun sollen?

Lösung: In dieser fremden Gesellschaft steht die Frau über dem Mann. Die Erde ist heilig, alles Fruchtbare ist gesegnet, auch die Frau, die das Leben auf die Erde bringt. Deshalb dürfen Frauen ohne Schuhe bzw. barfuß gehen, dürfen knien und Männer nicht. Indem der Mann den Kopf der Frau in Richtung Boden drückt, dankt er ihr, indem er sie auf ihre Rolle in der Gesellschaft – ihre Heiligkeit – hinweist.

Nur Frauen dürfen Essen und Getränke – die Früchte der Erde – vorbereiten und reichen. Der Mann isst und trinkt zuerst, um die Frau vor Vergiftung zu schützen. Nur die Männer müssen sich waschen, denn sie sind unrein.

Bei der Begrüßung unterscheidet man zwischen Männern und Frauen. Die Frau weist bei den Frauen auf ihren Bezug zur Erde hin (von den Knien abwärts zu den Füßen streichen), der Mann bei den Männern wiederum darauf, dass sie nicht geerdet sind (Bein hochheben und an dem Bein des Mannes reiben). Weil die Erde heilig ist, ist auch eine Frau mit großen Füßen besonders zu verehren. Sie hat den größtmöglichen Kontakt zur Erde. So ist auch die Wahl der Frau mit den größten Füßen zu erklären.

Die Menschen dieser Kultur gehen davon aus, dass das, was sie tun, „Standard" ist. Sie denken, dass die Besucher begrüßt werden wollen, wie es für sie selbst normal ist.

Lektion 11: Natur

1. Vortrag: Biografien deutschsprachiger Dichter LB: A3

Lernziele / Kannbeschreibungen:
- sich an Gesprächen und Diskussionen beteiligen sowie eigene Ansichten begründen und verteidigen (Im)
- in Texten neue Sachverhalte und detaillierte Informationen verstehen (Rs)
- eine vorbereitete Präsentation gut verständlich vortragen (Pm)
- zu allgemeinen Artikeln oder Beiträgen eine Zusammenfassung schreiben (Ps)
- sich während eines Gesprächs oder einer Präsentation Notizen machen (Ps)

Vorbereitung KL:
Internet-Zugang oder Ausdrucke der Biografien der Dichter im Lehrbuch (DS A, Aufgabe 3) Landkarten der deutschsprachigen Länder, evtl. je drei Klebepunkte für alle TN, wenn Sie eine Punkteabfrage „Der interessanteste Dichter" durchführen wollen (vgl. Tipp 3, S. 12); Dichternamen dazu verteilt im Kursraum auf Papier schreiben.

Arbeitsblatt
Biografien deutschsprachiger Dichter
Bilden Sie Paare / Dreier-Gruppen.
Wählen Sie einen der zehn Dichter im Lehrbuch (DS A, Aufgabe 3).
Suchen, drucken und lesen Sie die Biografie dieses Dichters, z. B. unter www.wikipedia.com.

1. Eine Minibiografie schreiben
- Nennen Sie die wichtigsten Lebensdaten.
- Suchen Sie die Orte in Deutschland, Österreich und der Schweiz, die in der Biografie wichtig waren, auf der Landkarte und zeichnen Sie sie auf einer selbst gemalten Landkarte ein.
- Schreiben Sie einen kurzen Text und treffen Sie dabei gemeinsam eine Auswahl. Was soll vor allem hervorgehoben werden? Gab es besonders interessante Ereignisse im Leben des Dichters?
- Vorsicht: Beim Schreiben an die Zuhörer denken, denn sie müssen den Text verstehen können.
- Jede Gruppe erstellt ein Arbeitsblatt mit einem Text, in dem einzelne Informationen ergänzt werden sollen (Vorsicht: Nicht zu viele Lücken). Auf dem Arbeitsblatt soll sich auch eine selbst gemalte Landkarte der D-A-CH-Länder befinden, auf der nur die Hauptstädte eingezeichnet sind.
- Die Arbeitsblätter werden für alle kopiert und verteilt.

2. Die Biografien werden vorgelesen
- Jede Biografie-Gruppe liest ihren Text in normalem Sprechtempo so vor, dass er gut verständlich ist. Evtl. kann er ein zweites Mal vorgelesen werden.
- Dabei versuchen die übrigen TN, die Lücken im Text auf dem Arbeitsblatt zu füllen und die Orte in der Landkarte aufgrund der Beschreibung einzutragen.

Nach der Biografien-Lesung werden die Texte jeder Gruppe als Lösungsblatt ausgelegt, damit jeder seine / ihre Resultate kontrollieren kann.

3. Diskussion
Gibt es einen oder mehrere Dichter, der der Mehrheit besonders interessant schien? Warum?

2. Literatur verfassen: Ein Haiku schreiben LB: A
Lernziele / Kannbeschreibungen:
- eigene Gedanken und Gefühle schriftlich beschreiben (Ps)

Außerdem hilft die Übung dabei, ein Gefühl für Poesie zu entwickeln und Silben wahrzunehmen.

Ablauf:
KL fragt, ob jemand erklären kann, was ein Haiku ist. KL ergänzt evtl. die Informationen an einem Beispiel.

Ein Haiku ist eine traditionelle Gedichtform, die in Japan seit dem 16. Jahrhundert verbreitet ist. In knappen Worten werden persönliche Wahrnehmungen festgehalten – meistens zum Thema Natur.

Die Form: Es ist ein Dreizeiler und es sind nur 17 Silben insgesamt (5 in der ersten Zeile, 7 in der zweiten und 5 in der dritten Zeile). Wer mehr wissen möchte: www.haiku-heute.de oder www.wikidedia.com.

Lassen Sie Naturgedichte in der Haiku-Form verfassen.

KL bringt einige Natur-Produkte (z. B. Tannenzapfen, Blumen, Blätter) mit oder Fotos – etwas Typisches für die Jahreszeiten –, die TN zum Schreiben anregen sollen.

Hier ein Beispiel-Haiku (zählen Sie nach, die Silbenzahl stimmt):

Sehe im Winde
Rosenblätter sich wiegen
werden bald vergehn

3. Präsentation: Gegenseitige Stimmberatung LB: A

Lernziele / Kannbeschreibungen:
- anderen Personen Ratschläge oder detaillierte Empfehlungen geben (Im)
- eine vorbereitete Präsentation gut verständlich vortragen (Pm)
- über aktuelle oder abstrakte Themen sprechen und Gedanken und Meinungen dazu äußern (Pm)

Ablauf:
- TN sammeln zunächst in Gruppen Tipps, wie man einen Text gut vorträgt. Was soll man mit der Stimme machen, wann, was und wie betonen etc.?
- Eine Gruppe beginnt, ihre Tipps im Plenum vorzustellen. Die anderen Gruppen ergänzen die Vorschläge.
- KL ergänzt die Tipps (s. folgende Hinweise) und spielt einige Vorschläge mit TN durch.

Zusätzliche Tipps zum Stimmtraining:
Die Stimme:
- Die Stimme muss fest (aber nicht hart) sein, man darf nicht brummeln und nicht schrill sprechen – man sollte eine mittlere Stimmlage finden.
- Die Stimme soll vorne erklingen. Am besten sollte man sich vorstellen, dass man eine Maske tragen würde und dass man in Richtung Maske sprechen müsste.
- Die Lautstärke muss der Raumgröße entsprechen.
- Spielen mit der Lautstärke: Abwechselnd mal laut, mal leise sprechen.
- Die Sprechmelodie darf nicht monoton sein, sie muss abwechslungsreich sein.
- Variieren zwischen schnell und langsam macht den Vortrag lebendig.

Der Ausdruck:
- Pausen machen, wenn es ein Komma oder einen Punkt gibt oder ein neuer Abschnitt beginnt.
- Den Text muss man sich immer zu eigen machen, d.h. so sprechen, als hätte man ihn gerade erfunden – also immer als man selbst sprechen, in voller Konzentration.
- Dabei den (Blick-)Kontakt zu den Zuhörern halten.

Stimmtraining:
Ein paar Tipps aus der Gesangs- und Schauspielschulung. Vor dem Vortrag sollten die Sprecher:

- Einige Male tief einatmen und langsam wieder ausatmen. Dabei den Unterkiefer hängen lassen und der Stimme einen Ton geben, z. B. aaaaa…
- Gähnen (erhöht die Sauerstoffzufuhr im Gehirn).
- Summlaute (sitzen vorne im Mundraum) sprechen, z. B. mamamama.
- Die Konsonanten b, p, d, t werden mit den Lippen artikuliert. Diese zusammen mit den Vokalen a, e und i sprechen (z. B. babababa, dididi, pepepepe, tetetete) und dabei die Lippen und den Unterkiefer ganz unverkrampft lassen. p und t sind hart und aspiriert und verleihen der „Aussage" Nachdruck.

Gedichte vortragen und beraten:
Nach dem Stimmtraining: TN bilden Paare und tragen sich gegenseitig ein Gedicht im Lehrbuch (DS A, Aufgabe 3) oder ein eigenes Haiku vor. Die Vortragsweise soll deutlich (bis übertrieben) artikuliert, ausdrucksstark und gut betont sein. Die Partner beraten sich gegenseitig. KL kann die Sprechkunst an einem Beispiel vorführen.

Nach einem Austausch der Erfahrungen im Plenum wäre es schön, wenn es mutige Sprecher gäbe, die auch im Plenum vortragen.

Lektion 12: Sprachlos

1. Pantomime: Ein Stummfilm LB: D4

Lernziele / Kannbeschreibungen:
- zu einem gemeinsamen Vorhaben beitragen und dabei andere einbeziehen (Im)
- bei Interessenkonflikten oder Auffassungsunterschieden eine Lösung aushandeln (Im)
- klare und detaillierte Absprachen treffen und getroffene Vereinbarungen bestätigen (Im)
- eine Geschichte zusammenhängend erzählen (Pm)

Ablauf:
TN bilden Gruppen à vier Personen. Jede Gruppe denkt sich eine Geschichte aus, die sie körpersprachlich darstellen möchte. Die Geschichte sollte mindestens fünf verschiedene Szenen haben. Um den Fortgang der Handlung zu skizzieren und die Geschichte so besser verständlich zu machen, schreiben TN Texttafeln für Zwischeneinblendungen. Nachdem die Gruppen ihren „Stummfilm" eingeübt haben, spielen sie ihn im Kurs vor.

2. Sprachlernkurve: Meine gefühlte Lage LB: F4

Lernziele / Kannbeschreibungen:
- eigene Gedanken und Gefühle schriftlich beschreiben (Ps)
- Erfahrungen und Ereignisse detailliert und zusammenhängend schriftlich beschreiben (Ps)

Ablauf:
Die Einschätzung des eigenen Sprachlernwegs vor und während der Kurszeit und perspektivisch für die Zeit danach kann zwar auch zum Kursende rückwirkend gezeichnet und kommentiert werden. Jedoch wäre es authentischer und aussagekräftiger, wenn alle TN ihre persönliche „Sprachlernkurve" während des gesamten Kurszeitraums für ihr Lernerportfolio / Lerntagebuch (vgl. Tipp 11, S. 19) führen würden. Die Gestaltung mit Zeichnungen / Piktogrammen und die Kommentare können dabei je nach TN fantasievoll oder eher sachlich sein, z. B.:

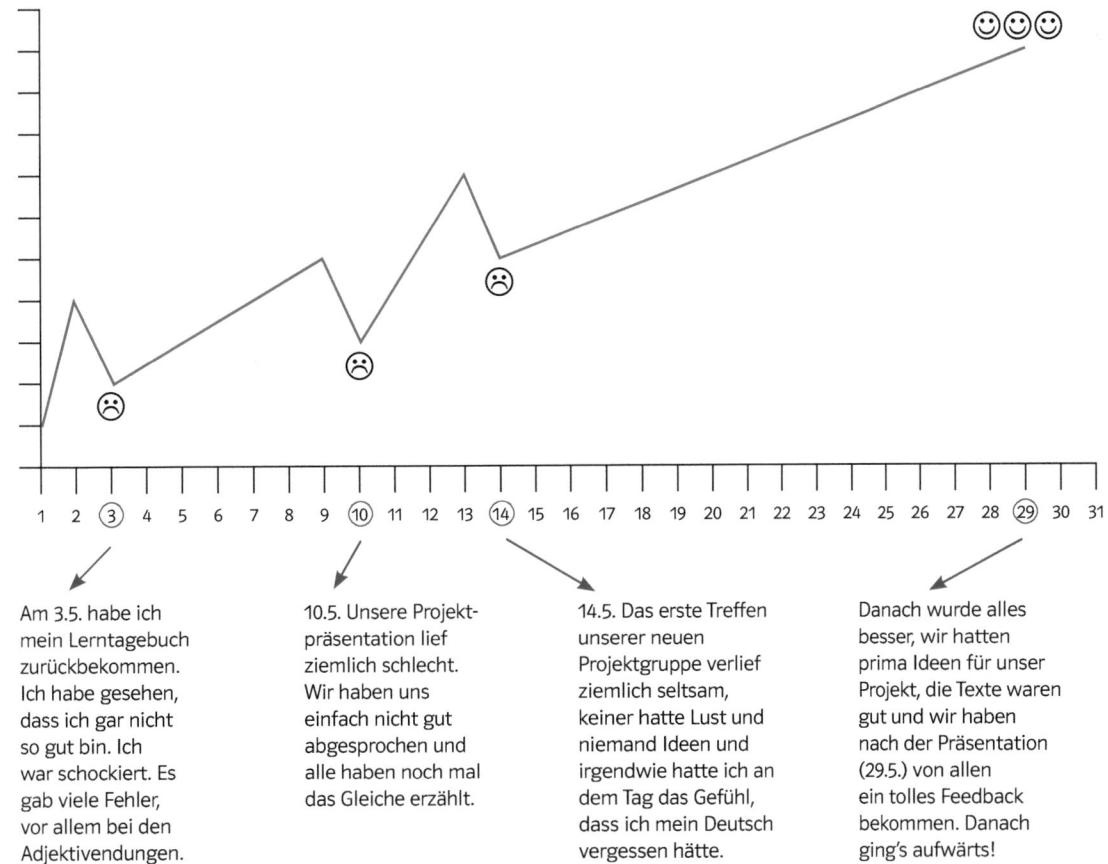

Am 3.5. habe ich mein Lerntagebuch zurückbekommen. Ich habe gesehen, dass ich gar nicht so gut bin. Ich war schockiert. Es gab viele Fehler, vor allem bei den Adjektivendungen.

10.5. Unsere Projektpräsentation lief ziemlich schlecht. Wir haben uns einfach nicht gut abgesprochen und alle haben noch mal das Gleiche erzählt.

14.5. Das erste Treffen unserer neuen Projektgruppe verlief ziemlich seltsam, keiner hatte Lust und niemand Ideen und irgendwie hatte ich an dem Tag das Gefühl, dass ich mein Deutsch vergessen hätte.

Danach wurde alles besser, wir hatten prima Ideen für unser Projekt, die Texte waren gut und wir haben nach der Präsentation (29.5.) von allen ein tolles Feedback bekommen. Danach ging's aufwärts!

Hinweise zum Abschlusstest: Lesen Teil 1

Wegweisendes

In der ersten Aufgabe des Testteils „Lesen" sind zuerst Personen und ihre speziellen Interessen, Wünsche, evtl. auch der Beruf usw. beschrieben. Sie sollen bestimmen, welche Person welches der folgenden Angebote interessieren würde. Es geht bei den Angeboten immer um das gleiche Thema, z. B. suchen alle eine Urlaubsreise, ein Buch zum Lesen usw. Zu jeder Person passt aber immer nur ein Angebot, also nur ein Angebotstext – eben je nach den beschriebenen Vorlieben. Bitte beachten Sie, dass es nicht immer für jede Person etwas Passendes gibt!

1. Tipp: Der Titel und die ersten Sätze können vielsagend sein

Fragen Sie sich zunächst zu allen Titeln (und Texten): Was ist das gemeinsame Thema? Hier im Test ist das gemeinsame Thema „Musikveranstaltungen".

Lesen Sie erst die Titel der Angebote und überlegen Sie **„Was fällt mir dazu ein?"**, bevor Sie weiterlesen. Denn die Erwartungen und Hypothesen verbessern das Textverständnis, z. B.:

- „Musik aus Romanik und Gotik im Hier und Jetzt": Was versteht man unter „Romanik" und „Gotik"?
- „Nacht der ewigen Töne": Wann findet da „etwas" statt? Was könnte dieses „etwas" sein?
- „Oldies ganz neu": Was ist mit „Oldies" gemeint? Was ist möglicherweise ganz neu daran?

Doch aufgepasst: Manche Titel sind auch bildlich, ironisch, machen ein Wortspiel oder sind sonst auf den ersten Blick irreführend. Sind z. B. „ewige Töne" ewig? – Lesen Sie nun den Text, er präzisiert.

Am informativsten ist in der Regel **der erste Satz** bzw. **die ersten zwei / drei Sätze** eines (v. a. kurzen) Textes: Hier wird meist das Thema genauer genannt (wer macht was, wann, wo mit wem, wie usw.). Dann erst folgen vielleicht noch feine Unterschiede. Diese können jedoch äußerst wichtig sein, wenn es darum geht, das richtige Angebot für die jeweilige Person zu finden, z. B.:

- Die „ewigen Töne" sind nicht nur musikalisches „Feuerwerk", sondern hier zaubert Andy Miles auch improvisierend auf seiner Klarinette – ein wichtiger Hinweis, um herauszufinden, dass dieses Angebot zu Ute Bühler (Person 2) passt.
- Und die „Musik aus Romanik und Gotik im Hier und Jetzt" stammt nicht aus dem Mittelalter, sondern hier handelt es sich um mittelalterliche Musik, die ein „neues, musikalisch zeitgenössisches Gewand erhalten" hat. Damit passt sie zu Britta Schweigert (Person 5).

2. Tipp: Inhaltswörter versus Funktionswörter

Vor allem **Verben, Nomen, Adjektive**, meist auch **Adverbien** tragen mehr **Inhalt** als Präpositionen, Konjunktionen, Hilfsverben, Artikel und die meisten Pronomen. Letztere sind die sogenannten Funktionswörter. Wenn wir uns – in jedem beliebigen Text – auf Inhaltswörter konzentrieren, verstehen wir den Text am schnellsten, z. B.:

nur Inhaltswörter:
… „Aida Night of the Proms" … ist … Konzert-Event
… englischen Vorbild „Night oft he Proms": Klassische Melodien, Filmmusik … Hits … vier Jahrzehnten Popmusik laden … Reise …350 Jahre populäre Musik ein.

nur Funktionswörter:
Die … ein … nach dem … und … aus …
Sie zu einer … durch …

Funktionswörter bilden nur „Brücken", verbinden Wörter, sie tragen meist keinen Inhalt im eigentlichen Sinne. Fürs schnelle Verständnis suchen Sie deshalb zuerst am besten nach Inhaltswörtern. Probieren Sie das Spiel nun selbst: Streichen Sie in einem Text die Inhaltswörter, in einem anderen Text die Funktionswörter weg. Lassen Sie Freunde den Inhalt raten! Wer versteht was warum (nicht)? Viel Spaß!

3. Tipp: Halten Sie Ausschau nach „Schlüsselwörtern"

Aufgabe: Nehmen Sie einen der acht Texte aus „Lesen Teil 1" des Abschlusstests und unterstreichen Sie die Inhaltswörter. Entscheiden Sie dann, welches **die wichtigsten, die bedeutungstragenden Wörter** sind: Diese sind der **„Schlüssel"** zum schnellen Verständnis eines Textes. Diskutieren Sie Ihre Ergebnisse im Kurs.

Hinweise zum Abschlusstest: Lesen Teil 2

Wegweisendes

In der zweiten Aufgabe des Testteils „Lesen" finden Sie zuerst fünf Aufgaben (und ein Beispiel). Übrigens ist es allgemein eine Hilfe, wenn Sie **zuerst die Aufgaben genau lesen und dann den Text**: Sie können so nämlich bereits beim ersten Lesen gezielt nach Informationen und Schlüsselwörtern suchen.

Jede der fünf Aufgaben stellt drei Sätze bzw. Satzteile zur Wahl, passend zu einer Stelle im folgenden Text, aber nur ein Satz/Satzteil ist vollends richtig. In der Regel sind hier Einzelheiten wichtig (wo bedeutet was das Gleiche, wo gibt es Abweichungen vom Text und wo sagt der Text etwa genau das Gegenteil vom jeweiligen Satz usw.) – deshalb:

1. Tipp: Suchen bzw. überlegen Sie sich Synonyme und Umschreibungen

Wenn im Satz „sparen" und im Text „preiswert" steht, dann sehen Sie die **Ähnlichkeit** schnell. Eine „Anschlagtafel" im Satz wiederum entspricht dem „Schwarzen Brett" im Text. Und der Begriff „Berufspendler" im Text wird im Satz mit „Berufstätige auf ihren Fahrten zum Arbeitsplatz" umschrieben.

2. Tipp: Lesen Sie genau und achten Sie auf den Kontext

Lassen Sie sich aber nicht dazu verleiten, den jeweiligen Satz sofort als „richtig" zu bewerten, nur weil Sie in einem Satz und im Text das gleiche Wort oder ein geläufiges Synonym finden. Denn oft steckt eine Falle dahinter. Lesen Sie daher auch den Kontext genau, d.h., beachten Sie nach den Schlüsselwörtern u.a. die dazu gehörigen Adjektive, (Genitiv-)Attribute, Angaben usw.: Diese präzisieren und definieren die Schlüsselwörter! Z. B. kommunizieren Mitfahrer und Mitnehmer zwar auch über Verkaufsbüros, aber dort nicht über selbst geschriebene Annoncen; sie kommunizieren auch über Internetbörsen, aber nicht ausschließlich in Deutschland, sondern europaweit. Daher sind auch beide Antworten falsch und nur Antwort 7c ist richtig.

3. Tipp: Negationen haben viel zu sagen

Ist es falsche Bescheidenheit, negatives Denken oder einfach kulturelle Gewohnheit? Deutsch kennt sehr viele Negationen und verkleidet nicht selten gerade wichtige Stellen damit. Die Wirkung ist anders, „wahrer". Oft kommt auch mehr „Spannung" in den Text, z.B.:

[1] Yvonne steht am Dresdner Bahnhof und wartet. „Hoffentlich kommt er nicht zu spät", denkt sie. …
[2] Aber sie meint nicht den Zug, sondern ihren Fahrer … [3] Pünktlichkeit ist leider keine Garantie, da …

[1] Yvonne könnte auch denken: „Hoffentlich kommt er pünktlich." Durch die Formulierung mit „nicht" und dem Gegenteil („zu spät") kommt jedoch Yvonnes Angst durch und wird so betont.
[2] In diesem Beispiel kann man vor allem beim lauten Lesen bei „nicht" mit der Stimme einen Spannungsbogen aufbauen, der die wichtige Information einleitet: „sondern ihren Fahrer".
[3] Negationen können andererseits auch eine Information positiver erscheinen lassen: Beim Ausdruck „keine Garantie" hören wir immer noch das „positive" Wort „Garantie" heraus. Oder: Wenn das Wetter „nicht schön" ist, so klingt das immer noch besser, als wenn es heißt: „Das Wetter ist schlecht."

Achten Sie also auf die Negationen, denn hier verbergen sich oft entscheidende Bedeutungsvarianten. Übrigens: Negationen bzw. Einschränkungen sind nicht nur Wörter wie „nicht" oder „kein". Dazu gehören auch „nur", „bloß", „ausschließlich", „weniger" usw.

4. Tipp: Suchen Sie nach Superlativen und Komparativen

Der „höch**ste**" Berg ist „**einzigartig**", weil „nur einer" der höchste sein kann: Superlative **betonen** also Beachtenswertes. Auch die Komparation dient dazu, eine Information hervorzuheben, indem diese von anderen unterschieden wird, z.B. Mitfahrgelegenheiten sind beliebt**er als** der Zug.

Zusatztipp: Vorsicht bei gewissen Komparativen: „größere Entfernungen" sind (ohne einen Vergleich mit „als") nicht größer als andere, sie sind bloß „relativ, ziemlich groß". Eine „längere" Zugfahrt ist nicht unbedingt länger als eine andere. Ohne „als" ist gemeint: „ziemlich" lange. Achten Sie daher immer auf den Kontext!

Hinweise zum Abschlusstest: Lesen Teil 3

Wegweisendes

In der dritten Aufgabe des Testteils „Lesen" finden Sie zunächst fünf Fragen (und ein Beispiel) zu einem (Zeitungs-)Text auf der nächsten Seite. Hier müssen Sie keine inhaltlichen Fragen beantworten, sondern nach der **Meinung des Autors** suchen und entscheiden:

a. beurteilt der Autor das Thema (der Frage) **positiv**, d.h. findet er es gut, sieht er Chancen?
b. oder beurteilt der Autor das Thema (der Frage) **skeptisch bzw. negativ**, sieht er keine oder nur wenig Chancen, ist er also zweifelnd?

1. Tipp: Was steht wo?

Die Fragen sind eigentlich wie kleine Untertitel gestaltet: Suchen Sie nach den **Schlüsselwörtern** der Fragen (vgl. 3. Tipp, Lesen Teil 1). Oft finden Sie diese oder **Synonyme** auch im Text, z. B. kommt in der Beispiel-Frage das Wort „unentgeltlich" vor, im Text findet man dazu die Begriffe „kostenlos" bzw. „Umsonst-".

Bei dieser Aufgabe sind die Fragen oft im Nominalstil gehalten. Suchen sie im Text nach Verben, die zu diesen Nomen passen, z. B. „**Rückgang** der Verkaufszahlen" (Frage) – „Der Verkauf … **ging** … **zurück**" (Text).

Oft beginnt mit einem neuen Abschnitt ein neuer Aspekt. Lesen Sie deshalb vor dem Beantworten einer Frage bereits die nächste und bestimmen Sie dann im Text: Wo steht die Antwort zu Frage x und wo beginnt die Antwort zu Frage y? Dieser Trick hilft übrigens bei allen Texten bzw. Aufgaben dieser Art, um genauer und schneller zu verstehen.

2. Tipp: Denken Sie sich in den Autor hinein

Meinungen sind subjektiv, vom Einzelnen abhängig. Denken Sie beim Lesen daher nicht an Ihre Auffassung, sondern suchen Sie nach der genauen Aussage des Autors. Sie steckt oft in einzelnen Wörtern. Erstellen Sie in Lerngruppen bzw. im Kurs **Wortfelder** (Wörter gemeinsam erarbeiten oder aus einer vorgegebenen Auswahl nach positiv und skeptisch ordnen) und stellen Sie diese einander gegenüber, z. B.:

- zustimmen, anerkennen, bejahen im Gegensatz zu ablehnen, widersprechen, misstrauen
- (be-)zweifeln, Bedenken haben, nicht glauben im Gegensatz zu versichern, bestätigen.

Synonymwörterbücher helfen schnell weiter, wenn Sie andere Wortfelder suchen.

Suchen Sie im Text nach Wörtern bzw. Ausdrücken, die die Haltung des Autors oder der beschriebenen Gruppen wiederspiegeln, z. B. „berechtigterweise", „Ihrer Meinung nach", „mit Recht".

Achten Sie auf die kleinen, aber wichtigen **qualifizierenden Wörter** und machen Sie sich deren Reihenfolge („Graduierung") klar, z. B.:

immer – meistens – oft – häufig – manchmal – selten – nie(mals) / alle – die meisten – viele – zahlreiche – mehrere – manche – einige – ein paar – wenige – kaum einer / kaum jemand – keiner / niemand / alles – viel – etwas – wenig – ein bisschen – nichts / heiß – warm – lauwarm – kühl – kalt usw.

Besprechen und ordnen Sie gezielt bestimmte Ausdrücke oder einzelne Sätze nach positiv / negativ **im Kontext**, z. B. „Wunsch junger Menschen, möglichst alles unentgeltlich zu bekommen". Im Text heißt es dazu: „Vermutlich haben sie deswegen keinen Bezug zu den geschaffenen Werken" und „…, dass sie etwas Illegales tun." D. h., dieser Bereich wird skeptisch beurteilt.

3. Tipp: Modalverben und Modalwörter

Subjektivität liegt auch in den Modalverben: Die Verben „müssen" / „können" / „sollen" / … in all ihren Nuancen sagen aus, wie das Hauptverb ausgeführt wird. Eine gute Gelegenheit zum Wiederholen. Suchen Sie nach Modalverben und diskutieren Sie (vgl. Lektion 9). Wiederholen Sie auch die Modaladverbien und -partikeln (vgl. Lektion 9). Suchen Sie im Text danach und probieren Sie aus, was sich ändert, wenn Sie sie einfügen: „würde ihnen **vielleicht** bewusst, dass sie etwas Illegales tun." Wie verändert sich die Bedeutung?

Hinweise zum Abschlusstest: Lesen Teil 4

Wegweisendes

In der vierten Aufgabe des Testteils „Lesen" finden Sie einen Text, bei dem am Rand immer etwas abgeschnitten wurde. Grundsätzlich kann jede Wortart fehlen: Pronomen, Artikel, Präpositionen, Adverbien, und manchmal auch Verben, Nomen und Adjektive. Als Antwort passt aber immer nur ein Wort – achten Sie dabei auf Sinn und Grammatik! Sie sollen den Text ergänzen, sodass die Sätze korrekt werden. Manchmal gibt es auch zwei Möglichkeiten – dann entscheiden Sie sich für eine. Für diese Aufgabe sind womöglich Intuition, sicher aber Ihr ganzes (auch grammatikalisches) Wissen gefragt.

1. Tipp: Achten Sie auf das Verb und seine Ergänzung

Nicht nur bei diesem Testteil, sondern auch wenn Sie selbst etwas sagen oder schreiben, ist es hilfreich, vom Verb eines Satzes her zu denken. Deutsch ist eine **verbale** Sprache, das Verb bestimmt das Gerüst des Satzes (Referenzgrammatik: 1.1, 8.3):

1. reisen, fahren, gehen	Subjekt (S)	Deutsche reisen (viel).
2. heißen, sein, werden, bleiben	S + Nominativ-Ergänzung (NE)	Sie heißt Eva.
3. buchen, sehen, fragen	S + Akkusativ-Ergänzung (AE)	Eva bucht einen Flug.
4. helfen, zuhören, begegnen	S + Dativ-Ergänzung (DE)	Der Assistent hilft den Studenten.
5. sich entsinnen	S + Genitiv-Ergänzung (GE)	Er entsinnt sich ihrer.
6. geben, zeigen, schicken	S + DE + AE	Sie schickt ihm ein Paket.
7. kosten, nennen, lehren	S + AE + AE	Der Flug kostet ihn ein Vermögen.
8. warten, achten, sorgen	S + Präpos.-Ergänzung (PE)	Sie warten auf den Bus.
9. bitten, danken	S + AE + PE / S + DE + PE	Er bittet mich um Hilfe. / Sie danken ihm für alles.

Tipp: Lernen Sie vor allem Verben der Gruppen 4., 8. und 9. – den Rest können Sie „erraten":

- Gruppe 1 und 2 sind „logisch" (keine Ergänzung resp. zweimal Nominativ, da „Sie = Eva").
- Gruppe 3 mit nur einer Ergänzung: **Deutsch bevorzugt den Akkusativ!**
- Gruppe 5 ist veraltet (Ausnahme: Rechtssprache: „jemanden des Mordes beschuldigen").
- Gruppe 6 ist häufig, aber einfach zu behalten: **Person im Dativ**, **Sache im Akkusativ**.
- Gruppe 7 folgt auch wieder der Logik: Ich nenne ihn (=) einen Freund (zweimal Akkusativ).

Zusatztipp: Lernen Sie auch regelmäßig Sätze mit Nomen-Verb-Verbindungen (Referenzgrammatik: 1.2), denn diese spielen im Deutschen eine wichtige Rolle (z. B. „etwas kommt zur Sprache"). Und schließlich: Lernen Sie Sätze wie „Ich mag **dich**." / „Ich begegne **dir**." anstatt Regeln. Ihr „emotionales Ohr" kann oft mehr behalten als der Kopf allein.

2. Tipp: Auch Adjektive und Nomen haben ihre Wünsche

Hilfreich für diese Aufgabe sind auch die Ergänzungen bei Nomen und Adjektiven (Referenzgrammatik: 8.3). Lernen Sie daher jeden Tag fünf bis zehn Kombinationen: „Er hat Angst **vor** Spinnen.", „Sie ist zufrieden **mit** ihrer Arbeit." usw. Sammeln Sie im Kurs lustige Phantasiesätze!

3. Tipp: Denken Sie „grammatikalisch", als wär's ein Kreuzworträtsel

In dieser Aufgabe kann natürlich auch anderes zu ergänzen sein – wenden Sie all Ihr Wissen an, indem Sie den Text „analysieren": Wenn Sie z. B. lesen „wenn etwas nicht in Ordnung …", dann wissen Sie, dass ein Verb fehlt, da im Nebensatz das Verb am Satzende steht. Und aus Ihrer Wiederholung der Nomen-Verb-Verbindungen wissen Sie, dass es heißt „in Ordnung sein", also gehört „ist" in die Lücke. Oder beim Satzteil „…, dass es … gut geht." rufen Sie sich in Erinnerung, dass „gut gehen" eine Dativ-Ergänzung verlangt. Da der Leser im Text direkt mit „Sie" angesprochen wird, brauchen Sie hier den Dativ von „Sie", also „Ihnen". Viel Spaß beim Puzzeln!

Hinweise zum Abschlusstest: Hören Teil 1

Zum Testteil „Hören" im Allgemeinen

Ein neuer, unbekannter Text ist leichter und besser zu verstehen, wenn Sie sich vorher überlegen: „Was weiß ich schon von dem Thema? Was ist zu erwarten?" Titel und Bilder, die Beschreibung der Situation und Bemerkungen, bevor es überhaupt losgeht, können dabei helfen. Stellen Sie Vermutungen an, vertrauen Sie auf Ihre Vorkenntnisse, bleiben Sie aber gleichzeitig offen für das, was der Text **wirklich** aussagen wird.

Wegweisendes

In der ersten Aufgabe des Testteils „Hören" bekommen Sie eine Vorlage, in der wichtige Notizen korrekt festgehalten sein sollen. In diesem Fall ist die Situation folgende: Sie sind nicht im Büro, Ihr Kollege ruft an und spricht auf Ihren Anrufbeantworter, um mehrere Korrekturen oder Ergänzungen durchzugeben. In diesem Fall finden Sie zwei Beispiele und fünf Korrekturen bzw. Ergänzungen, die Sie auf der Vorlage festhalten sollen. D.h., Sie müssen aufgrund des Gehörten entweder einen Fehler korrigieren oder eine fehlende Information ergänzen.

Diesen Text hören Sie **nur einmal**. Übertragen Sie am Schluss alle Antworten auf den Antwortbogen.

Üben Sie diese Situation. Erstellen Sie in Lerngruppen Informationsblätter, z. B. zu einer geplanten Veranstaltung usw., und tauschen Sie diese untereinander aus. Die jeweils andere Lerngruppe überlegt sich Korrekturen und Ergänzungen, liest sie Ihnen vor und Sie korrigieren Ihren Text entsprechend.

1. Tipp: Bleiben Sie dran

Bei dieser Aufgabe steckt das Können im Detail: Die Lücken verlaufen chronologisch zum Text. Verfolgen Sie aufmerksam: Sie hören, wann das Gesagte langsam auf die Information zugeht, die Sie brauchen. **Denken Sie mit**: Was ist beim jeweiligen Punkt zu erwarten?

Wenn Sie meinen, etwas verpasst zu haben, dann bleiben Sie nicht bei diesem Gedanken hängen. **Hören Sie weiter zu**, sonst verpassen Sie danach Wichtiges.

2. Tipp: Wieder sind's die Negationen in all ihren Varianten, die helfen

Hören Sie gut auf die Negationen (vgl. 3. Tipp, Lesen Teil 2) und entscheiden Sie möglichst rasch, welches die einzufüllende Information ist.

Diese Aufgabe braucht Konzentration: Auf dem Blatt soll z. B. nicht „Unterhandlung" stehen, sondern „Unterhaltung". Bei diesem Beispiel müssen Sie also **bis zum Ende des Satzes Geduld** haben, um zu entscheiden, was falsch und was richtig ist. Oft nehmen die Sätze aber auch **das Richtige voraus**. So heißt es z. B. im Modelltest vom Goethe-Institut „... soll bei der Anmeldung einfach stehen ‚ab 19.00 Uhr'. Jetzt steht da ‚10.00 – 21.00 Uhr.'" Hier müssen Sie schnell reagieren, die richtige Uhrzeit kommt **vor** der falschen.

Und hören Sie auf die Wörter, die Ihnen auch auf dem Informationsblatt begegnen, das Sie ergänzen bzw. korrigieren sollen. Achten Sie zudem auf die Wörter, die etwas „Negatives" ausdrücken, z. B. „fehlen", „falsch", „fälschlicherweise" bzw. die etwas korrigieren, z. B. „richtig", „ersetzen", „ergänzen".

3. Tipp: Adversative und alternative Haupt- und Nebensatzverknüpfungen

Erinnern Sie sich an Sätze wie „Sie sind ganz verschieden, **aber** sie verstehen sich bestens." Oder: „Max sitzt den ganzen Tag am Computer, sein Bruder **jedoch** treibt viel Sport." Oder: „**Statt** gleich mit einem Studium anzufangen, machte Ruth nach dem Abitur eine Weltreise." (vgl. Lektion 8). Solche Sätze drücken Gegensätze bzw. Alternativen aus. Gerade Korrekturen werden häufig mit mithilfe alternativer oder adversativer Konnektoren eingeleitet. Erstellen Sie daher eine Liste dieser sowie der zweiteiligen Konnektoren.

Vergleichen Sie zum Üben einige Fakten, Gewohnheiten oder Situationen wie z. B. „Pünktlichkeit", „Freundlichkeit" usw. von Menschen Ihres Heimatlandes mit dem Land, in dem Sie jetzt leben, und formulieren Sie so Sätze, z. B. „Während viele Menschen in der Schweiz schon um 7.00 Uhr im Büro sind, beginnt in XY die Arbeit erst nach 9.00 Uhr. Dagegen arbeiten wir dann bis um 20.00 Uhr am Abend."

Hinweise zum Abschlusstest: Hören Teil 2

Wegweisendes

In der zweiten Aufgabe des Testteils „Hören" hören Sie ein Radiointerview zu einem Thema, über das Sie im Alltag möglicherweise auch schon ein Gespräch gehört oder eine Fernsehsendung gesehen haben (gesundes Essen, Arbeitslosigkeit usw.)

Vielleicht ist es Ihnen dabei auch passiert, dass Sie plötzlich etwas nicht ganz mitgehört oder verstanden haben. In solchen Fällen ergänzt man aus dem Zusammenhang heraus und folgt dem Gespräch weiter, um zu hören, ob sich die Information vielleicht noch einmal wiederholt. Denn Texte sind meist „redundant", d.h., Wichtiges wiederholt sich, oft mit Synonymen.

Gehen Sie bei dieser Aufgabe ähnlich vor. Diesen Text hören Sie zweimal. Beim ersten Hören sollten Sie „nur" zuhören, ohne zu schreiben oder parallel die Aufgaben zu lesen. Es ist sehr hilfreich, wenn Sie den genauen Zusammenhang verstehen und sich selbst Gedanken dazu machen. Bleiben Sie dennoch offen für die Meinungen der Sprecher – diese haben oft eine andere Ansicht als Sie. Richtig ist aber nur die Antwort, die Sie auch im Text hören. Beim zweiten Hören haben Sie Zeit, die Aufgaben genau zu lesen!

1. Tipp: Das Spiel mit Worten

Genaues Zuhören heißt „flexibel" bleiben. Noch mehr als beim Lesen sind wir beim Zuhören gefordert, die Wörter aufzunehmen, nicht aber (nur) bei der eigenen ersten Assoziation zu bleiben, sondern die Wörter in ihrer Zusammensetzung (z.B. bei Nomen-Verb-Verbindungen) und im Kontext zu betrachten.

Üben können Sie dazu sogenannte „Wortfamilien" oder Wörter, die Ihnen um ein „Grundwort" herum einfallen. Beispiel: Jemand nennt das Grundwort „Erfolg". Dazu gehört z.B. das Adjektiv „erfolgreich". Da es hier kein direktes Verb gibt, machen Sie weiter mit einer Nomen-Verb-Verbindung, z.B. „Erfolg haben".

Fragen Sie sich auch, welche Wörter, v.a. Verben, sich noch mit „Erfolg" kombinieren lassen, z.B. den Erfolg (eines anderen) fördern, den Erfolg feiern, sich den Erfolg anderer zueigen machen.

Spüren Sie die Nuancen und unterschiedlichen Bedeutungen? Üben Sie mit Spaß: Nehmen Sie z.B. einen Ball oder einen anderen Wurfgegenstand. Ihr KL oder ein TN nennt ein Grundwort, z.B. „Wert". Der Erste sucht das passende Adjektiv dazu („wertvoll") und wirft den Gegenstand weiter. Der nächste sagt z.B. „wertlos" oder ein Verb („wertvoll sein" oder „Wert haben"). Der Gegenstand wird weiter geworfen und nun werden reihum andere Verben („den Wert verlieren") oder andere Kombinationen („lebenswert") gesucht.

2. Tipp: Gleich und doch nicht ganz

Lesen Sie die Antworten sehr genau, denn oft steckt der Unterschied im Detail. Vergleichen Sie z.B. die folgenden Antworten:

a. es sei nicht schlecht, wenn die Menschen arbeiten müssten.
b. es sei gut, wenn die Menschen arbeiten müssten.
c. es sei nicht schlecht, wenn die Menschen nicht arbeiten müssten.

Inwiefern gehören a und b in ihrer Aussage zusammen? – Letztlich sagen sie das Gleiche aus, da „nicht schlecht" eigentlich „gut" ist (vgl. 3. Tipp, Lesen Teil 2). Und warum hat c eher eine ablehnende Haltung der Arbeit gegenüber? – Zweimal negativ gibt positiv.

Üben Sie noch an weiteren Beispielen das genaue Zuhören (und Lesen). Achten Sie im Folgenden auf die „Schlüsselwörter" (vgl. 3. Tipp, Lesen Teil 1) und wägen Sie genau ab:

Wenn man älter wird, überlegt man,
a. wie man erfolgreich sein kann.
b. wie man den Erfolg anderer fördern kann.
c. wie man vom Erfolg anderer profitieren kann.

Worin liegt der Unterschied zwischen a, b und c? Die Thematik ist dieselbe (Erfolg), aber a und c handeln vom eigenen Erfolg, b hingegen vom Erfolg anderer. Die richtige Entscheidung liegt hier also im Detail.

Hinweise zum Abschlusstest: Schreiben Teil 1

Wegweisendes

In der ersten Aufgabe des Testteils „Scheiben" werden Sie gebeten, „einen Brief an eine Redaktion" zu schreiben. Es kann ein Leserbrief an eine Zeitung oder eine Reaktion auf einen Artikel sein, auf den Sie im Internet gestoßen sind. Zwei Themen stehen zur Auswahl.

1. Tipp: Was weiß ich zu dem Thema?

Überlegen Sie sich: Welches Thema interessiert mich (mehr)? In welchem Thema kenne ich mich (etwas) aus? Zu welchem Thema fallen mir mehr Aspekte ein? Zu welchem Thema kenne ich eher den passenden Wortschatz? Gehen Sie bei dem Thema, das Sie ausgewählt haben, auf alle vier Punkte in der Aufgabe ein und bleiben Sie wirklich beim Thema, denn der Themenbezug wird ebenfalls bewertet! Beachten Sie auch die anderen Tipps zur Bewertung, die auf dem Aufgabenblatt vermerkt sind. Wichtig ist – neben der Korrektheit in Grammatik und Rechtschreibung sowie dem richtigen Wortschatz –, dass Sie die Sätze und Abschnitte gut verknüpfen. Es ist übrigens besser, Sie wagen mal eine etwas schwierigere Konstruktion, als immer nur Hauptsätze oder einfache Haupt- und Nebensatzkonstruktionen zu bilden, z. B. ein Satz mit „je…, desto…". Auch wenn Fehler passieren, wird der Mut belohnt.

2. Tipp: Vor dem Schreiben Ideen sammeln

Es wäre schade, wenn Ihre eigenen guten Ideen zum Thema verloren gingen, nur weil Sie zu schnell oder direkt anfangen zu schreiben. Nehmen Sie sich die Zeit, alles zu sammeln, was Ihnen spontan zum Thema einfällt. Beachten Sie dabei in jedem Falle die vorgegebenen Themenpunkte. Ein **Mind-Map** kann Ihnen dabei helfen:

Achten Sie beim Schreiben auf die Textlänge, denn Sie sollen zwar mindestens **180 Wörter** schreiben. (Viel) mehr zu schreiben ist nicht grundsätzlich „verboten", aber auch immer eine Frage der Zeit und der (zusätzlichen) Fehler. Also halten Sie sich am besten an die Vorgabe!

3. Tipp: Ideen ordnen, Verbindung überlegen

Ein „guter" Text auf Deutsch lebt auch von einem klaren **Aufbau**. Ordnen Sie daher das, was Sie sagen möchten, bereits auf Ihrem Notizenblatt, z. B. chronologisch oder nach pro und contra. Am häufigsten werden Sie wohl argumentieren mit „Meinung, Begründung, Konsequenz". Nummerieren Sie dabei die einzelnen Punkte, um deren Reihenfolge im späteren Text zu markieren.

Bei einem Schreiben an eine Redaktion ist es wichtig, dass Sie zu Beginn sagen, warum Sie schreiben. Beziehen Sie sich auf den Artikel, sagen Sie, wo sie ihn gelesen haben (Internet, Zeitung) und umschreiben Sie kurz das Thema mit eigenen Worten. So haben Sie auch schon eine gelungene Einleitung. Denn wichtig für den Aufbau ist auch, dass die drei Teile „**Einleitung**, **Hauptteil** und ein ‚**runder' Schluss**" (z. B. ein Sprichwort, eine Bitte oder Hoffnung) erkennbar sind. Machen Sie diese Aufteilung auch durch Abschnitte deutlich. Wenden Sie für die Übergänge von einem zum nächsten Abschnitt oder von einem Gedanken zum nächsten viele der Redemittel an, die Sie in **Mittelpunkt neu B2** gelernt haben.

Wichtig: Die Endversion darf **nicht mit Bleistift** geschrieben sein. Lesen Sie Ihren Text am Schluss noch einmal ganz durch. Üben Sie das „kritische" Lesen zuvor im Kurs: Schreiben Sie Texte und tauschen Sie sie zum Korrigieren aus. So lernen Sie voneinander und helfen sich gegenseitig.

Hinweise zum Abschlusstest: Schreiben Teil 2

Wegweisendes

Es wird nun vielleicht öfter mal vorkommen, dass jemand Sie bittet, kurz einen Blick auf einen Brief zu werfen, den er / sie geschrieben hat. Dies ist nun auch Ihre Aufgabe in diesem Testteil: Sie müssen einen Brief korrigieren, indem Sie jeweils die richtige Form an den Rand schreiben. In jeder Zeile ist ein Fehler versteckt. Hierbei sind natürlich all Ihre Kenntnisse wichtig, vor allem aber die grammatikalischen, die der Wortbildung und der Wortbedeutung.

1. Tipp: Die Wortstellung – kein ganz einfaches, aber wichtiges Thema

Einen typischen Fehler können Sie vermeiden, indem Sie nie Folgendes vergessen: Auf Deutsch steht das konjugierte **Verb** im Hauptsatz an **2. Stelle** (außer bei der Satzfragen und beim Imperativ), im Nebensatz ganz **am Schluss**. Dann wird sogleich klar, was hier falsch ist: „seit einigen Monaten wir sind" oder „bis der Schaden ist behoben. Schreiben Sie in einem solchen Fall beide Wörter in der richtigen Reihenfolge an den Rand („sind wir" und „behoben ist").

Vorsicht: Denken Sie beim Thema Satzstellung auch an die **„aduso"-Wörter**, an die Satzklammer oder Akkusativ vor Dativ bei Pronomen.

2. Tipp: Jetzt zählen die Feinheiten, zum Beispiel die richtige Endung

Machen Sie sich beispielsweise noch einmal Gedanken zu den **Adjektivendungen**. Dann fällt Ihnen sofort auf, dass „Sehr geehrte Herr Metzger" nicht richtig sein kann: Das Adjektiv „geehrte" muss hier ein „-r" tragen, weil sonst kein Artikelwort diese Endung trägt (vgl. Lektion 4). Das „r" signalisiert klar: Es geht hierbei um einen Herrn (maskuline Form) im Nominativ.

Vielleicht hilft Ihnen diese Aussage: **Deutsch muss einmal die richtige Endung anzeigen** (für Genus, Pl., Sg. und Kasus). Oft übernimmt ein Artikelwort diese Aufgabe. Z. B. bekommt das Adjektiv nach den bestimmten Artikeln meist die „neutrale" Endung „-en", mit fünf Ausnahmen: m, n, f im Nominativ und n, f im Akkusativ. Ist kein Artikelwort da oder hat dieses keine Signal-Endung (m, n im Nominativ und n im Akkusativ beim unbestimmten Artikel), kommt die korrekte Endung logischerweise ans Adjektiv dran. Mit diesen Worten haben Sie die Regeln im Lehrbuch (Lektion 4) zusammengefasst. Probieren Sie es aus!

Auch der **Genitiv** (und **alle** anderen **Kasus**) – zumindest die richtigen Endungen – sind hier gefragt. Damit z. B. die Stelle im Text, an der „Küche unseres Haus" steht, richtig verstanden werden kann, braucht es die korrekte Genitivendung des Nomens. Sie schreiben daher bei der Aufgabe „Hauses" an den Rand.

Eine andere Fehlerquelle, die Sie – mithilfe von Endungen und wenn Sie das jeweilige Wort laut sprechen – schneller erkennen können, sind falsche **Wortbildungen**. Zwar spricht man das Wort „billig" als „billich" aus. Spätestens zusammen mit einer Endung, z. B. „eine billige Wohnung", wird dann aber klar hörbar, dass sich dieser Begriff mit „-ig" schreibt. Umgekehrt erkennen Sie so unschwer, was an der Formulierung „Mit freundligen Grüßen" falsch ist.

3. Tipp: Auf falsche Verbformen fallen Sie nicht mehr rein

Die Form „wäre ich gezwingt" fällt Ihnen sicherlich direkt als falsch auf. Dennoch sind unregelmäßige Verbformen etwas, das wir in einer Fremdsprache verständlicherweise ab und zu wiederholen sollten, um „exotische Formen" nicht zu vergessen.

Tipp: Lernen Sie diese **„Stammformen"** am besten **in Gruppen**, z. B. zwingen – zwang – gezwungen, singen – sang – gesungen, klingen – klang – geklungen (i-a-u) oder sehen – sah – gesehen, lesen – las – gelesen, sitzen – saß – gesessen (e/i-a-e). Bilden Sie solche Gruppen selbst oder benutzen Sie bestehende Tabellen. Es ist jedenfalls wenig sinnvoll, jedes Verb einzeln zu lernen.

Machen Sie zur Übung doch ab und zu ein kleines „Zuwerf-Spiel" im Kurs: Jemand nennt den Infinitiv, wirft einem TN einen Gegenstand (z. B. Stofftier) zu. Dieser nennt das Präteritum, der nächste das Partizip usw.

Hinweise zum Abschlusstest: Sprechen Teil 1

Wegweisendes

Wir hoffen, dass Sie in Ihrem Alltag nun vermehrt auch an kleineren Diskussionen teilnehmen, nach Ihrer Meinung gefragt werden oder andere etwas wissen lassen, was Sie gehört oder gelesen haben. Die erste Aufgabe des Testteils „Sprechen" und hoffentlich viele Übungen davor sollen Sie darauf vorbereiten.

1. Tipp: Was der erste Satz / die ersten Sätze verrät / verraten

Bei kurzen Texten wird das Thema meist direkt genannt. Suchen Sie daher nach den **Schlüsselwörtern**, z. B. „Immer mehr Menschen melden sich bei **Facebook** an und erzählen stolz, wie viele ‚**Freunde**' sie haben."

Bestimmen Sie zudem, wann ein **neuer Aspekt** des Themas beginnt (bei einem kurzen Text bringt oft jeder Satz eine neue Information), z. B.:

Immer mehr Menschen melden sich bei **Facebook** an und erzählen stolz, wie viele „**Freunde**" sie haben [1]. **In Wirklichkeit** sitzen sie nur vor dem Bildschirm und kämpfen im realen Leben mit dem Alleinsein [2]. **Und dazu** vertrauen sie den Internetgiganten ihre Daten an, ohne zu wissen, was damit alles geschehen kann [3].

Bei [1] geht es darum, „wer macht was", [2] bringt eine Einschränkung und [3] nennt eine Konsequenz.

Grundsätzlich sollten Sie nach Antworten auf die Fragen „Wer macht was, wann, wo (wie, mit wem oder für wen oder wofür / wozu)?" suchen. Sie sehen: lauter „W-Fragen". Wenn Sie diese für sich selbst beantworten können, haben Sie den Text im Kopf und können ihn zusammenfassen bzw. einfach sagen, welches Thema der Text hat und was die Hauptaussage ist. Beachten Sie dabei aber noch: Ihre Notizen dürfen Sie im Test zwar gebrauchen, aber nicht einfach vorlesen.

2. Tipp: So erkennen Sie Beispiele und nennen selbst welche

Beispiele – wie in der zweiten Frage gefordert – finden Sie z. B. nach einleitenden Wörtern bzw. Ausdrücken wie „zum Beispiel", „beispielsweise", „nämlich" (an erster Position im Satz) oder „und zwar". Auch Aufzählungen haben oft die Funktion von Beispielen. Für Ihre Aufgabe, das Zusammenfassen des Gelesenen, wählen Sie bitte nur eins / zwei wichtige, interessante Beispiele aus. Nennen Sie dann auch eigene.

Achten Sie aber darauf: Nicht in jedem Text werden Beispiele genannt. Hier müssen Sie sich gleich welche überlegen – am besten aus Ihrer persönlichen Erfahrung, denn dazu haben Sie schließlich einen schnellen Zugang.

3. Tipp: Machen Sie klar, wer spricht

Am Schluss von „Sprechen Teil 1" interessiert Ihre Meinung: Machen Sie dies deutlich, indem Sie Redemittel der Meinungsäußerung verwenden (z. B. „Ich denke / meine / glaube / finde …", „Meiner Meinung nach …"). In **Mittelpunkt neu B2** finden Sie hierzu viele Beispiele. Signalisieren Sie auch, wenn Sie aus dem Text zitieren wollen. Redemittel hierzu wären: „Im Text steht …", „Der Text sagt …", „Der Autor / Die Autorin berichtet, dass …", „Im Text habe ich gelesen, dass …" usw.

Hinweise zum Abschlusstest: Sprechen Teil 2

Wegweisendes

In der zweiten Aufgabe des Testteils „Sprechen" geht es um eine andere Art von Gespräch als im ersten Teil. Diese Art von Gesprächen führen Sie sicher im Alltag auch öfter: Sie besprechen Ihre Pläne mit jemandem, der Ähnliches vorhat. Denken Sie nur, Sie wollen das Wochenende mit Freunden verbringen, aber der eine will in die Berge fahren, der andere ans Wasser. Nun heißt es: diskutieren, begründen, gut zuhören, dem Gesprächspartner widersprechen und am Ende eine Lösung, einen Kompromiss finden.

In diesem Testteil sollen Sie sich mit einem Partner / einer Partnerin unterhalten. Es geht darum, a) Ihre Auswahl aus den drei Fotos zu präsentieren und zu begründen, b) dem Gesprächspartner zu widersprechen und c) das Gespräch mit einer Entscheidung abzuschließen. Wenn Sie sich während der Vorbereitungszeit für das gleiche Foto entschieden haben sollten wie Ihr Mitkandidat, so müssen Sie in jedem Falle zunächst für ein anderes Foto plädieren. Machen Sie sich in der Vorbereitungszeit daher zu allen Bildern Gedanken!

In diesem Testteil geht es vor allem darum zu interagieren: Treten Sie in Kontakt, hören, reagieren und agieren Sie korrekt, aber auch möglichst spontan – wie im Alltag. Die Bilder sind nur unterstützend. Sie sollen sie daher auch nicht vollständig beschreiben, sondern Argumente für Ihre Auswahl bzw. gegen die Auswahl des Mitkandidaten nennen.

1. Tipp: Begründen heißt argumentieren

Jeder kann „alles" behaupten, solange er dafür **gute Gründe** hat. Sammeln Sie daher in der Vorbereitungszeit für alle Bilder Argumente (am besten pro und contra). Sagen Sie Ihre **Meinung** und machen Sie mit **Argumenten** deutlich, warum Ihnen für den Auftrag in der Aufgabe gerade das von Ihnen gewählte Foto am besten erscheint und nicht ein anderes. Dann wirken Sie überzeugend!

Zur Vorbereitung: Versuchen Sie bereits im Unterricht die verschiedensten Ausdrücke der Meinungswiedergabe einzusetzen (vgl. Lektion 9 und 12 im Arbeitsbuch).

2. Tipp: Geschickte Rhetorik

Ihr Gesprächspartner wird Ihnen in jedem Falle **widersprechen**, ein anderes Bild vorziehen. Sie können sich darauf vorbereiten, indem Sie sich überlegen: Welche Argumente könnte er oder sie (auch der Prüfer) für die Bilder bringen? Dann nehmen Sie auch noch die **adversativen**, **alternativen** und **kausalen** Angaben zu Hilfe („**Im Gegensatz zu** Foto x ist auf Foto y ... dargestellt.", „**Statt** Foto x würde ich Foto y nehmen, **weil** ...", vgl. Lektion 1 und 8). Denken Sie voraus, dann sind Sie vorbereitet und können sich Ihr „Gegenargument" zurechtlegen.

3. Tipp: Bewertung im Testteil „Sprechen"

Sie werden bewertet nach dem Inhalt („**Erfüllung der Aufgabenstellung**"), d.h. bei „Sprechen Teil 1" nach der eigenen „Produktion" und bei „Sprechen Teil 2" nach der „Interaktion" mit dem Partner: Ist der Beitrag ausführlich (Sprechen Teil 1) bzw. tragen Sie aktiv zum Gespräch bei und gehen Sie auf Ihren Partner ein (Sprechen Teil 2)? Weiterhin erhalten Sie Punkte für „**Kohärenz und Flüssigkeit**" (Sind die Äußerungen flüssig und zusammenhängend?), den „**Ausdruck**" (Ist ihr Wortschatz differenziert, ohne dass Sie lange suchen müssen?), „**Korrektheit in Morphologie und Syntax**" und „**Aussprache und Intonation**" (Laute, Akzente und Satzmelodie). Beim „Schreiben Teil 1" sieht die Bewertung übrigens ganz ähnlich aus – auch wenn, logischerweise, „Flüssigkeit" und „Aussprache" wegfallen.

Zusatztipp: Unterhalten Sie sich im Kurs über diese Kriterien und trainieren Sie, darauf zu achten. Wenn ein TN präsentiert, können Sie sich hierzu nach Kriterien aufteilen: Eine Lerngruppe hört nun speziell nur auf den „Ausdruck", eine andere nur auf „Aussprache und Intonation" usw. Denn was ich bei anderen wahrnehme und ggf. korrigiere, kann ich auch bei mir selbst verbessern. Geben Sie Ihre Beobachtungen dann (schonend!) weiter und lernen Sie aus Ihren Fehlern – denn gerade aus Fehlern lernt man!

Lektionstest 1   Name: ....

1 Sprache im Mittelpunkt

Die Satzklammer. Bilden Sie Sätze mit folgenden Elementen. Das Subjekt ist dabei auf Position 1.

je 2 Pkt.

1. Die Deutschen – fahren – gern – wollen – ans Meer – im Urlaub
   Die Deutschen wollen im Urlaub gern ans Meer fahren.

2. Eva – reisen – nach Südfrankreich – mit dem Zelt – möchten
   ....

3. Herr Funke – am besten – finden – Urlaub zu Hause
   ....

4. Andreas – einen Abenteuerurlaub – machen – im Sommer – wollen
   ....

5. Dirk – schon lange – auf die Schiffsreise – sich freuen (Perfekt)
   ....

6. Sonja – im Sommer – nach Dänemark – mit dem Bus – fahren (Perfekt)
   ....

[10]

2 Sprache im Mittelpunkt

Nebensätze. Ändern Sie die Reihenfolge: Hauptsatz vor Nebensatz, Nebensatz vor Hauptsatz.

je 2 Pkt.

1. Sandra fährt nach Paris, weil sie den Eiffelturm besichtigen möchte.
   Weil Sandra den Eiffelturm besichtigen möchte, fährt sie nach Paris.

2. Josef hofft sehr, dass er im Urlaub gutes Wetter hat.
   ....

3. Wenn Elmar einen Ferienjob macht, hat er genügend Geld für die Reise.
   ....

4. Weil Alf sich gut vorbereiten möchte, liest er einen Reiseführer.
   ....

5. Dass sie das Mietauto im Internet buchen kann, gefällt Agnes.
   ....

6. Ella freut sich, wenn die anstrengende Dienstreise zu Ende ist.
   ....

[10]

3 Sprache im Mittelpunkt

Gründe im Haupt- und im Nebensatz. Verbinden Sie die zwei Sätze mit dem Wort in Klammern.

je 2 Pkt.

1. Joe macht sich Sorgen. Er kann die japanischen Schriftzeichen nicht lesen. (denn)
   Joe macht sich Sorgen, denn er kann die japanischen Schriftzeichen nicht lesen.

2. Ulla war noch nie in Spanien. Sie freut sich sehr auf die Dienstreise. (deshalb)
   ....

3. Rolf hat seinen Zug verpasst. Sein Taxi steckte im Stau. (nämlich)
   ....

4. Sein Sohn hatte Heimweh. Tom holte ihn vom Ferienlager ab. (daher)
   ....

5. Der Flug wurde storniert. Die Passagiere müssen zurück ins Hotel fahren. (da)
   ....

6. Hans möchte wieder nach Brasilien fliegen. Er kennt dort nette Menschen. (denn)
   ....

[10]

Lektionstest 1   Name: ....

4 Hören

Hören Sie das Interview (CD1, Track 4). Welche Antwort ist richtig: a oder b? Kreuzen Sie an.
Beachten Sie: Die Sätze sind nicht chronologisch geordnet.

je 1 Pkt.

1. Welche Erfahrung hatten die Jahnkes mit Urlaub am Meer?
   - [ ] a Sie haben oft in einem Ferienheim vom Freien Deutschen Gewerkschaftsbund Urlaub gemacht.
   - [x]   Sie haben in einem Ferienheim vom Freien Deutschen Gewerkschaftsbund gearbeitet.
2. Für wen wurde der erste Strandkorb entworfen?
   - [ ] a Für eine kranke Dame, die das Meer liebte.
   - [ ] b Für Frau Bartelmann, die ihren Mann darum bat.
3. Was sagt Frau Jahnke über die Kundenwünsche?
   - [ ] a Alle wollen den Seeblick genießen.
   - [ ] b Das ist unterschiedlich, je nach Bedürfnis.
4. Mit wem gibt es am ehesten Ärger?
   - [ ] a Mit Kindern, die den Eltern davonlaufen und nicht im Korb bleiben wollen.
   - [ ] b Mit Leuten, die nicht bezahlen wollen und sich neben den Korb setzen.

| 3 |

5 Wortschatz

Nomaden der Neuzeit. Ordnen Sie den Fragen die passende Antwort zu.

Wie nennt man Menschen, die …

je 1 Pkt.

1. beruflich ständig mobil und flexibel sind?   A. Wochenendpendler
2. täglich weite Strecken zum Arbeitsplatz fahren?   B. Varimobile
3. einen zusätzlichen Wohnsitz am Arbeitsort haben?   C. Umzugsmobile
4. an unterschiedlichen Standorten arbeiten?   D. Paare mit Fernbeziehung
5. ihren Wohnort an den Arbeitsort verlegen?   E. Jobnomaden
6. ihren Partner nicht täglich sehen?   F. Fernpendler

1. [E]   2. [ ]   3. [ ]   4. [ ]   5. [ ]   6. [ ]

| 5 |

6 Lesen

Im folgenden Text ist leider der rechte Rand unleserlich. Ergänzen Sie jeweils das fehlende Wort.

je 1,5 Pkt.

Tipps für die Reisevorbereitung

Beginnen Sie rechtzeitig mit der Planung. Ist Ihr Reisepass noch _gültig_ ? 1
Fragen Sie bei der Botschaft nach, ob Sie für die Einreise ein Visum _____ . 2
Schließen Sie eine Reiseversicherung ab, sollten Sie das Kleingedruckte _____ . 3
Gibt es verpflichtende oder empfohlene Impfungen? Fragen Sie Ihren _____ ! 4
Stellen Sie eine Reiseapotheke nach Ihrem persönlichen Bedarf _____ . 5
Bestellen Sie Ihre Zeitungen ab und sorgen Sie dafür, dass Ihr Postkasten _____ 6
wird. Wer soll im Notfall Zutritt zu Ihrer Wohnung haben? Geben Sie den _____ 7
einer Vertrauensperson. Geben Sie ihr auch die Adresse und die _____ , 8
damit Sie erreichbar sind. Achtung, Auslandstelefonate können teuer _____ ! 9

| 12 |

| 50 |

Lektionstest 2

Name: ....

1 Sprache im Mittelpunkt

Der Infinitivsatz. Formulieren Sie die „dass"-Sätze in Infinitivsätze um.

1. Gestressten Menschen wird empfohlen, dass sie oft im Freien spazieren gehen.
   Gestressten Menschen wird empfohlen, oft im Freien spazieren zu gehen.
2. Alle streben danach, dass sie viele schöne Momente erleben.
   ....
3. Traurige Ereignisse bringen einen dazu, dass man mehr über das Leben nachdenkt.
   ....
4. Die tolle Stimmung hat der Mannschaft geholfen, dass sie das Fußballspiel gewonnen hat.
   ....
5. Ein Fest zu feiern bedeutet auch, dass man seine Freunde wiedersieht.
   ....

je 2 Pkt.

[8]

2 Sprache im Mittelpunkt

Der Infinitivsatz. Finden die Geschehen / die Handlungen im Haupt- und Infinitivsatz gleichzeitig (g) statt oder findet das Geschehen im Infinitivsatz vorher (v) statt? Kreuzen Sie an.

1. Es war schwierig, sich nicht mit anderen zu vergleichen. [x] g [ ] v
2. Ich bin ganz froh, nie besonders hübsch gewesen zu sein. [ ] g [ ] v
3. Ich hatte immer den Wunsch, lange Haare zu haben. [ ] g [ ] v
4. Ich glaubte früher, die anderen beeindrucken zu müssen. [ ] g [ ] v
5. Es ist toll, zu den Größten in der Klasse gehört zu haben. [ ] g [ ] v

je 1 Pkt.

[4]

3 Sprache im Mittelpunkt

Der Infinitivsatz. Bilden Sie Satzgefüge mit Infinitivsätzen aus folgenden Elementen.

1. empfehlenswert sein – ausreichend – sich bewegen – täglich
   Es ist empfehlenswert, sich täglich ausreichend zu bewegen.
2. ratsam sein – essen – gesunde Nahrungsmittel – öfter
   ....
3. anstrengend sein – der Fitnesstrainerin – befolgen – alle guten Ratschläge
   ....
4. mühsam sein – eine strenge Diät – über mehrere Wochen – machen
   ....
5. hilfreich sein – finden – ein eigenes Schönheitsideal – für sich
   ....

je 2 Pkt.

[8]

4 Wortschatz

Zitate und Sprüche. Ergänzen Sie die Lücken.

1. Schönheit bedeutet *Selbstbewusstsein*, nach dem wir streben sollten.
2. Wer schön sein will, muss ....
3. Schönheit liegt im Auge des ....
4. Alles, was man mit .... betrachtet, ist schön.
5. Schönheit ist nach drei Tagen genau so langweilig wie ....
6. Schönheit ist, was von der .... abweicht.

je 1 Pkt.

[5]

62

Lektionstest 2   Name: ....

5 Sprache im Mittelpunkt

Angaben im Satz. Bestimmen Sie in den Sätzen die unterstrichenen Angaben: temporal (te), kausal (ka), modal (mo) oder lokal (lo).

Eva hat im Sommer (_te_) einen Kosmetiksalon am Stadtrand (.........) eröffnet. Aufgrund ihrer Erfahrungen (.........) beschloss sie, hauptsächlich (.........) mit Biokosmetik zu arbeiten. Heute (.........) weiß sie, dass sie richtig (.........) gehandelt hat. Die Kunden loben sie nach der Behandlung (.........) in höchsten Tönen (.........) und kommen gerne (.........) wieder. Denn die durch Düfte erzeugte (.........) Stimmung erzeugt schon beim Eintreten (.........) Wohlbefinden.

je 0,5 Pkt.

5

6 Sprache im Mittelpunkt

Angaben im Mittelfeld. Formulieren Sie Sätze, die mit dem Subjekt beginnen. Die Angaben im Mittelfeld stehen in der Reihenfolge „te ka mo lo".

1. Die Kunden – Preisnachlässe – mit der Kundenkarte – bekommen – in Evas Laden
   Die Kunden bekommen mit der Kundenkarte in Evas Laden Preisnachlässe.

2. Sie – „verschönert" – gehen – nach der guten Behandlung – aus dem Laden
   ....

3. Sie – kostenlos – besuchen – einmal pro Monat – können – ein Schminkseminar
   ....

4. Eva – eröffnen – in der Altstadt – möchte – einen zweiten Laden – nächstes Jahr
   ....

je 2 Pkt.

6

7 Wortschatz

Das Aussehen. Ergänzen Sie die Lücken mit unterschiedlichen positiven (☺), neutralen (😐) oder negativen (☹) Ausdrücken.

1. Die Prinzen in Märchen sind doch immer alle _wunderschön_ (☺).
2. Manche Leute wirken im hohen Alter .... (☹), andere dagegen .... (☺).
3. Also, diesen Schauspieler finde ich nicht wirklich .... (☺), sondern eher .... (😐).
4. Auf diesem Foto bin ich 16. Da sehe ich ziemlich .... (☹) aus. Aber hier, mit 18, ist es besser. Da sehe ich .... (☺) aus.

je 1 Pkt.

6

8 Schreiben

Stimmen Sie mit Überzeugung zu oder schwächen Sie mit einer Vermutung ab.

1. ■ Ich vermute, dass „hässliche Menschen" weniger gut behandelt werden.
   □ *Zweifellos werden sie schlechter behandelt.*

2. ■ Es steht außer Frage, dass der Satz „Schönheit muss leiden" stimmt.
   □ ....

3. ■ Vermutlich dienen Models sehr vielen Menschen als Vorbild.
   □ ....

4. ■ Es hilft ganz bestimmt, seine Vorzüge hervorzuheben.
   □ ....

5. ■ Unter Umständen beschäftigen wir uns zu oft mit unserem Aussehen.
   □ ....

je 2 Pkt.

8

50

Lektionstest 3

Name: ....

1 Lesen

Lesen Sie den Text und beantworten Sie die Fragen.

je 2 Pkt.

> Die Menschen lassen sich mit dem Heiraten immer mehr Zeit. Anfang der 70er-Jahre lag das durchschnittliche Heiratsalter der Männer bei 28 Jahren und der Frauen bei 25 Jahren. Heute sind Männer im Durchschnitt bei der Eheschließung 36,5 Jahre und Frauen 33,3 Jahre alt. Wenn es darum geht, die Scheidung zu beantragen, liegen die Frauen mit etwas über 50 Prozent vor den Männern mit knapp unter 40 Prozent. In den anderen Fällen wird der Antrag von beiden gemeinsam gestellt. Vor der Scheidung leben über 80 Prozent der Paare bereits seit einem Jahr getrennt. Sie beweisen damit, dass die Ehe gescheitert ist und geschieden werden kann. Denn von Rechts wegen ist die Ehe eine lebenslängliche Gemeinschaft, die erst mit dem Tod eines Partners endet. Für die Scheidung braucht es daher ein Gerichtsurteil.

1. Mit welchem Durchschnittsalter heirateten Männer in den 70er-Jahren?
   Mit 28 Jahren.

2. Was kann man beim Heiratsalter seit den 70er-Jahren feststellen?
   ....

3. Wer beantragt in den meisten Fällen die Scheidung?
   ....

4. Wodurch kann das Scheitern einer Ehe bewiesen werden?
   ....

5. Wie kann eine Ehe enden?
   a. .... b. ....

| 10 |

2 Sprache im Mittelpunkt

Temporale Nebensätze mit „wenn" oder „als". Bilden Sie Sätze im Präteritum.

1. (immer wieder) meine Geschwister – streiten – Ärger mit meiner Mutter – geben
   Wenn meine Geschwister stritten, gab es Ärger mit meiner Mutter.

je 2 Pkt.

2. (einmal) ich – mit dem Bus – ankommen – mein Vater – abholen – mich
   ....

3. (öfter) ich – traurig – sein – meine Mutter – erzählen – Geschichten – mir
   ....

4. (einmal) Geburtstag – meiner Freundin – vergessen – sie – sehr wütend – sein
   ....

5. (öfter) Wetter – am Wochenende – gut sein – Familienwanderung – wir – machen
   ....

| 8 |

3 Sprache im Mittelpunkt

Temporale Nebensätze: Vorzeitig (v), gleichzeitig (g), nachzeitig (n)? Kreuzen Sie an.

1. Als ich in die neue Wohnung zog, waren die Nachbarn noch sehr nett. v [x]g n
2. Nachdem ich mit dem Klavierspielen begonnen hatte, änderte sich das. v g n
3. Sie beschwerten sich, sobald ich – meist nachmittags – spielte. v g n
4. Es hatte immer wieder Ärger gegeben, bevor ich nur noch vormittags spielte. v g n
5. Als wir die beste Uhrzeit besprochen hatten, besserte sich unser Verhältnis. v g n
6. Ich übte nur noch, während sie nicht zu Hause waren. v g n
7. Sobald wir uns wieder vertragen hatten, kamen sie zu meinen Konzerten. v g n

je 1 Pkt.

| 6 |

64

Lektionstest 3

Name: ....

4 Wortschatz

Redemittel für Diskussionen. Ergänzen Sie die Lücken.

1. Das sehe ich völlig *anders* .... als Sie.
2. Nein, auf gar keinen ....
3. Gut, dass Sie diesen .... ansprechen.
4. Da bin ich aber ganz anderer ....
5. Ich nehme an, dass sich hier .... regt.
6. Dem kann ich zu 100 Prozent ....

je 1 Pkt.

[5]

5 Schreiben

Korrigieren Sie den Brief und schreiben Sie das richtige Wort oder die zwei Wörter in der richtigen Reihenfolge an den Rand. Pro Zeile gibt es einen Fehler.

Sehr geerte Damen und Herren,	*geehrte*	1
ich hätte gern Informationen zum Ihrem Heimatverein.	....	2
Ich bin erst kürzlich hierher gezogen und interessiere mich	....	3
besonders für Kunst und Kultur der Region. Gern ich will	....	4
mich im Heimatverein angagieren, da ich Kunsthistorikerin	....	5
bin. Wenn ich in Prag studierte, habe ich oft Exkursionen	....	6
nach Deutschland gemacht. Woher kenne ich viele Kunst-	....	7
gegenstände und die Geschiechte Deutschlands sehr gut.	....	8
Seit ich einen Deutschen geheiratet habe, interessiert mir	....	9
natürlich auch der deutsche Altag. Bitte schicken Sie mir	....	10
Unterlagen, damit ich Ihrem Verein antreten kann.	....	11

Herzliche Grüße
M. Nastilova

je 1 Pkt.

[10]

6 Sprache im Mittelpunkt

a Präpositionaladverbien. Ergänzen Sie die Präpositionaladverbien im folgenden Dialog.

darüber | damit | davon | daran | dabei | dazu

Leo: Was Freundschaft ist? Schwierig, [1] *darüber* .... muss ich länger nachdenken …
Anna: Also, ich erkenne Freundschaften [2] ...., dass ich Vertrauen empfinde.
 [3] .... braucht man oft keine Worte.
Leo: Vielleicht habe ich zu wenig Erfahrung [4] .... Ich habe zwar Kumpels, aber richtiges Vertrauen gibt es bei uns in der Familie. Wie findest du neue Freunde?
Anna: Ich verlasse mich [5] .... auf meine Gefühle und gehe [6] ....
 aus, dass Freundschaften sich einfach entwickeln.

je 1 Pkt.

[5]

b Fragen Sie nach dem Wort in Klammern. Worüber? – Über wen? …

1. (Freundschaft) *Worüber* .... muss Leo nachdenken?
2. (Familie) .... ist immer Verlass?
3. (Kumpels) .... bespricht er Probleme?
4. (Vertrauen haben) .... erkennt Anna Freundschaften?
5. (Gefühle) .... verlässt sie sich?

je 1,5 Pkt.

[6]

[50]

Lektionstest 4   Name:

1 Sprache im Mittelpunkt

Relativsätze. Verbinden Sie die Satzteile zu Relativsätzen.

1. Eine Kunstauktion ist eine Veranstaltung, …

> an der | für die | Kunstsammler zeigen großes Interesse | Bilder werden an den | bei der | Meistbietenden verkauft | Kunsthändler nehmen teil

a. *bei der Bilder an den Meistbietenden verkauft werden.*
b. ....
c. ....

2. Die Werbung preist Produkte an, …

> die | von deren | Käufer sollen von der Qualität überzeugt werden | für die | Kunden sollen gewonnen werden | am Markt neu sein

a. ....
b. ....
c. ....

je 1,5 Pkt.

7,5

2 Sprache im Mittelpunkt

Die Wortart wechseln. Finden Sie die Adjektive zu den Nomen.

1. die Technik   *technisch*
2. die Medizin   ....
3. die Seite   ....
4. der Appetit   ....
5. die Gewohnheit ....
6. die Ruhe   ....
7. die Pflanze   ....
8. die Farbe   ....
9. die Optik   ....
10. das Aroma   ....

je 0,5 Pkt.

4,5

3 Sprache im Mittelpunkt

Zusammengesetzte Adjektive. Verbinden Sie zwei Adjektive und ergänzen Sie damit den Text.

> riesen | umwelt | top | blitz | tod | bild

> modern | schnell | schick | groß | hübsch | freundlich

1. Diese *todschicke* Hose aus dem Schaufenster ist ....
2. Das Model trägt ein .... Kleid und dazu einen .... Hut.
3. Die Hochgeschwindigkeitszüge sind .... und ....

je 1 Pkt.

5

4 Hören

Hören Sie die Umfrage (CD1, Track 26–31). Welche Ergänzung ist richtig: a oder b? Kreuzen Sie an.

	a	b
Person 1 besitzt den Gegenstand	☒ schon lange.	☐ seit Kurzem.
Person 2 schätzt am Gegenstand	☐ das Allgemeine.	☐ das Besondere.
Person 3 könnte den Gegenstand	☐ problemlos ersetzen.	☐ nicht ersetzen.
Person 4 mag Veränderungen am Gegenstand	☐ gern.	☐ nicht gern.
Person 5 schätzt am Gegenstand	☐ das Klischeehafte.	☐ die Entspannung.
Person 6 verwendet den Gegenstand	☐ zur Ablenkung.	☐ zur Information.

je 1 Pkt.

5

Lektionstest 4   Name: ....

5 Sprache im Mittelpunkt

Adjektivbildung. Ersetzen Sie die unterstrichenen Wörter durch ein Adjektiv.

1. Diese Bonbons enthalten <u>keinen Zucker</u>.
   Diese Bonbons sind zuckerfrei.
2. Frisches Gemüse ist <u>reich an Vitaminen</u>.
3. Der Käse hat <u>wenig Cholesterin</u>.
4. Knabbergebäck <u>enthält Salz</u>.

je 1 Pkt.   [3]

6 Sprache im Mittelpunkt

Adjektivendungen. Ergänzen Sie die Adjektivendungen.

1. Mein Lieblingsstück ist ein alt*er* Mantel, der schon einige klein........ Löcher hat.
2. Für eine Briefmarkensammlung fehlt mir frei........ Zeit und das nötig........ Geld.
3. Der neu........ Rucksack ist aus wasserdicht........ Material mit vielen praktisch........ Details.
4. Die Bilder des berühmt........ Malers hängen in zahlreich........ Museen der Welt.
5. In einem umfangreich........ Katalog gibt es Objekte aus verschieden........ Sammlungen.

je 0,5 Pkt.   [5]

7 Wortschatz

Die zehn goldenen Regeln. Ergänzen Sie die Lücken mit den Wörtern aus dem Kasten.

| Schluss | Abwechslung | Zuhörern | Stichpunkten | Geschichte | Körpersprache | Eindruck | Langeweile | Publikum | Stellen | Verstehen |

1. Einstieg und *Schluss* entscheiden, ob eine Präsentation beim .... ankommt. 2. An eine .... erinnert man sich besser als an Fakten. 3. Eine gute Gliederung ist wichtig und soll den .... mitgeteilt werden. 4. Die .... ist entscheidend: Gestik und Mimik müssen passen. 5. Blickkontakt halten, denn er erzeugt bei den Zuhörern den ...., dass man sie wichtig nimmt. 6. Stimmliche Modulation und .... beim Sprechtempo verhindern .... 7. Pausen an den richtigen .... erleichtern das .... 8. Nur wer er selbst bleibt, kann überzeugen! 9. Besser wenige Folien mit wenigen .... 10. Üben bringt Sicherheit.

je 1 Pkt.   [10]

8 Sprache im Mittelpunkt

a Relativpronomen. Ergänzen Sie die Lücken mit „deren" oder „dessen".

Ehemaliges Lieblingsspielzeug heute: Ein alter Teddybär, [1] *dessen* Fell struppig ist, eine Puppe, [2] .... Augen fehlen, ein Auto, [3] .... Lenkrad abgebrochen ist, Bälle, [4] .... Farben verblasst sind, ein Zug, [5] .... Lokomotive verschwunden ist, Bücher, [6] .... Seiten zerrissen sind.

b Relativpronomen. Ergänzen Sie die Lücken mit „deren" oder „denen".

Bildbeschreibung: Flohmarkt: Wir sehen Sammler, [1] *deren* Augen neugierig herumstreifen und [2] .... man die Jagdlust deutlich ansieht. In der Bildmitte die Händler [3] .... vom Stehen in der Kälte die Nasen rot geworden und [4] .... Waren auf wackligen Tischen ausgebreitet sind. Es gibt auch Gestalten, [5] .... man im Dunkeln lieber nicht begegnen möchte, denn [6] .... Haltung verrät keine gute Absicht.

je 1 Pkt.   [10]   [50]

Lektionstest 5

Name: ....

1 Sprache im Mittelpunkt

Das Passiv. Ordnen Sie den Sätzen die passende Zeitform zu.

1. Der Mitarbeiterstand war angepasst worden.
2. Der Hauptstandort wird ins Ausland verlegt werden.
3. Der Umsatz ist rasch erhöht worden.
4. Neue Märkte im Ausland wurden erschlossen.
5. Durch die Globalisierung werden Arbeitsplätze erhalten.

A. Präsens
B. Perfekt
C. Präteritum
D. Plusquamperfekt
E. Futur

1. D
2. ☐
3. ☐
4. ☐
5. ☐

je 1 Pkt.

[4]

2 Sprache im Mittelpunkt

a Das „sein"-Passiv. Antworten Sie wie im Beispiel, dass die Aufgabe schon erledigt ist.

b Ergänzen Sie die Reaktion der Chefin, die froh ist, dass die Aufgabe schon erledigt worden ist.

1. ■ Zuerst muss ein Passwort für die neue Praktikantin eingerichtet werden.
   a. ☐ *Es ist schon eingerichtet.*
   b. ■ *Gut, dass es bereits eingerichtet worden ist.*

2. ■ Die Kollegen aus der Personalabteilung müssen rasch informiert werden.
   a. ☐ ....
   b. ■ ....

3. ■ Der Praktikumsvertrag muss noch ausgedruckt werden.
   a. ☐ ....
   b. ■ ....

4. ■ Der Besprechungsraum muss vorbereitet werden.
   a. ☐ ....
   b. ■ ....

je 2 Pkt.

[12]

3 Hören

Hören Sie den Ausschnitt aus der Radioreportage (CD2, Track 1–2) und ergänzen Sie die fehlenden Wörter.

Sie sind jung, motiviert und [1] *billig* – und es werden immer [2] .... Nach Schätzungen des Deutschen Gewerkschaftsbundes gibt es in Deutschland [3] .... 400.000 Praktikanten – Tendenz steigend. 100.000 von ihnen sind 13- bis 15-jährige [4] ...., die ein ein- bis zweiwöchiges Betriebspraktikum [5] .... Rund 50.000 machen ein sogenanntes Einstiegs- und Qualifizierungsjahr, weil sie keinen [6] .... bekommen haben. Doch der überwiegende Teil [7] .... auf Studenten, die während des Studiums oder nach ihrem Abschluss [8] .... sammeln wollen – oder einen Berufseinstieg [9] ....

je 1 Pkt.

[8]

4 Sprache im Mittelpunkt

Die Wortart wechseln. Ergänzen Sie das Adjektiv bzw. das Nomen mit dem bestimmten Artikel.

1. das Selbstbewusstsein *selbstbewusst*
2. der Fleiß ....
3. die Kreativität ....
4. die Faulheit ....
5. .... zuverlässig
6. .... ausdauernd
7. .... flexibel

je 0,5 Pkt.

[3]

68

Lektionstest 5 Name: ....

5 Wortschatz

Arbeit. Ergänzen Sie ein passendes Verb. je 1 Pkt.

1. Es gehört zu Marens Aufgaben, die gesamte Abteilung mit insgesamt 25 Mitarbeitern zu *leiten* .
2. Bernd .... seinen Lebensunterhalt mit Gelegenheitsjobs als Programmierer.
3. Gerd ist glücklich, in seiner eigenen Firma individuelle Möbel .... zu können.
4. Während des Studiums .... viele nebenbei im Gastgewerbe.
5. Oliver ist als Chefarzt in einem öffentlichen Krankenhaus ....
6. Manchmal .... Sophie im Blumengeschäft ihrer Freundin ....
7. Erich ist nach dem Wirtschaftsstudium gleich ins Berufsleben ....
8. Rafaela fühlt sich als Praktikantin von ihrem Arbeitgeber nicht finanziell ....

[7]

6 Sprache im Mittelpunkt

Das Passiv mit Modalverben. Formulieren Sie die Aktivsätze im Passiv. je 2 Pkt.

1. Man muss die Phase der „Dauerpraktikanten" verkürzen.
   Die Phase der „Dauerpraktikanten" muss verkürzt werden.
2. Man darf nicht nur die Fleißigen loben.
   ....
3. Man muss auch die Vorteile der Faulheit beachten.
   ....
4. Jemand muss das Projekt bis Jahresende erledigen.
   ....
5. Das Gerät kann man nicht mehr reparieren.
   ....

[8]

7 Schreiben

Korrigieren Sie den Brief und schreiben Sie das richtige Wort oder die zwei Wörter in der richtigen Reihenfolge an den Rand. Pro Zeile gibt es einen Fehler. je 1 Pkt.

Sehr geerte Frau Huber,	*geehrte*	1
vielen Dank für ihre Bewerbung. Wir haben Sie ausgewählt,	....	2
da Sie am besten zu unserem Team pasen. Für das Prak-	....	3
tikum, das am 3. Mai beginnt, wir erwarten von Ihnen sehr	....	4
gute Computerkenntnisse und Freude an die Arbeit im Team.	....	5
Durch Ihre Zeugnisse und das Gespräch würden wir von	....	6
Ihren Fähigkeiten übergezeugt. Bitte senden Sie den bei-	....	7
liegenden Vertrag unterschrieben an mir zurück. Ich freue	....	8
mich sehr auf eine erfolgreich Zusammenarbeit!	....	9
Mit freundlichen Grüßen		
Hannelore Ehrmann		

[8]

[50]

Lektionstest 6   Name: ....

1 Sprache im Mittelpunkt

a Irreale Bedingungssätze. Lesen Sie die Sätze und ordnen Sie sie zu.

1. Wenn die Kinder leise spielen würden,
2. Könnten wir gute Argumente vorbringen,
3. Hätten wir mehr Büroräume,
4. Wenn du immer mitdenken würdest,
5. Wir könnten das Chaos beim Weggehen vermeiden,

A. gäbe es keine Probleme für dich.
B. wären die Nachbarn nicht verärgert.
C. ließe sich der Streit vermeiden.
D. wenn wir ordentlich wären.
E. könnte jeder einen eigenen haben.

1. [B] 2. [ ] 3. [ ] 4. [ ] 5. [ ]

je 1 Pkt.

[4]

b Wie sieht die Realität aus zu den Sätzen in 1 a?

1. *Die Kinder spielen nicht leise, daher sind die Nachbarn verärgert.*
2. ...
3. ...
4. ...
5. ...

je 2 Pkt.

[8]

2 Sprache im Mittelpunkt

Irreale Vergleichssätze. Schreiben Sie bei Satz 2 und 3 irreale Vergleichssätze mit „als", bei Satz 4 und 5 mit „als ob".

1. (allein im Büro sein) Der ehemalige Kollege benahm sich so, *als wäre er allein im Büro / als ob er allein im Büro wäre.*
2. (die Chefin sein) Die Werbtexterin tat anfangs so, ...
3. (der Grafiker eine gute Beziehung zum Chef haben) Es scheint so, ...
4. (die Arbeitswoche nie enden) Mir ist, ...
5. (wir nicht schon genug arbeiten) Die Chefin verlangt von uns mehr Überstunden, ...

je 1,5 Pkt.

[6]

3 Sprache im Mittelpunkt

Die Wortart wechseln. Ergänzen Sie das Adjektiv bzw. das Nomen mit dem bestimmten Artikel.

1. die Streitsucht   *streitsüchtig*
2. die Unhöflichkeit   ...
3. ...   kompromissbereit
4. ...   verständnisvoll

je 0,5 Pkt.

[1,5]

4 Wortschatz

Redemittel. Welche Sätze eignen sich als Entschuldigung (E), welche als Reaktion (R) darauf?

1. Das kann jedem passieren. [R]
2. Sei mir bitte nicht böse. [ ]
3. Nicht so schlimm! [ ]
4. Oh, das ist mir jetzt peinlich. [ ]
5. Das tut mir furchtbar leid! [ ]
6. Ist schon in Ordnung. [ ]
7. Jetzt ist es zu spät. [ ]
8. Macht doch nichts. [ ]

je 0,5 Pkt.

[3,5]

Lektionstest 6   Name:

5 Wortschatz

Streiten oder kooperieren. Ergänzen Sie ein passendes Verb.

1. Wenn man zu viel Druck *erzeugt*, kann man keinen Kompromiss ....
2. Lass uns den Streit endlich auf Eis .... !
3. Um eine gute Lösung für alle zu ...., muss man eine positive Atmosphäre ....
4. Es hat keinen Sinn, immer den anderen die Schuld zu ....

je 1 Pkt.

☐ 5

6 Sprache im Mittelpunkt

Ratschläge. Geben Sie einem Freund Erziehungsratschläge.

1. (Kind mehr Freiheit lassen) *An deiner Stelle würde ich dem Kind mehr Freiheit lassen.*
2. (weniger vom Kind verlangen) Du ....
3. (Vertrauen entwickeln) Wie wäre es, ...
4. (Verantwortung abgeben) ....

je 2 Pkt.

☐ 6

7 Wortschatz

Redemittel. Was gehört zusammen? Ordnen Sie zu.

1. Er geht immer   A. gekocht.   1. ☐ D
2. Gestern ist mir   B. sauer auf mich?   2. ☐
3. Ich habe vor Wut   C. der Kragen geplatzt. 3. ☐
4. Sein Verhalten bringt mich   D. gleich in die Luft.   4. ☐
5. Bist du schon wieder   E. auf die Palme.   5. ☐

je 1 Pkt.

☐ 4

8 Lesen

Im folgenden Text ist leider der rechte Rand unleserlich. Ergänzen Sie jeweils das fehlende Wort.

Dürfen sie oder dürfen sie nicht?

Lisa und ihre Freundin Mara (beide 17) möchten drei Tage nach Berlin *fahren* . 1
Es ist verständlich, dass die Eltern lange nachdenken, ob sie die Reise 2
sollen oder nicht. Die beiden Mädchen sind erst in ein paar Monaten ...., 3
also haben die Eltern jetzt noch Aufsichtspflicht. Für mich stellt sich die ...., 4
ob die beiden schon bewiesen haben, dass sie selbstständig genug sind. 5
ihre Eltern sich auf sie verlassen können, dann sollten sie auch fahren 6
Denn eigentlich kann überall ein Unglück geschehen, das die Eltern 7
verhindern können. Eine klare Vereinbarung, wann sie anrufen werden, ... 8
für mich eine gute Lösung. Denn den regelmäßigen Kontakt finde ich 9

je 1,5

☐ 12

☐ 50

Lektionstest 7

Name: ....

1 Sprache im Mittelpunkt

Modale Nebensätze und Angaben. Lesen Sie die Sätze und formulieren Sie sie mit „ohne zu" um.

1. Menschen sind meist nicht stur, ohne dass sie schlechte Erfahrungen gemacht haben.
   Menschen sind meist nicht stur, ohne schlechte Erfahrungen gemacht zu haben.
2. Das Gehirn verändert sich im Alter, ohne dass es seine Plastizität verliert.
   ....
3. Verliebte lernen eine Sprache, ohne dass sie sich dabei sehr anstrengen.
   ....
4. Lernen und Üben funktionieren nicht, ohne dass sie begeistern.
   ....
5. Erwachsene lernen nicht, ohne dass sie neugierig wie Kinder sind.
   ....

je 2 Pkt.

☐ 8

2 Sprache im Mittelpunkt

Finalsätze. Antworten Sie mit zwei „um … zu"- und zwei „damit"-Sätzen und ergänzen Sie „können".

1. Wozu verwenden Spechtfinken Kaktusstacheln? (Käferlarven aus Astlöchern ziehen)
   Um Käferlarven aus Astlöchern ziehen zu können.
2. Wozu werden Oktopusse in Aquarien gehalten? (Lernverhalten erforschen)
   ....
3. Wozu verwenden Oktopusse ihre Beobachtungen? (Weg aus Labyrinth finden)
   ....
4. Wozu baut der männliche Webervogel ein tolles Nest? (Weibchen anlocken)
   ....
5. Wozu verknoten die Vögel einen Grashalm? (Nest daran aufhängen)
   ....

je 2 Pkt.

☐ 8

3 Sprache im Mittelpunkt

Die Wortart wechseln. Ergänzen Sie das Nomen mit dem bestimmten Artikel bzw. das Adjektiv.

1. *die Begabung* — begabt
2. .... — kompetent
3. .... — instinktiv
4. .... — klug
5. .... — beobachtbar
6. die Intelligenz — ....
7. die Vernunft — ....
8. das Talent — ....
9. die Fähigkeit — ....

je 0,5 Pkt.

☐ 4

4 Wortschatz

Redemittel für Zusammenfassungen und Stellungnahmen. Ergänzen Sie die Lücken.

1. Die *Hauptaussage* des Artikels ist folgende: …
2. Der Autor verdeutlicht sein Argument mit einigen ....
3. Weiter .... er Folgendes ....: …
4. In seiner Schlussfolgerung .... er ...., dass …
5. Das .... des Artikels halte ich für …
6. In zwei Punkten kann ich den Aussagen nicht ....: …

je 1 Pkt.

☐ 5

72

Lektionstest 7   Name: ....

5 Wortschatz

Lerntipps. Ergänzen Sie ein passendes Verb.

1. Endlich habe ich meine Aussprache *verbessert* .
2. Durch das Intensivtraining konnte ich die Fehlerzahl .... und meine Lernmotivation ....
3. Beim täglichen Radiohören habe ich das Hörverstehen ....
4. Den Inhalt von Texten .... ich jetzt schon beim ersten Lesen.
5. Es ist mir gelungen, meinen Wortschatz rasch zu ....

je 1 Pkt.

5

6 Hören

Hören Sie den Ausschnitt aus der Radioreportage (CD2, Track 23) und ergänzen Sie die fehlenden Wörter.

Guten Abend, meine sehr geehrten Damen und Herren! Ich begrüße Sie [1] *herzlich* und freue mich, dass Sie trotz der [2] .... Stunde so zahlreich erschienen sind. Wie Sie wissen, steht Ihr [3] .... – und somit auch Sie ganz persönlich – vor großen [4] .... Sie arbeiten jetzt mit einer ausländischen Firma zusammen. Das [5] .... , Sie werden viel neues Wissen erwerben müssen, um die Ihnen gestellten Aufgaben besser erfüllen und [6] .... zu können. Und der Weg vom Wissen zum Können ist kein leichter. Das möchte ich anhand von drei Folien [7] .... In dieser kurzen Präsentation geht es mir also vor allem [8] .... , dass Sie diesen Weg besser verstehen, auf diese Weise vielleicht Ängste [9] .... und die Veränderungen als Chance betrachten, Ihre Kompetenzen zu erweitern. Nach der [10] .... haben wir eine halbe Stunde Zeit für Fragen und Diskussion. Danach werden wir uns in Arbeitsgruppen aufteilen, um zu überlegen, wie wir uns den Weg zu neuem Wissen und neuen [11] .... erleichtern können.

je 1 Pkt.

10

7 Sprache im Mittelpunkt

Finalsätze und finale Angaben. Formulieren Sie unterstrichenen finalen Angaben in Finalsätze mit „um … zu" um.

1. <u>Zum Teilen des Fachwissens</u> kann das Internet genutzt werden.
   Um das Fachwissen zu teilen, kann das Internet genutzt werden.
2. <u>Zum Befüllen einer Datenbank</u> muss viel Zeit aufgewendet werden.
   ....
3. <u>Zum Schutz des Wissensvorsprungs</u> sollten Informationen geheim bleiben.
   ....
4. <u>Zur Vernetzung des Wissens</u> genügen Datenbanken längst nicht mehr.
   ....
5. <u>Zum Informationsaustausch</u> dienen neben Tagungen auch Videokonferenzen.
   ....
6. <u>Zum Spiele-Erfinden</u> braucht man Talent und Glück.
   ....

je 2 Pkt.

10

50

Lektionstest 8   Name:

1 Sprache im Mittelpunkt

Alternative und adversative Sätze. Verbinden Sie die Elemente zu Sätzen. Verwenden Sie dazu die angegebenen Konnektoren bzw. Präpositionen.

> jedoch | doch | ~~anstatt~~ | stattdessen | hingegen | sondern

je 2 Pkt.

1. sich durch Laufen fit halten – im Fitnesscenter viel Geld bezahlen
   Anstatt mich durch Laufen fit zu halten, bezahle ich viel Geld im Fitnesscenter.
2. die Erschöpfung nicht ignorieren sollen – für mehr Lebenszufriedenheit sorgen
   ....
3. leichte Schmerzen akzeptieren – bei starken Schmerzen – Training sofort absetzen
   ....
4. Leistungsdruck vom Job kommen – weitere Probleme durch ungesunden Lebensstil entstehen
   ....
5. nicht über Kraftlosigkeit klagen – lieber regelmäßig Sport betreiben sollen
   ....
6. Stress heutzutage üblich sein – Ausgeglichenheit erlernbar sein
   ....

[10]

2 Wortschatz

Ernährung. Ersetzen Sie die markierten Teile durch passende Begriffe.

1. Essen für den raschen Verzehr / *Fast Food* .... findet immer mehr Verbreitung.
2. der (komplette) Nahrungsverzicht / .... ist Teil vieler Religionen.
3. Verzicht auf Fleisch und Fisch / .... ist eine Form von Tierschutz.
4. eingefrorene, industriell hergestellte Lebensmittel / .... ersetzt aus Zeitmangel oft die frische Zubereitung.
5. ungekochtes und unerhitztes Produkt / .... gilt als gesunde Alternative zu fettem Knabbergebäck.

je 1 Pkt.

[4]

3 Sprache im Mittelpunkt

Wird „während" adversativ (a) oder temporal (t) gebraucht? Kreuzen Sie an.

1. Burnout-Symptome treten während der Arbeit und in der Freizeit auf. a ☒
2. Viele erkennen Burnout lange Zeit nicht, während andere schneller reagieren. a t
3. Ursache ist z. B. emotionale Erschöpfung während mehrerer Wochen. a t
4. Während der Arbeit lässt die Effizienz deutlich nach. a t
5. Während Weiterarbeiten zum Zusammenbruch führt, hilft Schlafen kurzfristig. a t

je 1 Pkt.

[4]

4 Wortschatz

Grundbedingungen für Gesundheit. Ergänzen Sie das fehlende Wort.

1. ein *stabiles* .... Selbstwertgefühl
2. ein positives .... zum eigenen Körper
3. Freundschaft und soziale ....
4. eine .... Umwelt
5. sinnvolle Arbeit und .... Arbeitsbedingungen
6. Gesundheitswissen und .... zu Gesundheitsversorgung

je 1 Pkt.

[5]

74

Lektionstest 8   Name:

5 Sprache im Mittelpunkt

Folgen ausdrücken. Schreiben Sie Sätze mit den vorgegebenen Elementen.

1. wenige „gute" Ärzte – es gibt – sodass – Nachfrage größer als Angebot sein
   Es gibt wenige „gute" Ärzte, sodass die Nachfrage größer als das Angebot ist.

2. Beschwerden nicht nachlassen – infolgedessen – er Arzttermin dringend benötigen

3. das Gespräch – kurz sein – derart, ... dass – viele Fragen des Patienten noch offen bleiben

4. Arzt häufig gewechselt werden – infolge von – Unzufriedenheit mit der Kommunikation

5. Ärzte oft Fachwörter verwenden – sodass – Patienten überfordert sein

6. die Änderung des Lebensstils unbeliebt sein – demzufolge – Ärzte Medikamente verschreiben

je 2 Pkt.

10

6 Hören

Hören Sie den Ausschnitt aus der Radioreportage (CD2, Track 30) und ergänzen Sie die fehlenden Wörter.

Alternative [1] *Heilmethoden* – der neue Trend. Je sanfter und grüner, umso besser. Ob Pillen, [2] .... oder Öle – die alternativen Heilmethoden sind auf dem [3] .... Nachdem die traditionelle [4] .... in den Augen vieler Menschen versagt hat, wenden diese sich mehr und mehr der [5] .... Medizin zu. Sie behaupten: Seit 2.000 Jahren versucht die [6] ...., sich mit natürlichen [7] .... zu heilen, die Schulmedizin ist aber erst viel später entstanden. Somit können [8] ...., Kräuter und ätherische Öle nicht [9] .... schlecht sein. Und infolge der [10] .... der Schulmedizin greifen immer mehr Menschen auf alternative Heilmethoden zurück.

je 1 Pkt.

9

7 Schreiben

Korrigieren Sie den Brief und schreiben Sie das richtige Wort oder die zwei Wörter in der richtigen Reihenfolge an den Rand. Pro Zeile gibt es einen Fehler.

je 1 Pkt.

Sehr geehrte Herr Hirschhausen,	*geehrter*	1
auch ich hatte einen innere Schweinehund, der meinen		2
Wecker immer wieder stellte ab. Vor zwei Monaten bin ich		3
Ihrem Rat gefolgen und habe einen richtigen Hund gekauft.		4
Anstatt länger zu schlafen, ich stehe jetzt eine halbe Stunde		5
früher auf und gehe Gassi mit ihm. Wenn die Sonne schient,		6
ist das ganz nett, aber wenn das regnet, wird meine Laune		7
schlecht. Vielleicht haben sie noch einen Tipp für mich?		8
Antwortet Sie bitte schnell – es ist Schlechtwetter angesagt!		9
Mit freundlichen Grüßen		
E. Ronaldo		

8

50

Lektionstest 9

Name: ....

1 Sprache im Mittelpunkt

Vermutungen über Gegenwärtiges / Zukünftiges. Formulieren Sie Ihre Vermutungen, indem Sie die passenden Modalverben verwenden.

1. Im Text „San Salvador" bedeutet „Mir ist es hier zu kalt" bestimmt mehr als das Wetter.
   In diesem Text muss „Mir ist es hier zu kalt" mehr als das Wetter bedeuten.

2. Hildegard ahnt wahrscheinlich nichts von Pauls Überlegungen.
   ....

3. Möglicherweise hat sie aber auch ähnliche Gedanken wie er.
   ....

4. Vielleicht sind die Kinder der einzige Grund für ihre Beziehung.
   ....

je 2 Pkt.

6

2 Sprache im Mittelpunkt

Vermutungen. Formulieren Sie die Sätze mit „mögen".

1. Wie lange sind Paul und Hildegard verheiratet?
   Wie lange mögen Paul und Hildegard verheiratet sein?

2. Wie viele Kinder haben sie?
   ....

3. Paul hat vielleicht oft solche Gedanken.
   ....

4. Wahrscheinlich ist der Alltag sein Problem.
   ....

5. Es gibt Beziehungen, die zerbrechen, aber andere halten ein Leben lang.
   ....

je 1,5 Pkt.

6

3 Sprache im Mittelpunkt

Modalverben. Haben die Modalverben eine objektive (o) oder eine subjektive (s) Bedeutung? Kreuzen Sie an.

1. Der Film „Barfuss" dürfte eine Liebesgeschichte sein.   o ☐   s ☒
2. Für Filme gilt: Die Hauptfiguren müssen gut besetzt sein.   o ☐   s ☐
3. Till Schweiger kann Typen wie Nick sehr gut darstellen.   o ☐   s ☐
4. Die Produktionskosten müssen hoch gewesen sein.   o ☐   s ☐
5. Bei Erfolg dürfte man eine Fortsetzung drehen.   o ☐   s ☐

je 1 Pkt.

4

4 Sprache im Mittelpunkt

Satzverbindungen. Welches Wort passt?

| außerdem | denn | deshalb | somit | ~~trotzdem~~ | weil |

1. Er ist müde von der Arbeit, *trotzdem* kocht er noch für sie.
2. Sie liebt seine Kochkunst. .... schätzt sie seinen guten Geschmack.
3. Er findet sie toll, ... sie ist sehr belesen.
4. Beide reisen gern, ... haben sie ein verbindendes Hobby.
5. Gemeinsamkeiten sind ihnen wichtig, ... es auch viele Unterschiede gibt.
6. Jeder denkt, der andere muss sich ändern, ... streiten sie oft.

je 1 Pkt.

5

Lektionstest 9   Name: ....

5 Sprache im Mittelpunkt

Adjektive und Partizipien mit festen Präpositionen. Ergänzen Sie die Präpositionen.

Zuerst war er ganz begeistert [1] _von_ ihr und zufrieden [2] .... der Beziehung.
Er war erstaunt [3] .... ihre Fähigkeiten und gleichzeitig stolz [4] .... ihre
Leistungen. Schließlich war er eifersüchtig [5] .... ihre Arbeit und enttäuscht
[6] .... ihrem Verhalten. Dann war er traurig [7] .... das Ende der Beziehung.

je 1 Pkt.

6

6 Wortschatz

Gefühle in der Beziehung. Ergänzen Sie die Verben.

| ahnen | durchleben | empfinden | erfüllt sein | fühlen | spüren | wahrnehmen |

Zuerst [1a] _war_ sie [1b] _erfüllt_ von Liebe. Doch bald [2] ....
sie die Sehnsucht nach Veränderung. Er dagegen [3] .... die Gefahr nicht und
[4a] .... die Bedrohung nicht [4b] .... Die beiden [5] ....
eine Beziehungskrise und [6] .... große Schmerzen. Am Ende [7] ....
sie nur noch Trauer und trennten sich.

je 1 Pkt.

6

7 Sprache im Mittelpunkt

Zukünftiges ausdrücken. Welche Bedeutung wird mit Futur I ausgedrückt? Tragen Sie ein:
P (Prognose), A (Ankündigung), V (Vermutung), Z (Zuversicht), S (Sicherheit).

Eine Buchhändlerin sagt über das „Glück zu zweit":

1. „Von diesem Buch werden wir viele Exemplare verkaufen." _P_
2. „Die meisten Käufer werden Frauen sein." ☐
3. „Am Samstag wird die Autorin daraus lesen." ☐
4. „Die Lesung wird garantiert ein Erfolg werden." ☐
5. „Nach der Lesung werden wir bestimmt zusätzliche Exemplare verkaufen." ☐

je 0,5 Pkt.

2

8 Lesen

Im folgenden Text ist leider der rechte Rand unleserlich. Ergänzen Sie jeweils das fehlende Wort.

Meine kleine Friseurin

Normalerweise lasse ich meine Haare von Männern schneiden, denn die _können_ 1
besser rasieren. Doch neulich hat mich eine Friseurin bedient, die so .... - 2
schön war, dass ich mich gleich in sie verliebt habe. Natürlich ist sie ...., 3
nämlich mit dem Besitzer des Friseurladens. Trotzdem hat sie sich zweimal 4
mir getroffen. Wahrscheinlich ist ihr Mann alt und langweilig, aber sehr 5
Sie sagt sogar, es sei gefährlich in den Laden zu kommen, wenn er da ist. 6
glaube ich nicht! Was soll denn schon passieren? Selbst wenn er etwas ...., 7
wird er es nicht wagen, mit einem Militär Streit anzufangen. Ich brauche 8
neuen Haarschnitt, ja – und warum nicht in den Laden gehen? Sie ist 9
da und ich freue mich sehr, sie wieder zu sehen. Vielleicht ist er ja gar 10
im Laden? Mir wäre es ohnehin lieber, wenn sie sich um mich kümmern 11

je 1,5 Pkt.

15

50

Lektionstest 10   Name: ....

1 Sprache im Mittelpunkt

Konzessive Haupt- und Nebensätze. Formulieren Sie aus den Elementen je einen Satz mit „obwohl", „trotzdem" und „zwar ..., aber".

1. der Kulturschock – bleiben – länger dauern – die meisten – im Land – manchmal
   Obwohl der Kulturschock manchmal länger dauert, bleiben die meisten im Land.

2. das Fremdheitsgefühl – zurechtkommen – die Mehrheit – bleiben – nach einiger Zeit – damit
   ....

3. kurz danach – am Beginn – stehen – folgen – Euphorie – der Kulturschock
   ....

4. nicht so gut – die Stimmung – besser werden – langsam – wie am Anfang sein
   ....

je 2 Pkt.

6

2 Sprache im Mittelpunkt

Partizip I und II als Attribute. Schreiben Sie zu den Vorgaben (Infinitiv + Nomen) das Partizip I bzw. das Partizip II und jeweils den passenden Relativsatz.

| eintreten – Erwartungen | sinken – Bedarf | gelingen – Karriere | steigen – Verdienst |

1. Partizip I + Nomen:
   a. *die eintretenden Erwartungen → die Erwartungen, die eintreten*
   b. ....
   c. ....
   d. ....

2. Partizip II + Nomen:
   a. *die eingetretenen Erwartungen → die Erwartungen, die eingetreten sind*
   b. ....
   c. ....
   d. ....

je 2 Pkt.

12

3 Sprache im Mittelpunkt

Partizip I und II. Ergänzen Sie das Partizip I oder das Partizip II im Kontext.

1. Der lange *geplante* Auslandsaufenthalt konnte beginnen! (planen)
2. Er wusste: Die .... Entscheidung war richtig. (treffen)
3. Die .... Freunde hatten ihm abgeraten. (befragen)
4. Doch er hatte die .... Gelegenheit abgewartet. (passen)
5. Jetzt fuhr er los mit einem .... und einem .... Auge. (lachen, weinen)

je 1 Pkt.

5

4 Sprache im Mittelpunkt

Zweiteilige Konnektoren. Stellen Sie die Elemente zu zweiteiligen Konnektoren zusammen.

| ~~sowohl~~ | aber | sondern auch | oder | ~~als auch~~ | desto | entweder | noch | weder | je | zwar | nicht nur |

1. *sowohl ... als auch*   3. ....   5. ....
2. ....   4. ....   6. ....

je 0,5 Pkt.

2,5

78

Lektionstest 10   Name:

5 Sprache im Mittelpunkt

a Zweiteilige Konnektoren. Ergänzen Sie die zweiteiligen Konnektoren.

1. Einen Mietvertrag muss _sowohl_ der Vermieter _als_ auch der Mieter unterschreiben.
2. Auch als Mieter sollte man den Vertrag nicht .... genau lesen, ... auch den Inhalt im Detail verstehen.
3. .... länger und komplizierter der Vertrag ist, ... wichtiger ist die Hilfe von Profis.
4. Es wird daher empfohlen, ... einen Anwalt zu befragen .... eine Beratungsstelle aufzusuchen.
5. Denn im Nachhinein nützt es .... sich zu ärgern .... zu verzweifeln.
6. Die Sache ist dann .... vielleicht schlecht gelaufen, ... noch nicht verloren, denn Beratungsstellen können immer noch helfen.

b Welche Bedeutung haben die Konnektoren in 5a? Ordnen Sie zu.

A. nicht a und nicht b
B. a, aber unerwarteterweise nicht b
C. a oder b
D. a und b gleichwertig
E. a und b, b wichtiger
F. a von b abhängig

1. [D] 2. [ ] 3. [ ] 4. [ ] 5. [ ] 6. [ ]

6 Wortschatz

Vor- und Nachteile. Stellen Sie die Elemente zu Redemitteln zusammen.

| ~~gibt es mehr Vorteile~~ | überwiegen die Vorteile | ein weiterer Nachteil | darin sehe ich | ~~meiner Meinung nach~~ | insgesamt aber | einen großen Nachteil | besteht in … |

1. _Meiner Meinung nach gibt es mehr Vorteile._
2. ....
3. ....
4. ....

7 Schreiben

Korrigieren Sie den Brief und schreiben Sie das richtige Wort oder die zwei Wörter in der richtigen Reihenfolge an den Rand. Pro Zeile gibt es einen Fehler.

Sehr geerte Damen und Herren,   _geehrte_   1
ich habe von Freuden den Tipp bekommen, mich an euro-   2
desk zu wenden. Ich bin deutschen Staatsbürger und will   3
ein paar Monaten Freiwilligendienst in Mexiko (meiner   4
alten Heimat) macht. Die Sprache ist für mich daher kein   5
Problem. Welche Freiwilligendienste es gibt in Mexiko? Am 6
liebsten möchte ich mit Kinder arbeiten, da ich Sozialpäda- 7
gogik studiere. Die Arbeit kann entweder in dem Stadt oder 8
in einem Dorf sein. Ich möchte die Leben in ganz Mexiko   9
kennenlernen und durch das Land reißen. Bitte schicken   10
Sie mir Links und Hinweise an Institutionen in Mexiko.   11
Herzliche Grüße
Pedro Gómez

je 1 Pkt. — 5
je 1 Pkt. — 5
je 1,5 Pkt. — 4,5
je 1 Pkt. — 10
— 50

Lektionstest 11

Name: ....

1 Sprache im Mittelpunkt

Konjunktiv I in der indirekten Rede. Ergänzen Sie die passenden Verbformen.

1. Professor Wilhelm Barthlott berichtet, dass die Lotusblätter immer sauber *blieben* .... (bleiben). 2. Er sagt weiter, dass man erst mit einem Elektronenmikroskop das Geheimnis des Lotusblatts enthüllen .... (können). 3. Er erklärt, dass wegen mikroskopisch kleiner Noppen die Wassertropfen .... (abperlen). 4. Es .... (sein) bereits gelungen, diese raue Mikrostruktur auf künstlichen Oberflächen nachzubilden. 5. In Zukunft .... (werden) man daher verschiedenste Gegenstände mit einer Lotuseffekt-Oberfläche versiegeln.

je 1 Pkt.

[4]

2 Sprache im Mittelpunkt

Direkte – indirekte Rede. Schreiben Sie die Sätze in der direkten Rede.

Eine Betroffene erzählt über die Hochwasserkatastrophe, dass …

1. … das Hochwasser überraschend schnell gekommen sei.
   „Das Hochwasser ist überraschend schnell gekommen."

2. … sie nicht wisse, wie es weitergehen werde.
   ....

3. … ihr Haus zum Glück höher liege und sie wenig Schaden erlitten habe.
   ....

4. … die Aufräumarbeiten noch mehrere Tage dauern würden.
   ....

je 2 Pkt.

[6]

3 Wortschatz

Natur und Technik. Ordnen Sie die Wörter den Objekten zu. Zwei Wörter bleiben übrig.

| Dornen | Netz | textil | schweben | spitz | Löwenzahn | Schlange | Nylonstreifen | Farbflecken | weben | Feindabwehr | tarnen | Samen | Häkchen |

1. Stacheldraht: *Dornen,* ....
2. Klettverschluss: ....
3. Soldatenuniform: ....
4. Fallschirm: ....

je 0,5 Pkt.

[6,5]

4 Sprache im Mittelpunkt

Was so gesagt und behauptet wird. Wählen Sie den passenden Ausdruck aus der Klammer und formulieren Sie die Sätze um.

1. (sie behauptet / es heißt) Eine Lehrerin will viele Kinder mit Lebensmittelallergien kennen.
   Eine Lehrerin behauptet, dass sie viele Kinder mit Lebensmittelallergien kenne.

2. (sie erklärt / man sagt) Sie soll auch Eltern von der Nahrungsumstellung überzeugt haben.
   ....

3. (sagen von sich / angeblich) Eltern wollen damit bereits Erfolge bei Kindern erzielt haben.
   ....

4. (sie bestätigt / man berichtet) Die Lehrerin soll gerade an einer Info-Broschüre arbeiten.
   ....

je 2 Pkt.

[6]

Lektionstest 11   Name:

5 Hören

Hören Sie den Ausschnitt aus der Radioreportage (CD3, Track 21) und ergänzen Sie die fehlenden Wörter.

Die Natur als [1] _Ingenieur_: Was ist Bionik? Im Zeitalter der modernen [2] .... erscheinen viele Errungenschaften des Menschen im [3] .... zum Vorbild Natur noch immer eher bescheiden: So muss verglichen mit den akrobatischen [4] .... der Stubenfliege selbst der modernste und wendigste Hubschrauber passen. Die Natur hingegen scheint ein geradezu [5] .... Reservoir an oft genial einfachen Lösungen parat zu haben. Was liegt näher, als sich diese zum [6] .... zu nehmen? Die Bionik, eine Wissenschaft an der Grenze zwischen Technik und [7] ...., tut genau dies. Als [8] .... zwischen den Disziplinen forschen ihre Vertreter nach den Prinzipien, die hinter den [9] .... der Natur stehen, und versuchen, diese Prinzipien in die Technik zu übertragen. Der [10] .... Bionik wurde 1960 vom amerikanischen Luftwaffenmajor Steele geprägt. Er sollte das „[11] .... aus der Natur für die Technik" verdeutlichen.

je 1 Pkt.

10

6 Lesen

Ergänzen Sie jeweils die fehlenden Wörter.

Bei Lebensmitteln auch das Kleingedruckte lesen

Besonders für Menschen mit Allergie ist beim Einkaufen ein Blick auf das [1] _Etikett_ oft lebenswichtig. Daher gibt es immer wieder neue EU-[2] ...., die Warnhinweise vorschreiben. Doch hilft die [3] ....liste durchschnittlichen [4] ....? Denkt man bei „natürlichem Aroma" an Zedernholz, Alkohol und anderes? Diese Mischung ersetzt nämlich echte [5] .... im Himbeerjoghurt, weil sie billiger [6] .... werden kann und nicht als „künstlich" gilt. Auch der [7] ....verstärker Glutamat findet immer mehr Kritiker, denn man nimmt an, dass er gesundheitsschädigende [8] .... hat. Das aufmerksame [9] .... der Zutatenliste genügt also nicht, man muss auch sehr gut [10] .... wissen. Ob man alle Zusatzstoffe auch zu Recht als [11] .... bezeichnen kann? Diese Frage wird immer öfter diskutiert.

je 1 Pkt.

10

7 Wortschatz

Ein Interview. Stellen Sie die Elemente zu Redemitteln zusammen.

je 1,5 Pkt.

> ~~geht es um …~~ | Ich bin nicht sicher, | auf diesen Punkt eingehen? | Darf ich noch einmal | noch einmal aufgreifen? | Ich danke Ihnen für | ob ich Sie richtig verstanden habe. | Ihre Gesprächsbereitschaft. | Dürfte ich den Gedanken | die Unterbrechung, aber … | ~~In unserem heutigen Interview~~ | Entschuldigen Sie bitte

1. _In unserem heutigen Interview geht es um …_
2. ....
3. ....
4. ....
5. ....
6. ....

7,5

50

Lektionstest 12

1 Sprache im Mittelpunkt

Gefühle nach der Prüfung. Ergänzen Sie die Präpositionen.

Ich bin neugierig [1] _auf_ auf meine Punktzahl, habe aber auch Angst [2] _____ dem Ergebnis. Ich wurde überrascht [3] _____ den Themen und ich bin ein bisschen enttäuscht [4] _____ der kurzen Prüfungszeit. So richtig stolz bin ich nur [5] _____ meine Leistung bei der mündlichen Prüfung. Den Prüfern bin ich dankbar [6] _____ das angenehme Gesprächsklima.

je 1 Pkt.

[5]

2 Schreiben

Korrigieren Sie den Brief und schreiben Sie das richtige Wort oder die zwei Wörter in der richtigen Reihenfolge an den Rand. Pro Zeile gibt es einen Fehler.

Sehr geehrte Damen und Heren, — _Herren_ 1
ich möchte mich über die Unfreundlichkeit eines ihrer Bus- 2
fahrers beschweren. Gestern wollte ich bei der Station Berg- 3
gasse um 15.02 Uhr in den Bus 18 stiegen, doch der Fahrer 4
schloss die Tür und offnete sie nicht mehr. Er hatte aber 5
genau gesehen, dass ich mitfahren wolle! Das ist eine 6
Frechheit! Immer wieder passiert mich das und ich bin sehr 7
geärgert darüber. Die Busse sind für die Fahrgäste da und 8
müssen wartet, bis alle eingestiegen sind. Bitte geben Sie 9
das Information an den Busfahrer weiter. Leider habe ich 10
kein Auto und muss daher Ihre Kunde bleiben. 11
Unzufriedene Grüße
Petra Burianová

je 1 Pkt.

[10]

3 Sprache im Mittelpunkt

Relativsätze. Bilden Sie Relativsätze mit „was" oder „wo(r)-".

Tipps für den Small Talk:

1. Ein gutes Thema ist das Wetter. Man kann immer darüber sprechen.
   Ein gutes Thema, worüber man immer sprechen kann, ist das Wetter.

2. Das Wichtigste ist das Vermeiden von Tabuthemen. Man soll darauf achten.
   ....

3. Aber vieles ist halb so schlimm. Immer wieder wird davor gewarnt.
   ....

4. Peinliches lässt sich mit einem Themenwechsel beenden. Man hat es unabsichtlich gesagt.
   ....

je 2 Pkt.

[6]

4 Wortschatz

Redemittel zu Gefühlsäußerungen. Ergänzen Sie die fehlenden Wörter.

1. Mir fehlen die _Worte_ ....
2. Wie?! Bist du .... ?!
3. Endlich, das wurde auch ....
4. Da verschlägt's mir die ....
5. Keine .... , das mache ich doch gern.

je 1 Pkt.

[4]

Lektionstest 12 Name:

5 Sprache im Mittelpunkt

Das Nachfeld. Formulieren Sie Sätze mit den markierten Teilen im Nachfeld.

1. sie – sich beschweren über – die öffentlichen Verkehrsmittel – und zwar besonders über den Bus
   Sie beschwert sich über die öffentlichen Verkehrsmittel, und zwar besonders über den Bus.

2. wie schon öfter – Probleme – es – mit der Linie 42 – geben – gestern

3. viel zu spät – dieser Bus – 20 Minuten – kommen – heute Vormittag

4. in Berlin – schlechter – sein – ihrer Meinung nach – als in anderen Städten – die öffentlichen Verkehrsmittel

5. an die Verkehrsbetriebe – schreiben – und zwar als Einschreiben – sie – einen Beschwerdebrief – daher

je 2 Pkt.

8

6 Hören

Hören Sie das Gespräch (CD3, Track 32). Welche Aussage ist richtig (r), welche ist falsch (f)? Kreuzen Sie an.

1. Paul kommt zu spät. f
2. Herbert wollte etwas am Telefon erzählen. r f
3. Paul soll Herbert nicht glauben. r f
4. Herbert spielt selten Lotto. r f
5. Paul ahnt, was passiert ist. r f
6. Paul wird ganz ernst. r f
7. Herbert glaubt es noch nicht ganz. r f

je 1 Pkt.

6

7 Sprache im Mittelpunkt

Relativsätze. Ergänzen Sie „wo", „wohin" oder „woher" und wenn es passt auch die „normalen" Relativpronomen.

1. Den Ort, *wo* / *an dem* sie geboren ist, hat sie lange nicht besucht.
2. In Marokko, ... / .... sie stammt, sind fast alle Menschen mehrsprachig.
3. .... / .... auch immer sie lebt, helfen ihr ihre Sprachkenntnisse.
4. In Stuttgart, ... / .... sie übersiedelt ist, lernt sie nun Deutsch.
5. Die Firma, ... / .... sie arbeitet, schätzt mehrsprachige Mitarbeiter.
6. Das Land, ... / .... sie am liebsten reisen würde, ist China.

je 1 Pkt.

5

8 Schreiben

Ersetzen Sie die informellen Aussagen durch formelle Aussagen.

1. Super, dass Sie die Mail endlich geschickt haben, war echt knapp. (an den Chef)
   Vielen Dank für die Mail! Sie ist noch rechtzeitig angekommen.

2. Werde schnell wieder gesund, wir brauchen dich hier wirklich. (an eine Kollegin)

3. Hallo, können Sie nicht warten, bis ich eingestiegen bin? (an den Busfahrer)

4. Also, ich brauch' jetzt dringend die Unterlagen! (an einen Kollegen)

je 2 Pkt.

6

50

Lösungen zum Lehrbuch

Lektion 1 – 1A Reisen
4a Eva möchte in Südfrankreich zelten. • Andreas möchte einen Abenteuerurlaub machen. • Frau Funke möchte einen Wellnessurlaub machen. • Herr Funke möchte zu Hause bleiben.

1B Urlaubsreisen
1 1D • 2F • 3. kein passendes Reiseziel • 4A • 5E

1C Reiseplanung
1b Susanne: mag nach Rom • mag nicht wandern • **Carla:** mag ans Meer und sich entspannen • mag keine Städtereise im Sommer • **Peter:** mag nach Frankreich in die Bretagne • **Jens:** mag in der Natur wandern • mag nicht faul herumsitzen
1c Die Gesprächsteilnehmer verwenden in Gespräch 2 Höflichkeitsfloskeln.
1d vgl. Lösungen im AB zu Übung 1a
3a 1. auf Position 2 • 2. am Satzende
3b Am Sonntag hat die WG zwei Stunden lang über ihre Urlaubspläne diskutiert. • Zwei Stunden lang hat die WG am Sonntag über ihre Urlaubspläne diskutiert. • Über ihre Urlaubspläne hat die WG am Sonntag zwei Stunden lang diskutiert.
3c 1. Position 1 • im Mittelfeld • 2. Im Mittelfeld
4a

Hauptsatz		Nebensatz		
Carla möchte nicht nach Rom,	weil	es dort so heiß		ist.
Nebensatz			**Hauptsatz**	
Wenn	sie in Rom	sind,	können sie bei Freunden wohnen.	

Regeln: 1a • 2b • 3b • 4a
4b *Mögliche Lösungen:* 1. Ich möchte nicht nach London fahren, weil ich keine Städtereise machen möchte. • 2. Weil ich keine Städtereise machen möchte, möchte ich nicht nach London fahren.

1D Mobilität im globalen Dorf
1b 1D • 2I • 3F • 4H • 5A • 6G
1c *Mögliche Lösungen:* **positiv (+):** Fähigkeit, immer wieder aufzubrechen • wenig Ballast mit sich zu nehmen • lockere Beziehungsnetze zu knüpfen • autark zu sein • Mobilität, die individuelle Autonomie stärkt • gut für die Persönlichkeitsentwicklung • **negativ (–):** im Job ständig auf Achse • Wochenendpendler, Fernpendler, Umzugsmobile, Varimobile • Beziehung auf Distanz • bringt gewohnte Strukturen durcheinander • Lebenspläne ändern sich viel schneller • lange, anstrengende Fahrten • Verlust sozialer Kontakte • Zeitmangel • Entfremdung von Partner bzw. Familie • finanzielle Belastungen

1E Wenn einer eine Reise tut ...
1a *Mögliche Lösungen:* **Wer/Was?** Zug • **Wann?** während der Fahrt • **Was/Wo(hin)?** bleibt plötzlich stehen • **Warum?** Unfall auf Strecke • **Wer/Was?** Eva • **Wann?** kurz vor Abflug • **Was/Wo(hin)?** erreicht noch Flugzeug • **Warum?** man wartet auf sie • **Wer/Was?** Eva • **Wann?** zwei Wochen lang • **Was/Wo(hin)?** alles klappt wunderbar • **Warum?** Kollegen sehr nett • **Wer/Was?** Bus • **Wann?** Samstagmorgen vor dem Heimflug, 05.30 • **Was/Wo(hin)?** nach Caruaru • **Warum?** Markt von Caruaru • **Wer/Was?** Eva • **Wann?** Samstagnachmittag vor dem Heimflug • **Was/Wo(hin)?** Bus kommt nicht • **Warum?** Bus hat Defekt • **Wer/Was?** Taxi • **Wann?** Samstagnachmittag vor dem Heimflug • **Was/Wo(hin)?** Flugplatz • **Warum?** Rückflug in Recife um 18.15 • **Wer/Was?** Privatflugzeug von Heiner • **Wann?** Samstagnachmittag vor dem Heimflug • **Was/Wo(hin)?** Recife • **Warum?** Heiner hatte Unfall, muss in Recife in Klinik
2a 1. denn ich sollte Interviews mit unseren Mitarbeitern führen. • 2. der Zug bremste nämlich plötzlich sehr stark. • 3. Deshalb war ich sehr zufrieden. • 4. weil mein Flug um 18.15 ging. • 5. Da ich Deutscher bin, • 6. wegen der dicken Wolken
2b/2c

1. Hauptsatz	2. Hauptsatz = Grund
2. Ich schreckte aus meinen Gedanken auf;	der Zug bremste nämlich plötzlich sehr stark.
1. Hauptsatz = Grund	**2. Hauptsatz**
3. In Recife klappte alles wunderbar.	Deshalb war ich sehr zufrieden.
Hauptsatz	**Nebensatz = Grund**
4. Um 14.30 wollte ich zurückfahren,	weil mein Flug um 18.15 ging.
Nebensatz = Grund	**Hauptsatz**
5. Da ich Deutscher bin,	nennen mich hier alle „Senhor Hans".
Satz mit Präposition	
6. Manchmal sah man wegen der dicken Wolken gar nichts.	

Regeln: 1. im 2. Hauptsatz • 2. im 2. Hauptsatz. • 3. im 2. Hauptsatz • 4. nach einem Hauptsatz
2d Der Zug konnte nicht weiterfahren; es gab nämlich einen Unfall auf der Strecke. • Es gab einen Unfall auf der Strecke. Deshalb konnte der Zug nicht weiterfahren. • Der Zug konnte nicht weiterfahren, weil es einen Unfall auf der Strecke gab. • Da es einen Unfall auf der Strecke gab, konnte der Zug nicht weiterfahren. • Der Zug konnte wegen eines Unfalls auf der Strecke nicht weiterfahren.

1F Arbeiten, wo andere Urlaub machen
2b 1. an diesem Strandabschnitt gab es immer zu wenig Strandkörbe • 2. Um 1880 • Dame war rheumakrank, aber wollte am Meer sitzen • Korbmacher, Wilhelm Bartelmann, hat ihr den ersten Korb geflochten
2c 1f • 2f • 3r • 4f • 5r • 6r • 7r • 8f
4 *Mögliche Lösungen:* Eier • Eifer • eifern • eine • einen • einer • Ente • Feier • feiern • fein • Ferien • Fön • Niere • Ofen • Orte • orten • reif • reifen • Reifen • rein • reiten • Reiter • Rente • Röte • Tee • Teer • teeren • tief • Tiefe • Tier • Tiere • Töne • triefen • Ferienort
5a *Mögliche Lösungen:* Der Autor spricht in einer Reisesituation. Die letzte Strophe könnte bedeuten, dass er mit dem Reisen die Hoffnung verbindet, seine Träume vom Leben zu erfüllen. In dem Gedicht geht es darum, dass man beim Reisen neue Erfahrungen macht, Neues kennen lernt.

Lektion 2 – 2A Einfach schön
2a 1. Alles, was man mit Liebe betrachtet, ist schön. • 2. Schönheit bedeutet Selbstbewusstsein, nach dem wir streben sollten. • 3. Schönheit ist, was von der Natur abweicht. • 4. Schönheit liegt im Auge des Betrachters. • 5. Schönheit ist nach drei Tagen genauso langweilig wie Tugend. • 6. Wer schön sein will, muss leiden.
3b positiv/sehr positiv: großartig • grandios • toll • wunderschön • umwerfend • fantastisch • hervorragend • perfekt • beeindruckend • **eher neutral:** durchschnittlich • akzeptabel • nicht schlecht • normal • **negativ/sehr negativ:** hässlich • eigenartig • furchtbar • schlimm

2 B Schön leicht?

2b 1F • 2C • 3A • 4E

2c F: durchschnittliche Gesichter von den meisten Menschen als attraktiv bewertet werden • C: Schöne Menschen sind im Allgemeinen beliebter bei ihren Mitmenschen und es werden ihnen automatisch positive Charaktereigenschaften zugesprochen. • A: Schöne haben überall Vorteile und dies gilt auch im Berufsleben. • E: In Wirklichkeit bestätigen wir nur unsere eigenen Vorurteile.

2d *Mögliche Lösungen:* 1. Durchschnittliche Gesichter werden von den meisten Menschen als attraktiv bewertet. • 2. Schöne Menschen sind im Allgemeinen beliebter bei ihren Mitmenschen und es werden ihnen automatisch positive Charaktereigenschaften zugesprochen. • 3. Schöne Menschen haben in vielen Bereichen Vorteile. • 4. Bei der Beurteilung von Schönem bestätigen wir nur unsere eigenen Vorurteile.

2e *Mögliche Lösung:* Die Hauptaussage des Kommentars „Die Macht der Schönheit" ist, dass es schöne Menschen im Leben leichter haben. Denn schöne Menschen sind im Allgemeinen beliebter bei ihren Mitmenschen und es werden ihnen positive Charaktereigenschaften zugesprochen. Als Beispiele nennt die Autorin u. a., dass hübsche Kinder in der Schule besser benotet werden und dass gut aussehende Frauen und Männer im Durchschnitt mehr verdienen. Die Autorin schließt daraus, dass wir bei der Beurteilung von Schönem nur unsere eigenen Vorurteile bestätigen, die schon bei den alten Griechen galten: Wer schön ist, ist auch gut.

2f Gutes Aussehen: attraktiv • schön • umwerfend • hübsch • **Positive Eigenschaften:** beliebt • erfolgreich • intelligent • glaubwürdig • gesellig • kreativ • fleißig • gebildet • nett • gut

2f *Mögliche Lösungen:* **Gutes Aussehen:** bildschön • wunderschön • faszinierend • **Positive Eigenschaften:** bewundert • interessant • klug • ehrlich • amüsant • fröhlich • geistreich • witzig • engagiert • kultiviert • freundlich • anständig

2 C Schönheitskult

1a 1a • 2b • 3b • 4a

1b *Mögliche Lösungen:* 1. Man sollte sich selbst freundlicher betrachten und zuerst auf das schauen, was man an sich mag. • 2. Dadurch entsteht ein Gefühl der Zufriedenheit, das man auch nach außen trägt. • 3. Sich zu sehr mit anderen zu vergleichen, macht unglücklich. Nur wer sich selbst mag, wird auch von anderen gemocht. • 4. Man soll sich selbst mögen.

1c 1. ja • 2. nein • 3. ja • 4. ja • 5. nein • 6. ja • 7. nein • 8. ja

2a 1. sich nicht zu stark mit anderen zu vergleichen • 2. die Vorzüge des eigenen Körpers hervorzuheben • 3. schöner und perfekter aussehen zu müssen • 4. mehr gemocht zu werden • 5. sich freundlicher zu betrachten • 6. Sich zu stark mit anderen zu vergleichen

2b 1b • 2b • 3a • 4b • 5a

2c 1a. Sätze: 1, 2 • 1b. Infinitiv. • 2a. Sätze: 3, 4 • 2b. Infinitiv

2d 1g • 2g • 3v • 4v

2 D Schöne Diskussionen

1 1. 2beautee: Ich will mich jetzt nicht hervorheben, aber ich erlebe das „hautnah" • 2. hella5: Aber persönlich halte ich absolut nichts davon, sich unters Messer zu legen, auch Make-up trage ich selten • 3. 2beautee: Es stimmt sicher, dass „schöne Menschen" bevorzugt behandelt werden • tobie: Denn jeder möchte lieber mit einem hübschen Menschen befreundet sein • 4. tobie: Aber die Gesellschaft hat sehr viel Einfluss darauf. • 5. 2beautee: Auch wenn es vermutlich Wichtigeres im Leben gibt, … – es scheint, dass Schönheit DAS Thema unserer Zeit wird. • hella5: Ich hoffe, dass die Menschheit zur Vernunft kommt und endlich wieder mehr als nur Schönheit zählt.

2 *Mögliche Lösungen:* Ich nehme an, dass Schönheit überhaupt NICHTS mit Charakter oder inneren Werten zu tun hat. • Auf jeden Fall gibt es Wichtigeres auf Erden, als nur auf die äußere Schönheit zu achten. • Zweifellos wird Schönheit DAS Thema unserer Zeit. • Es steht außer Frage, dass eine liebende Mutter ihr Kind immer liebt, egal wie es aussieht. • 6. Unter Umständen wirkt ein hübscher Mensch anziehender als ein „Durchschnittsbürger". • 7. Vermutlich wären viele Stars ohne die eine oder andere Schönheits-OP nicht so berühmt.

2 E Was ist schön?

1a *Mögliche Lösungen:* Ähnlich gilt es auch heute noch in manchen weniger wohlhabenden Ländern als schön, eher kräftig gebaut zu sein. (Z. 7–9) • In den reichen Industrienationen, wo jeder genug zu essen hat, bedeutet Schlanksein heute, dass man erfolgreich, sportlich und dynamisch ist. (Z. 11–13) • In Regionen, in denen die Einwohner von Natur aus eher eine dunkle Hautfarbe haben, gilt oft eine helle Hautfarbe als schön und erstrebenswert. (Z. 21–23) • Ganz anders in den westlichen Kulturen: Wer braun ist, gilt als attraktiv (Z. 31/32) Lange Zeit galt es in Brasilien als schön, eine kleine Oberweite zu haben. (Z. 43/44) • In den USA war – und ist – es genau umgekehrt. (Z. 46/47) • Inzwischen folgen übrigens auch viele Brasilianerinnen diesem Trend, ihrer „Wunschfigur" nachzuhelfen, und lassen sich daher operieren. (Z. 50–53) • Die Schönheitsideale Europas und Nordamerikas werden immer mehr zum Maßstab. (Z. 54/55) • In Asien z. B. sind westliche, also große und runde Augen in Mode (Z. 60/61) • Und Afrikaner wiederum lassen sich die Haare glätten (Z. 62/63)

2a temporal: selten • in der Kindheit • heutzutage • **kausal:** wegen des Charakters • aufgrund ihrer Schönheit • **modal:** sicherlich • mit einem hübschen Menschen • **lokal:** nach Hollywood • im Internet

2b 1. a = te • b = lo • 2. a = te • 3. a = te • b = ka • c = mo • d = lo • 4. a = te • b = mo • c = lo • 5. a = mo • 6. a = lo

2c 1b • 2a • 3b • 4b • 5a

2d Nächste Woche will sich Maria wegen einer Schönheitsoperation vielleicht in einer Spezialklinik beraten lassen. • Wegen einer Schönheitsoperation will sich Maria nächste Woche vielleicht in einer Spezialklinik beraten lassen. • Vielleicht will sich Maria nächste Woche wegen einer Schönheitsoperation in einer Spezialklinik beraten lassen. • In einer Spezialklinik will sich Maria vielleicht nächste Woche wegen einer Schönheitsoperation beraten lassen.

2 F (Un)Schöne Momente

1b 1B • 2E • 3D • 4A • 5F • 6C

1c 1. b. herrliches • a. sehr bewegendes • 2. a. fürchterliches • b. toll • 3. a. schrecklich • 4. b. miserabel • a. großartig • 5. a. furchtbares • 6. b. unglaublich

3b 1. wahrscheinlich • 2. der / das Wirrwarr • 3. zärtlich • 4. der Augenblick • 5. erzählen • 6. das Fernweh

Lektion 3 – 3 A Freundschaft

2a *Mögliche Lösungen:* A. Es gibt beste Freunde, enge Freunde und Freunde allgemein. • beste Freundin • zwischen uns herrscht absolutes Vertrauen • erzählen uns alles • helfen uns gegenseitig • sind immer für einander da • uns verbindet ein tiefes Gefühl • streiten nicht schlimm • Zeichen von Freundschaft, wenn man auch mal richtig scharfe Kritik anbringen darf • **B.** in Burkina Faso Sprichwort: sieht sich nicht selbst, bis ein Freund einem seine Augen leiht • dem Urteil des Freundes vertrauen • nicht alles diskutieren und erklären • Freundschaften über Generationen hinweg • **C.** Amerikaner meist viele Freunde • leben sehr mobil • einer neuen Umgebung anpassen • Beziehungen lösen sich immer wieder • wichtig, schnell neue Kontakte knüpfen • „tiefe Beziehungen" eher in der Familie • **D.** In Bolivien Familie am wichtigsten • echte Freunde sowieso nur 4 oder 5 • zwei „beste Freunde" • auf einer Wellenlänge • gute Freunde in Deutschland • Beziehung weniger emotional • in Deutschland eine Freundin, mit der wie mit Freunden zu Hause • in Deutschland andere Freundschaftskonzepte von Männern und Frauen?

3B Vereine

1a *Mögliche Lösungen:* Sport: Fußballverein • Schwimmverein • Freizeit/Heimatpflege: Wanderverein • Heimatverein • Soziales/Religion: Diakonie • Caritas • Kultur/Kunst: Verein der Opernfreunde/Musikverein • Wirtschaftsverbände/Politik: Verein Berliner Kaufleute und Industrieller • Verein für politische Bildung und Information • Interessengemeinschaft/Bürgerinitiativen: Interessengemeinschaft der Rückenlehrer • Bürgerinitiative Nachtflugverbot • Umwelt/Naturschutz: BUND • NABU

1b *Mögliche Lösungen:* **Vereinswesen:** Deutsche als „Vereinsmeier" bezeichnet • über 500.000 Vereine • „Vereinsmeierei" scheint „typisch deutsch" zu sein • Klischee stimmt nicht • bezogen auf Bevölkerungszahl in Skandinavien und Niederlanden die meisten Vereine • **Geschichte der Vereine: 1.** Vereinsleben auf 18. Jahrhundert zurück • „Gesellschaften", „Assoziationen" • Adlige und Bürger diskutieren zusammen • Vereinswesen trug dazu bei: Adel übernahm bürgerliche Werte • **2.** von „Vereinen" sprach man ab 19. Jahrhundert • aufgrund Industrialisierung und Verstädterung reges Vereinsleben • übernahmen öffentliche Aufgaben • Wohlfahrtsverbände • Kultur- und Freizeitorganisationen • politisch Gleichgesinnte • Arbeitervereine • konservative und national gesinnte Vereine • **3.** 1848 • Vereinsrecht zum Grundrecht • Nationalsozialismus • jüdischen Vereine • Arbeitervereine • verdächtige Vereine • verboten • **4.** nach Krieg • viele Neugründungen • im Westen • Freizeit- und Konsumgesellschaft • 50er- und 60er-Jahre • vor allem zur Ausübung eines Hobbys • **5.** 70er-Jahre • Bürgerinitiativen • Selbsthilfegruppen • „Neuen sozialen Bewegungen" • Frauen-, Umwelt-, Friedens- und Kulturinitiativen • Anti-Atomkraft-Gruppen • Selbsthilfe für Behinderte • Dritte-Welt-Initiativen • private Selbsthilfe • politisches und soziales Engagement • 40 Prozent der heutigen Umweltvereine • zwischen 1976 und 1989 • **6.** In letzten Jahren Trend • Freizeit- und Fördervereine • Gemeinsamkeit mit „alten" Vereinen • Wunsch nach Geborgenheit und Gesellschaft

2a davon (Z. 3) • Darüber (Z. 5) • dazu (Z. 15) • danach (Z. 25) • Darin (Z. 29) • Dabei (Z. 41) • dazu (Z. 42)

2b 1. da • dar • 2. Nomen: Satz 3 • ganze Aussage: Sätze: 1, 2, 4 • 3. „vorwärtsverweisend": Sätze: 1, 4 • „rückverweisend": Sätze: 2, 3

2c vorwärtsverweisend: davon (Z. 2) • dazu (Z. 15) • dazu (Z. 42) • **rückverweisend:** Darüber (Z. 5) • danach (Z. 25) • Darin (Z. 29) • Dabei (Z. 41)

2d 1. Dabei • 2. dafür • 3. Darüber

3C Nebenan und gegenüber

2a *Mögliche Lösungen:* 1. gute Nachbarschaft sehr wichtig • 2. in Großstadt muss man sich nicht um Nachbarn kümmern • 3. Nachbarschaft ist Thema der Zukunft • 4. Unterschiede bei Nachbarschaftsbeziehungen zwischen USA und Deutschland • 5. will keinen Kontakt zu Nachbarn • 6. zu DDR-Zeiten mehr nachbarschaftlicher Zusammenhalt

2b *Mögliche Lösungen:* **positive Eigenschaften:** hilfsbereit • Anteilnahme am Leben anderer • zurückhaltend • Grenzen/Rechte anderer respektieren • offen • locker • freundschaftlich • höflich • herzlich • zuvorkommend • **negative Eigenschaften:** neugierig • aufdringlich • aggressiv • gleichgültig

3a 1E • 2. keine Überschrift • 3B • 4H • 5C • 6F • 7D • 8. keine Überschrift • 9G • 10A

3b 2. Jemand findet etwas nicht so prickelnd. (Regel 2) • 3. der Krempel (Regel 3) • 4. die Macken und Ticks (Regel 4) • 5. ein rauschendes Fest (Regel 6) • 6. der Umtrunk (Regel 6)

3D Eltern und Kinder

1d *Mögliche Lösungen:* **Gründe für ein gutes Verhältnis:** haben meine Eltern mir vertraut und mir viel Freiheit gelassen (Z. 6/7) • weil meine Eltern immer für mich da waren, sich aber nicht in meine Privatsachen einmischten (Z. 27–29) • **Gründe für ein schlechtes Verhältnis:** Auseinandersetzungen (Z. 3) • viele Konflikte (Z. 14) • sich überall einzumischen – zu fürsorglich (Z. 16/17) • übertrieben streng (Z. 17) • Ratschläge zur Kindererziehung (Z. 34/35)

2a 2. Wenn • kam • hatten • 3. Während • waren • hatte • 4. wissen • wenn • brauchen • 5. Sobald • war • wurde • 6. Nachdem • geheiratet hatte • weggezogen war • wurde • 7. Als • geworden war • konnte • 8. Bevor • gefunden habe • habe … gewohnt • 9. Bis • beendet habe • wird … bleiben • 10. Seitdem • habe • ist … geworden • **Regeln:** 1. Sätze: 1, 2, 3, 4 • 2. Sätze: 5, 6, 7 • 3. Satz: 8 • 4. Satz: 9 • 5. Satz: 10

2b Temporale Präpositionen: 2. Nach • 3. Nach • 4. Vor • 5. Bis • 6. Seit • **Nebensatzkonnektoren:** 2. nachdem • als • 3. als • nachdem • 4. bevor • 5. bis • 6. seitdem • **kürzere Sätze:** 2. wurde unser Verhältnis etwas distanzierter. • 3. konnte ich eigentlich machen, was ich wollte. • 4. habe ich zu Hause gewohnt. • 5. wird das auch so bleiben. • 6. ist unser Verhältnis etwas besser geworden.

2c Verbindungsadverbien: 2. Vorher • 3. Seitdem • **Umformulierungen:** 2. Bevor Jana eine feste Stelle bekam, wohnte sie bei ihren Eltern. • 3. Seitdem Christoph ausgezogen ist, hat sich das Verhältnis zu seinen Eltern verbessert.

3E Verliebt, verlobt, verheiratet – geschieden

2a Heiraten – Ja oder Nein?

2c A: Peter Sonnhofer • B: Michaela Doll • C: Juliane Rüsch • D: Stefan Vastic

3a 1 • 2 • 4 • 5 • 7 • 8 • 10 • 13 • 14 • 16 • 17

3b *Mögliche Lösungen:* **gelb:** 2 • 3 • 5 • 6 • 9 • 13 • 15 • 17 • **grün:** 8 • 10 • 12 • 14 • 18 • **rot:** 1 • 4 • 7 • 11 • 16

3F Außenseiter

2b 1. Jemand konnte in der Familie kein Selbstwertgefühl entwickeln. • Eltern bzw. nahe Verwandte haben das Kind durch zu autoritäres oder zu nachgiebiges Verhalten geschwächt. • Das Kind hat keine oder zu wenig Liebe erfahren. • **2.** Weil jemand z.B. eher schwächlich gebaut und nicht gut im Sport ist. • Weil ein Jugendlicher in einer Zeit, in der Markenkleidung als wichtig betrachtet wird, keinen Wert auf Marken legt. • **3.** Gruppe der eher antisozialen, aggressiven Außenseiter • Gruppe der eher introvertierten und schüchternen Außenseiter. Sie sind oft entweder körperlich schwach und bringen schwache Leistungen oder sie sind Hochbegabte, die oft zu Einzelgängern werden.

2c Kindergarten: prügelte mich oft • **Schule:** schüchtern • keinen Mut, im Unterricht was zu sagen • in der Pause meist allein • wurde nie zum Spielen eingeladen • wurde geärgert • Heft klauen, Sportschuhe verstecken, mit Papierkugeln schießen • Strategie: ignorieren • spielte den Coolen • unglücklich • mit Eltern konnte ich nicht darüber reden • immer weiter zurückgezogen • viel gelesen und gelernt • ziemlich gut in der Schule • **Ausbildung:** auch nicht besser • **Beruf:** ging so weiter • keine Kollegen in meinem Alter • Kollegen lachten hinter meinem Rücken • neuer Chef • bemerkte, dass ich neue Lösungen vorschlug • bekam interessante Projekte • Fähigkeiten zeigen • Selbstbewusstsein • Erfolgserlebnisse • versuchte mit Leuten ins Gespräch zu kommen • fiel sehr schwer • Frau Wagner • Tipps: Smalltalk, lächeln, einen ausgeben • auf andere zugegangen • positiv reagiert • **heute:** habe Freundin, Freundeskreis • fühle Glück

Lektion 4 – 4A Dinge

1a das Streichholz, ¨er; das Weinglas, ¨er; die Seife, -n; das Bett, -en; der Kamm, ¨e; der Schrank, ¨e; der Spiegel, -; der Rasierpinsel, -; die Zimmerdecke, -n; die Wolke, -n; der Himmel (hier nur Sg.)

2a *Mögliche Lösung:* Die Sessel sind für den Autor der Inbegriff für Halt und Orientierung im Leben. In ihnen kann man träumen, ausspannen und in Gedanken verreisen.

3c 2C • 3E • 4A • 5D • 6B

4B Die Welt der Dinge

2a 1. Aspirin • 2. Rucksack • 3. Kaffee • 4. Staubsauger
2b A: 8 • B: 12 • C: 1 • D: 11 • E: 5 • F: 4 • G: 6 • H: 10 • I: 2
2c 1a. die • 1b. verwandt sind • 2. für Trinkflasche • 3. besonders • 4. starke • 5. Feinste
2d 2. Präpositionalergänzung • 3. Ausdruck der Verstärkung • 4. Adjektiv • 5. Adjektiv im Superlativ
3a Sporttasche – streichen: blau • Yogamatte – ergänzen: hellblau, grün • Chromhanteln – vor Preis ergänzen: pro Stück • Jogginghose – Preis ändern: 25,95 € • Magnesiumtrinkfläschchen – über Preis schreiben: 20 Trinkfläschchen
3b *Mögliche Lösung:* Sehr geehrte Damen und Herren, ich soll Ihnen von Herrn Hilsenbeck ausrichten, dass wir im Prospekt leider noch ein paar Korrekturen haben. Er bittet Sie darum, bei der Pulsuhr den Preis zu ändern. Sie kostet jetzt 85,95 €. Außerdem hätte er gern, dass Sie bei der Yogamatte die Farben „hellblau" und „grün" ergänzen. Ich soll Sie zudem bitten, bei der Sporttasche „blau" zu streichen. Bei den Chromhanteln müsste vor dem Preis „pro Stück" ergänzt werden. Herr Hilsenbeck hat auch gesagt, dass der Preis bei der Jogginghose geändert werden muss. Sie kostet jetzt 25,95 €. Ich soll Sie ferner bitten, bei den Magnesium-Ampullen über dem Preis „Trinkfläschchen" zu ergänzen. Vielen Dank für Ihre Mühe. Mit freundlichen Grüßen Patric Miller

4C Die Beschreibung der Dinge

1a 1. Handtuch • 2. Gürtel • 3. Lupe • 4. Mikrofon
2b A. Streichholzschachtel • B. Teddybär • C. Taschenmesser
3a A: Dieses weltweit bekannte Sammlerobjekt • als attraktiver Werbeträger • mit bunten Etiketten und Logos • in einem edlen Restaurant • bei einem kleinen Friseur • neben dem praktischen Inhalt • in seiner heutigen Form • B: ein bekanntes Spielzeug • dieses beliebte Objekt • ihr ganzes Leben • einen besonderen Platz • in einer verstaubten Kiste • die flauschige Nachbildung • eines großen und gefährlichen Tieres • mit braunem Fell • Das erste Modell • nach technischen Neuentwicklungen • die unverwechselbare Grundform • C: kleiner Junge oder erwachsener Mann, kleines Mädchen oder alte Oma • auf sonstigen Ausflügen und Reisen • Die kleinen Varianten • verzierte Souvenirs • Die größeren Objekte • verschiedene Werkzeuge • aus unterschiedlichen hochwertigen Materialien • zu begehrten Sammlerstücken • Die bekanntesten Modelle • in moderner Ausführung

3b

	M: der Inhalt	N: das Spielzeug	F: die Form	Pl: die Objekte
N	der praktische (k)ein praktischer praktischer	das bekannte (k)ein bekanntes bekanntes	die schöne (k)eine schöne schöne	die großen keine großen große
A	den praktischen (k)einen praktischen praktischen	das bekannte (k)ein bekanntes bekanntes	die schöne (k)eine schöne schöne	die bunten keine bunten bunte
D	dem praktischen (k)einem praktischen praktischem	dem bekannten (k)einem bekannten bekanntem	der schönen (k)einer schönen schöner	den bunten -n keinen bunten -n bunten -n
G	des praktischen -(e)s (k)eines praktischen -(e)s praktischen -(e)s	des bekannten -(e)s (k)eines bekannten -(e)s bekannten -(e)s	der schönen (k)einer schönen schöner	der bunten keiner bunten bunter

3c

	m	n	f	Pl.
N	r	s	e	e
A	n	s	e	e
D	m	m	r	n
G	s	s	r	r

3d 1. alten • altes • alte • 2. interessanten • interessanten • interessanten • 3. beliebte • beliebte • beliebte • beliebten
3e 1. Sätze: 2, 3 • 2. Satz: 1

4D Die Macht der Dinge

1b 1a • 2b • 3b • 4c
1d *Mögliche Lösungen:* Messies sind Leute, die nichts wegwerfen können und alles sammeln. • Alles ist für Messies „kostbar". • Das Messie-Syndrom ist eine Krankheit, die sich vom englischen Wort „mess" (Unordnung, Chaos) ableitet. • Messies schaffen es nicht, das Chaos in ihrer Wohnung zu beseitigen. • In Deutschland gibt es circa 1,8 Millionen Messies. • Die Krankheit ist noch weitgehend unerforscht. • Betroffene haben häufig auch Depressionen und Angstzustände. • Auslöser sind oft schwierige Erlebnisse im Leben der Betroffenen (z.B. Verlust des Partners, Arbeitsplatzes). • Manche Messies haben die nötigen Strukturen nicht von ihren Eltern gelernt. • Besonders anfällig sind Leute, deren Arbeitsplatz keine Stabilität und Stetigkeit bietet. • Messies stammen aus allen gesellschaftlichen Schichten. • Spektrum reicht von totalem Chaos bis zu ausgefeilter Penibilität. • Messies isolieren sich oft selbst, weil sie sich schämen und versuchen, ihre Krankheit geheim zu halten. • Seit 1996 gibt es ein immer größer werdendes Netz an Selbsthilfegruppen.

3a 2. dessen (Gen. Singular Neutr.) • 3. der (Nom. Singular Mask.) • 4. deren (Gen. Plural Mask.) • 5. denen (Dat. Plural Mask.) • 6. der (Dat. Singular Fem.) • 7. deren (Gen. Singular Fem.) • 8. die (Akk. Plural Fem.) • 9. das (Akk. Singular Neutr.)
3b Genitiv Singular Maskulinum und Neutrum: dessen • Genitiv Singular Femininum und Genitiv Plural: deren
4a 1. ein Mensch • sammelt • wegwerfen kann • 2. dem Messie-Syndrom • erforscht ist • 3. den Verlust an sozialen Kontakten • entsteht • 4. Menschen • unterliegt • 5. Die Menschen • zu tun hatte • 6. die Nachbarin • begegnete • 7. Andrea • zugemüllt war • 8. die Erfahrungen • gemacht hat • 9. das heimische Chaos • kämpfen • **Regeln:** 1. Nebensätze • 2. Nomen • 3. Dativ • Akkusativ • 4. Artikel
4b 1. …, die vom Chaos regiert werden. • 2. …, für die es nichts Unnützes gibt. • 3. …, denen es nicht gelingt, Dinge wegzuwerfen. • 4. …, in deren Wohnung kaum noch Platz für sie selbst ist.

4 E Die Ordnung der Dinge
2b 1b • 2a • 3a • 4b
2c c (vgl. Z. 25 – 35, 47 – 54)

4 F Die Präsentation der Dinge
1a *Mögliche Lösungen:* **Foto links:** Person liest Text ab • hat keinen Blickkontakt mit den Zuhörern • **Foto in der Mitte:** Person sitzt • verdeckt einen Teil der Zuhörer • Blick auf PowerPoint-Präsentation • **Foto rechts:** Person ist zu schüchtern, wirkt nicht begeisternd, überzeugend • ist nicht offen • setzt keine Gesten ein
3c *Mögliche Lösungen:* 1. starker Einstieg und Schluss • 2. Spannungsbogen • 3. Gliederung transparent • 4. positive Mimik und Gestik • 5. Blickkontakt zum Publikum • 6. lebendig und wirkungsvoll sprechen • 7. sich Zeit nehmen • 8. selbst vom Thema überzeugt sein • 9. Folien kurz und einfach • 10. Präsentation üben

Lektion 5 – 5 A Arbeit
1b *Mögliche Lösungen:* A: Bedienung • Beratung • Gespräch • Selbstbewusstsein • B: Entspannen • Faulheit • C: Ausdauer • Gründlichkeit • Werkstatt • D: Atelier • Kreativität • E: Fleiß • Heimarbeit • F: Flexibilität • Stolz • Unternehmen
1c Arbeitsorte: Atelier • Betrieb • Fabrik • Firma • Krankenhaus • Laden • Praxis • Unternehmen • Werkstatt • **Tätigkeiten:** Bedienung • Beratung • Entspannen • Forschung • Gespräch • Heimarbeit • Hilfe • Information • Kontrolle • Lernen • Organisation • Planung • Untersuchung • Verkauf • **Eigenschaften:** Ausdauer • Faulheit • Fleiß • Flexibilität • Gründlichkeit • Interesse • Kreativität • Pflichtbewusstsein • Selbstbewusstsein • Stolz • Teamfähigkeit • Zuverlässigkeit
1d *Mögliche Lösungen:* **Arbeitsplätze:** Baustelle • Büro • Feld • Halle • Institut • Kanzlei • Lager • **Tätigkeiten:** Ernte • Lehren • Einkauf • Therapieren • Verwaltung • **Eigenschaften:** Selbstständigkeit • Eigenverantwortlichkeit • Kommunikativität
2a *Mögliche Lösungen:* B: Bäcker • C: Controller • D: Dachdecker • E: Elektroingenieur • F: Fischer • G: Gastronom • H: Haushaltshilfe • I: Ingenieur • J: Jurist • K: Krankenschwester • L: Logopäde • M: Maurer • N: Neurologe • O: Opernsänger • P: Physiotherapeut • R: Restaurateur • S: Schauspieler • T: Taxifahrer • U: Uhrmacher • V: Verkäufer • W: Wachmann • Z: Zahnarzt
4a Foto A: 1 • Foto B: 5 • Foto C: 2 • Foto D: 3 • Foto E: 8 • Foto F: 7
4b A: Person 3 • B: Person 2 • C: Person 7 • D: Person 1 • E: Person 8 • F: Person 4

5 B Welt der Arbeit
2c Die kleinen Globalisierer (weil es im Artikel um kleine / mittelständische Betriebe geht, die ins Ausland gehen)
2d aufbauen: 1. Verb • 2. einen eigenen Vertrieb oder Kundendienst aufbauen • 3. 1. Motiv der kleinen Globalisierer • 4. errichten, einrichten • **erschließen:** 1. Verb • 2. im Ausland Märkte erschließen • 3. 2. Motiv der kleinen Globalisierer • 4. erobern • **produzieren:** 1. Verb • 2. billiger produzieren • 3. 3. Motiv der kleinen Globalisierer • 4. herstellen • **fertigen:** 1. Verb • 2. oder gar selbst dort fertigt • 3. der Mittelstand, in aller Welt • 4. herstellen • **die Beschäftigung:** 1. Nomen • 2. eine Verringerung der Beschäftigung im Inland • 3. der Aufbau einer Auslandsproduktion • 4. die Arbeit(sstelle), der Job • **expandieren:** 1. Verb • 2. So expandierte der schwäbische Maschinenbauer Trumpf • 3. in die USA • 4. (sich) vergrößern • **erobern:** 1. Verb • 2. eroberte dort den Markt • 3. in den USA • 4. erschließen • **erhalten:** 1. Verb • 2. Arbeitsplätze erhalten • 3. sondern sogar neue schaffen, Aufbau Auslandsproduktion keine Verringerung der Beschäftigen im Inland zur Folge • 4. beibehalten, nicht verlieren • **schaffen:** 1. Verb • 2. sogar neue schaffen • 3. nicht nur erhalten, Aufbau Auslandsproduktion keine Verringerung der Beschäftigen im Inland zur Folge • 4. einrichten • **der Umsatz:** 1. Nomen • 2. bis zu 40 Prozent des Umsatzes der neuen Produkte • 3. sollen sich die kleinen Globalisierer in Acht nehmen, zu Beginn muss man … aufwenden • 4. der Verdienst • **anlernen:** 1. Verb • 2. um Logistik und Produktionsstätten aufzubauen und Mitarbeiter anzulernen • 3. sollen sich die kleinen Globalisierer in Acht nehmen • 4. ausbilden, unterweisen
2e 1. nicht mehr nur große Multis, sondern auch Mittelständler und Kleinstunternehmer investieren im Ausland • 2. vor Ort eigenen Vertrieb oder Kundendienst aufbauen, neue Märkte erschließen, billiger produzieren • 3. Wachstumsimpulse, Arbeitsplätze erhalten und schaffen, multinationale Firmen deutlich produktiver • 4. zu Beginn bis zu 40 Prozent des Umsatzes der neuen Produkte aufwenden, um Logistik und Produktionsstätten aufzubauen sowie Mitarbeiter anzulernen, Experten aus der Heimat fehlen im Inland • 5. schwäbischer Maschinenbauer Trumpf

5 C Arbeiten auf Probe
1b Berger: negativ • Scheu: positiv • Bertram: positiv und negativ • Höning: negativ • Wagner: negativ • von Perlow: positiv
1c positive Aspekte: Die Hauptziele des Praktikums liegen darin, zu zeigen, wie das im Studium Gelernte in der Praxis angewendet wird. (Scheu) • Je besser die berufliche Qualifikation, umso mehr Chancen hat man auf dem Arbeitsmarkt. (Bertram) • Ein Praktikum kann ein Sprungbrett ins Unternehmen sein. (von Perlow) • Das Einstellen von Praktikanten ist als Zukunftsinvestition und Impulsgeber zu sehen. (von Perlow) • **negative Aspekte:** Sie sind jung, motiviert und billig. (Berger) • Die Angst vor der Arbeitslosigkeit nach dem Studium und die Sorge vor Lücken im Lebenslauf treibt viele in die Endlosschleife Praktikum. (Berger) • Viele Unternehmen nutzen die Bereitschaft der jungen Leute systematisch aus, um so hoch qualifiziertes Personal zum Nulltarif oder unterbezahlt beschäftigen zu können. (Berger) • Vom Anspruch her ist das eine ganz normale Arbeit, wie sie auch bei meinen Kollegen anfällt, aber eine Übernahmegarantie gibt es nicht. (Höning) • Man fühlt sich wie in einer Warteschleife. (Höning) • Unternehmen, die Praktikanten als willige und billige Arbeitskraft missbrauchen und sich so die Einstellung einer Vollzeitkraft sparen.

2a 1. zwei Jahre • 2. etwa 50 Prozent • 3. 50 Prozent • 4. keine Antwort • 5. Das Fehlen von Zukunftsplänen wird zur Normalität.
2b Nachteile für den Arbeitgeber: bei jedem Wechsel einen Neuen einarbeiten • Verlust der Erfahrungen und Kontakte des befristeten Mitarbeiters
3a Aktiv: Sätze: 2, 3 • **Passiv:** Sätze: 1, 4
3b 2. wurden • eingestellt • 3. bin • eingestellt worden • 4. war • eingeladen worden
3c 1. Partizip Perfekt • 2. Partizip Perfekt + „worden"
3d 1. müssen … übernommen werden • 2. muss … eingearbeitet werden • 3. konnte … eingesetzt werden • **Regel:** b
3e Ankreuzen: 1V • 2Z • 3Z • **Regel:** Partizip Perfekt
3f 1b (hier kennt man das Agens, muss nicht genannt werden) • 2a (hier ist wichtig, wer was gemacht hat)

5D Arbeit gesucht

1a es fehlen: Datum, Unterschrift
1b 1. AF-BIOTECH ist ein Unternehmen, das im Marketing ganz neue Wege geht • möchte aktiv an Marketingmaßnahmen mitarbeiten und Teilprojekte übernehmen • 2. abgeschlossenes Studium der Betriebswirtschaftslehre mit Schwerpunkt Marketing • Erfahrungen und Kenntnisse in Marketing-Bereich und Marktforschung durch Masterarbeit und Praktika • arbeitet sich leicht in neue Aufgabenfelder ein • gewohnt, selbstständig zu arbeiten • kann sich gut in ein Team integrieren
1c *Mögliche Lösungen:* **1.** sende ich Ihnen hiermit meine Bewerbungsunterlagen • aufgrund … verfüge ich bereits über Erfahrungen • würde ich meine Kenntnisse gern in Ihr Unternehmen einbringen • besonders interessiert mich • Ich arbeite mich leicht in … ein • bin es gewohnt • Über die Einladung zu einem persönlichen Gespräch freue ich mich sehr. **2. erster Satz:** Ihre Anzeige in … habe ich mit großem Interesse gelesen und möchte … bewerben. • Die von Ihnen ausgeschriebene Position / Aufgabe interessiert mich besonders, weil … • **letzter Satz:** Über die Einladung zu einem persönlichen Gespräch würde ich mich sehr freuen. • Ich würde mich sehr freuen, wenn Sie mich zu einem Vorstellungsgespräch einladen würden. • Für weitere Auskünfte stehe ich Ihnen jederzeit gern in einem persönlichen Gespräch zur Verfügung.
1d nach „Praktikumsplatz" „bei AF-BIOTECH" ergänzen • vor „Team" „motivierten" ergänzen • Zeilenumbruch nach „Aufgaben:" • „einen Einblick in" statt „einen Überblick über" • Bei Dauer des Praktikums: 3 „bis 6" Monate ergänzen • „Wann könnten Sie beginnen?" (Fragezeichen statt Punkt)
2 a Anzeige rechts (Studium abgeschlossen, sucht praxisorientiertes Praktikum, besonders im Bereich Marktforschung)

5E Freude an der Arbeit

1d 1b • 2b • 3c • 4a • 5a • 6c • 7b
2a *Mögliche Lösungen:* Der Chef möchte, dass das Projekt so schnell wie möglich realisiert wird. • Ingo möchte mehr Zeit für das Projekt bekommen. • **Antwort Chef:** Gut, Sie bekommen drei Monate, um das Projekt zu realisieren.
3a 1a • 2b • 3a • 4a
3b mit „können": lässt sich realisieren • ist realisierbar • **mit „können" oder „müssen":** ist zu realisieren
3c Fünf Monate lassen sich nicht finanzieren. • Fünf Monate sind nicht finanzierbar. • Fünf Monate sind nicht zu finanzieren. • Das Projekt ist bis Ende des Jahres abzuschließen. • Das Projekt lässt sich auch ohne Sie umsetzen. • Das Projekt ist auch ohne Sie umsetzbar. • Das Projekt ist auch ohne Sie umzusetzen.

5F Erst die Arbeit, dann das Vergnügen

1a 1. die rechte Hand des Chefs / der Chefin • 2. die Besprechung • 3. der Chef / die Chefin • 4. der Kopierer • 5. das Schwarze Brett • 6. die Kaffeemaschine • 7. die Keksdose für Besucher • 8. der Faulpelz • 9. der Aktenvernichter • 10. der Papierkorb • 11. die Putzkolonne • 12. das Telefon • 13. der Computer • 14. die Quasselstrippe • 15. der Drehstuhl
3a Lob der Arbeit: 3 • 4 • 8 • 9 • **Lob der Faulheit:** 2 • 5 • **Beide haben ihren Platz:** 1 • 6 • 7 • 10
3b *Mögliche Lösungen:* weil Faulheit dazu führt, dass man sich immer mehr gehen lässt, immer weniger Disziplin hat • weil nur der Fleißige etwas aufbaut, schafft • weil Faulheit dazu führt, alles immer weiter aufzuschieben
4a *Mögliche Lösungen:* zu laufen, erfand er das Auto • zu arbeiten, erfand er den Roboter • in Kino zu gehen, erfand er den Fernseher • Briefe zu schreiben, erfand er das Telefon
4b Die Faulheit, die der Autor mit einem Loblied besingen möchte, hindert ihn gerade daran.

Lektion 6 – 6A Streiten oder kooperieren?

1a *Mögliche Lösungen:* **Andrea:** selbstkritisch („Ich meine, dass wir beide nicht gerade toll organisiert sind.") • **Christian:** unhöflich und rechthaberisch („Was hast du schon wieder verloren?", „Das nervt unglaublich.")
1b korrekt: 1 • 3 • 4
2a 1E • 2F • 3A • 4D • 5C • 6B
3b Dialog A: wenig verständnisvoll • **Dialog B:** einigermaßen verständnisvoll • **Dialog C:** sehr verständnisvoll
3d 1 • 2 • 3 • 6 • 8
3e 2w • 5w • 6v • 7v • 8v • 9v • 10w

6B Konfrontation oder Verständigung?

1a Der Ausdruck „die Fetzen fliegen lassen" bedeutet: „heftig streiten".
1c der Disput • der heftige Wortwechsel • die Differenzen • der Krach • die Streitigkeiten • der Konflikt • die Konfliktsituationen • die Meinungsverschiedenheiten • der Streit • die Eskalation
1d Textabschnitt 1: A • **Textabschnitt 2:** C • **Textabschnitt 3:** F • **Textabschnitt 4:** G
2a Danach: Das geht aus den neuesten Statistiken hervor. • **Dazu:** über 50.000 neue Zivilverfahren • **Diese:** Zahlen (50.000 und 44.774) • **wir:** Alle Menschen • **das:** einen Kompromiss zu schließen • **da:** an Weihnachten • **dies:** dass alles so richtig schön und harmonisch ist
2b Dann würden an ihrer Stelle die Wörter bzw. Satzteile stehen, die ihnen in Aufgabe 2 a zugeordnet wurden. • Weil es so keine Wiederholungen von gleichen Wörtern bzw. Satzteilen gibt und weil die markierten Wörter die einzelnen Sätze miteinander verbinden.
2c 1. das / dies • 2. sie • 3. ihr (vor „Einfühlungsvermögen") • 4. Dafür • 5. darauf

6C Streit um jeden Preis

1a *Mögliche Lösung:* Herr May baut in seiner Wohnung Möbel und ist dabei recht laut. Die Nachbarin Frau Wald ist Übersetzerin und braucht deshalb Ruhe bei der Arbeit. Sie werden sich streiten.
1b 1. Frau Wald arbeitet wegen ihrer Kinder zu Hause. Als Übersetzerin braucht sie bei ihrer Arbeit Ruhe. Die Bauarbeiten in der Wohnung von Herrn May stören sie deshalb sehr. • 2. Herr May muss zu Hause Möbel bauen, weil sein Betrieb Kurzarbeit macht und der daher nicht genug Geld verdient.

1c Argumente von Frau Wald: wird bei der Arbeit zu Hause gestört • Kinder wachen oft vom Lärm auf • kann sich nicht konzentrieren • Wohnung ist keine Werkstatt • Ruhezeiten in der Hausordnung • passt auf, dass ihre Kinder nicht zu laut sind • **Argumente von Herrn May:** Betrieb macht Kurzarbeit • verdient weniger • baut zu Hause Möbel, damit er die Wohnung abzahlen kann • arbeitet im Betrieb in Schicht • kann sich daher die Arbeitszeiten zu Hause nicht aussuchen • Kinder von Frau Wald sind auch laut

2a 2B • 3A • 4C

2b 2. Herr May hat nicht genug Geld, daher kann er keine Werkstatt mieten. • 3. Herr May ist laut, daher muss Frau Wald einen Anwalt kontaktieren. • 4. Frau Wald wird oft gestört, daher beschwert sie sich. • Die in 2a markierten Wörter verschwinden („nicht", „kein-") oder ändern sich zum unbestimmten Artikel („kein-" → „ein-"). • In Satz 2 wird einmal „nicht" und einmal „kein" hinzugefügt.

2c 1. Herr May müsste nicht zu Hause arbeiten, wenn es keine Kurzarbeit gäbe. → Es gibt Kurzarbeit, daher muss Herr May zu Hause arbeiten. • 2. Hätte Herr May genug Geld, könnte er eine Werkstatt mieten. → Herr May hat nicht genug Geld, daher kann er keine Werkstatt mieten. • 3. Frau Wald müsste keinen Anwalt kontaktieren, wenn Herr May nicht laut wäre. → Herr May ist laut, daher muss Frau Wald einen Anwalt kontaktieren. • 4. Wenn Frau Wald nicht so oft gestört würde, würde sie sich nicht beschweren. → Frau Wald wird oft gestört, daher beschwert sie sich. • **Regeln:** 1b/b • 2c • 3a (vorne) /a (Position 1)

2d 1. Herr May ist zu Frau Wald gekommen und hat sich entschuldigt, daher hat sie den Anwalt nicht kontaktiert. • 2. Hätten ... beendet • wäre ... gekommen • Die beiden haben ihren Streit beendet, daher ist es nicht zum Prozess gekommen. • 3. geführt worden wäre • hätte ... verschlechtert • Es ist kein Prozess geführt worden, daher hat sich das Verhältnis der Nachbarn nicht verschlechtert.

2e Aktiv Gegenwart: Wenn Herr May genug Geld hätte • Wenn Herr May nicht so laut wäre • **Passiv Gegenwart:** Wenn Frau Wald nicht so oft gestört würde • **Aktiv Vergangenheit:** Wenn Herr May nicht zu ihr gekommen wäre und sich entschuldigt hätte • **Passiv Vergangenheit:** Wenn ein Prozess geführt worden wäre • **Regeln:** 1. hätte • wäre • 2. Partizip Perfekt

2f *Mögliche Lösungen:* Wenn Lukas keinen Streit mit den Nachbarn gehabt hätte, wäre ihm nicht gekündigt worden. • Wenn ihr euch nicht so gestritten hättet, könntet ihr zusammen in Urlaub fahren. • Wenn wir nicht so wütend gewesen wären, hätten wir nicht so laut geschrien.

6D Verhandeln statt streiten

1b 1. banale Dinge • ein Kollege kommt ständig zu spät • Kollege arbeitet sehr langsam • Kollege macht Fehler • zu wenig Lob • sucht immer nach Schuldigem • nicht eingehaltene Versprechen • schlechte Organisation • 2. stumm leiden • auf ein Problem aufmerksam machen • die Auseinandersetzung suchen • 3. Man sollte mithilfe unbeteiligter Dritter den Ursachen der Konflikte auf den Grund gehen und Lösungen finden, die die Bedürfnisse aller soweit wie möglich berücksichtigen.

2a 1. die Beteiligten anhören • 2. Konflikt erkennen / Argumente abwägen • 3. Lösungsvorschläge machen • 4. Lösung festhalten

2c Georg: muss Kundengespräche führen • in Nicos und Katjas Zimmer passt nur kleiner Besprechungstisch • Zimmer nicht repräsentativ genug für Kundenempfang • **Katja:** Georgs Telefonate und Besuche stören • im Raum von Andreas Platz für einen weiteren Schreibtisch • Andreas muss nicht viel telefonieren und ist viel unterwegs • Katja nicht Vollzeit im Büro • **Nico:** Katja nicht jeden Tag im Büro • kein Platz für seinen und Katjas Schreibtisch sowie großen Ablagetisch

2d Standpunkt darlegen: Ich sehe nicht ein, dass ... • Ich kann auf keinen Fall ..., denn ... • Ich habe ein Problem damit, dass ... • **zustimmen:** Das leuchtet ein. • Da haben Sie / hast du recht. • Das klingt sehr gut. • **widersprechen:** Da muss ich widersprechen. • Das geht auf keinen Fall. • **Lösung vorschlagen:** Ich schlage vor, dass ... • Was halten Sie / haltet ihr von folgender Lösung? • **Lösung akzeptieren:** Das wäre eine gute Lösung. • Das ist ein guter Vorschlag. • Das könnte ein Ausweg sein. • Damit bin ich einverstanden. • Gut, dann machen wir es so. • **Lösung ablehnen:** Das ist keine Lösung.

6E Gemeinsam sind wir stark

2 Esel: Sätze Nr. 1 a–d • **Hahn:** Sätze Nr. 4 a–d • **Hund:** Sätze Nr. 2 a–d

4a 1. jeweils die Sätze c und d • 2. jeweils die Sätze a und b

4b 1.c. Wenn ich bloß jünger wäre! • d. Hätte ich bloß genügend Kraft! • 2.c. Wenn ich doch nur auf die Jagd dürfte! • d. Liefe ich doch so schnell wie früher! • 3.c. Wenn ich doch nicht alle Zähne verloren hätte! • d. Könnte ich doch bloß Mäuse fangen! • 4.c. Wenn doch nicht Sonntag wäre! • d. Müsste die Bäuerin nur kein Festessen kochen! • **Regeln:** 1b • 2a

5a ... ist hell erleuchtet, als ob dort Leute wohnen würden. • Es scheint so, als wären sie reiche Leute. • ... gefährlich aus, als ob sie vor nichts und niemandem Angst hätten. • Männer erschrecken, als wären sie kleine Kinder. • schnell davon, als wäre ihnen der Teufel begegnet.

5b Satz 4 ist falsch, man darf den Konjunktiv der Vergangenheit verwenden.

6F Pro und Contra

1c Pro-Argumente: Lisa ist sozusagen schon erwachsen und in wenigen Monaten volljährig. • Eltern würden Lisa zeigen, dass sie ihr vertrauen. • Man kann überall Gefahren begegnen. • Sie könnten vereinbaren, dass Lisa sich täglich bei ihren Eltern meldet. • **Contra-Argumente:** Lisa ist noch nicht volljährig, Eltern haben Aufsichtspflicht. • Berlin ist zu gefährlich.

1d In dieser Situation stellt sich die Frage: Wer hat die besseren Argumente? • Das wichtigste Argument, das gegen ... spricht, ist ... • Gegen dieses Argument spricht, dass ... • Ein anderer wichtiger Einwand ist, dass ... • Dagegen kann man anführen, dass ... • Wenn man die Argumente, die für und gegen ... sprechen, miteinander vergleicht, kann man nur sagen, dass mehr für als gegen ... spricht. • Meiner Überzeugung nach ...

1e 1. Ja. Hier wird der Konflikt zwischen Lisa und ihren Eltern geschildert. Sie endet mit der zentralen Fragestellung („Wer hat die besseren Argumente?"). • 2. Zuerst kommt das wichtigste Contra-Argument. Dann folgen weitere Pro- und Contra-Argumente im Wechsel, sodass die Pro-Argumente die Contra-Argumente direkt entkräften. • 3. Ja. Er enthält die Stellungnahme der Schülerin und eine Begründung.

Lektion 7 – 7A Wissen und Können

2b *Mögliche Lösungen:* In Text A besteht Wissen nur aus Kenntnissen, in Text C kommen noch die Fähigkeiten und Fertigkeiten hinzu. Text B hingegen unterteilt in „Wissen-dass", „Wissen-von" und „Wissen-wie" und grenzt es gegen andere Begriffe ab.

2c 1r • 2f • 3r • 4r • 5r • 6f

3b *Mögliche Lösungen:* 1. Man muss sich etwas vorstellen, was es noch nicht gibt. • 2. Wenn eine Erfindung funktioniert, kann man aufbauen und so sind weitere Entwicklungen möglich. • 3. Man muss eine Chance bekommen. • 4. Man muss eine Gabe/ein Talent haben. • Man braucht Geld. • Man braucht den Glauben an sich selbst und Mut.
4a *Mögliche Lösungen:* **Lupe:** Wissenserwerb durch Beobachtung • **Buch:** Wissenserwerb, indem man sich Stoff aneignet, lernt • **Laborschale:** Wissenserwerb durch Forschung • **Professor:** Wissenserwerb durch Vermittlung, indem man zuhört

7B Was Tiere wissen
2a 3
2b 3: Werkzeuge • 1: Lernen • 2: Konstruktion
2c *Mögliche Lösungen:* 1. Wissen, wie und Wissen, wo • 2. Wissen, dass und Wissen, wie • 3. Wissen, wie
3a 1. Ohne größere Anstrengung. • 2. Indem sie den Lernprozess des Versuchstieres durch die Glasscheiben beobachteten. • 3. Durch ein kunstvolles Nest. • 4. Dadurch, dass er seinen Schnabel geschickt verlängert. • 5. Mit dem Schnabel.
3b Nebensatz: indem • dadurch, dass • **Präposition:** durch • mit • ohne

7C Wissen teilen
1a 2A • 3D • 4B
2c Wikis • Internet • Datenbanken
2d A. zusätzliches Wissen sammeln, dokumentieren ist überflüssig • B. Datenbanken füttern ist Verschwendung von Arbeitszeit • C. Wissen erneuert sich rasant, muss am Teilwissen anderer partizipieren • D. Wissensvorsprung gegenüber Konkurrenz und Geschäftspartnern bewahren • E. Datenbanken sind veraltet, muss bei Vernetzung des Wissens teilhaben

7D Das möchte ich können
1a 2. A • B • 3. A • B • 4. C • 5. A • 6. B
1b *Mögliche Lösungen:* 2. Die Bürgerinitiative konnte in letzter Minute die Umbaupläne für das Schloss stoppen. • 3. Gestern konnte man am Tag der offenen Tür das Luft- und Raumfahrtzentrum besichtigen. • 4. Mit der neuen Trainingsmethode kann jeder gut kopfrechnen. • 5. Viele Jugendliche können die Sport- und Musikkurse nicht bezahlen. • 6. Man kann keine Fahrräder im Bus mitnehmen.
2b *Mögliche Lösungen:* 1. ja, hatten unglückliche Erfahrungen mit Lernen • 2. nein, Gehirn ein Leben lang anpassungsfähig • braucht eine neue Herausforderung im Leben • 3. nein, wichtigste Voraussetzung ist Begeisterung • 4. nein, aber man lernt dann besser • 5. nein, in gewohntem Beziehungsgefüge schwieriger, Sturm der Begeisterung auszulösen • 6. es hilft, dem Körper Bedeutung und Achtung zurückzugeben • z. B. mit Gymnastik, Entspannungsübungen, Yoga • bleibt so mental beweglich • 7. ja, menschliche Beziehungen sind wichtig
3a 1. Ich • 2. ich • ich • 3. Ich • die Webseite unseres Vereins • 4. ich
3b 1. Sätze: 2, 3 • Nebensatzkonnektor: damit • 2. Sätze: 1, 4 • Nebensatzkonnektor: um • 3. damit • 4. damit • um … zu
4a 1. Zur schnelleren Aktivierung Ihres Vorwissens • 2. Für ein Verständnis im Großen und Ganzen
4b 1. …, sind Assoziationen zu Titel und Thema sehr hilfreich. • 2. …, ist es nicht notwendig, sich auf jedes Detail zu konzentrieren.
5a 2. reduzieren • 3. trainieren • vergrößern • 4. trainieren • verbessern • 5. trainieren • verbessern • 6. erfassen

7E Klug, klüger, am klügsten
1b A2 • B4 • C1 • D3
1c Studien • Musizieren • Kompetenz • Muttersprache • Intelligenz fördert • Kinder • Musiker • Nichtmusiker • Musikern stärkere Hirnreaktionen auf die sprachlichen Syntaxverletzungen • höheren Intelligenzquotient
1d *Mögliche Lösungen:* 2. positive Einfluss von Gesang und Instrumentalspiel • geistige Entwicklung von Kindern • Untersuchung • als erste • belegt • verbessertes Sozialverhalten • Grund • gemeinsamen Musizieren • aufeinander zu achten • 3. Instrumentenspiel • Hände über die Hirnbrücke hinweg koordinieren • simultanen Aktivitäten des Hörzentrums • das gesamte Gehirn beansprucht • Verknüpfungen • Musikern • Hören von Musik • Bereiche für das Hören und für einige Emotionen aktiv • dazu auch die Regionen für Sprache, Motorik, Sehen und bewusstes Steuern von Handlungen • 4. Sprachtherapie • Patienten mit geschädigten Hirnarealen • Sprache verloren • Kommunikation • durch Gesang • autistischen Kindern • Kontaktaufnahme mit der Umwelt • Krankenhäusern • Narkoseärzte • beeinflusst einen auf einer tieferen Ebene
2a *Mögliche Lösung:* …, dass Musizieren die Kompetenz in der Muttersprache steigert und die Intelligenz fördert. In dem Artikel wird beschrieben, dass bei einer Studie mit Kindern die Musiker stärkere Hirnreaktionen auf Syntaxverletzungen zeigten und einen höheren Intelligenzquotienten als die Nichtmusiker aufwiesen. Der Autor hebt Folgendes hervor: Diese Untersuchung belegt als erste, dass Gesang und Instrumentalspiel einen positiven Einfluss auf die geistige Entwicklung von Kindern haben und zudem deren Sozialverhalten verbessern, weil die Kinder beim gemeinsamen Musizieren lernen, aufeinander zu achten. Es wird außerdem dargestellt, dass man beim Instrumentenspiel die Hände über die Hirnbrücke hinweg koordinieren muss. Dies und die simultanen Aktivitäten des Hörzentrums beanspruchen das gesamte Gehirn. Aus diesem Grund sind bei Musikern, wenn sie Musik hören, nicht nur Regionen für Musik und Emotionen, sondern auch für Sprache, Motorik, Sehen und bewusstes Steuern von Handlungen aktiv. Deswegen wird Musik auch in der Sprachtherapie und in der Medizin eingesetzt. Dies verdeutlicht der Autor mit einigen Beispielen: Durch Gesang finden Patienten mit geschädigten Hirnarealen, die die Sprache verloren haben, zurück zur Kommunikation. Und autistischen Kindern hilft Musik bei der Kontaktaufnahme mit der Umwelt. Und in Krankenhäusern erleichtert der Einsatz von Musik die Arbeit von Narkoseärzten. Der Autor endet mit der Feststellung, dass Musik uns auf einer tieferen Ebene beeinflusst als Worte.

7F Lernwege
1a 1. Im Unternehmen finden große Veränderungen statt, denn es arbeitet jetzt mit einer ausländischen Firma zusammen. • Mitarbeiter müssen viel neues Wissen erwerben. • 2. Auf diese Weise kann man Ängste vor Veränderungen abbauen und diese viel mehr als Chance sehen, seine Kompetenzen zu erweitern. • 3. Die Arbeitsgruppen sollen überlegen, wie sie sich den Weg zu neuem Wissen und neuen Kompetenzen erleichtern können.
1b Folie links: Wissen • **Folie Mitte:** Können • **Folie rechts:** 1. Entwicklungskrise • 2. Lernebene
1c 1 • 2 • 3 • 5 • 6
1d 1. Wissen entwickelt sich kontinuierlich. • am Anfang ganz langsam, ab einer gewissen Menge geht die Entwicklung exponentiell • 2. Der Weg vom Wissen zum Können verläuft sprunghaft. • Den Sprung auf eine neue Könnens-Ebene wagt

man, wenn genug Wissen vorhanden ist. • 3. Auf einer neuen Könnens-Ebene zweifelt man an seinem Können. Die Lernebene liegt daher unter dem eigentlichen Können-Niveau. • 4. effiziente Lernmethoden einsetzen • kreative Arbeitstechniken benutzen (z. B. Wortnetze bilden) • Austausch mit anderen bzw. von anderen lernen • die eigene Einstellung überdenken • üben
2a 2D • 3B • 4E • 5A

Lektion 8 – 8A Gesundheit
1b *Mögliche Lösungen:* **soziale Einbindung:** Fotos C + F • **psychische Verfassung:** Fotos D + E • **körperliches Befinden:** Fotos A + B
2a psychische Verfassung: Depression • Ausgeglichenheit • Erschöpfung • Burnout • Zufriedenheit • **körperliches Befinden:** Fitness • Schmerzen • Kraftlosigkeit • Vitalität • Erschöpfung • Mangelerscheinung • Übelkeit •
2b *Mögliche Lösungen:* **soziale Einbindung:** Einbindung in Familie • Einsamkeit • gute Beziehung zwischen Partnern • enge Freunde • **psychische Verfassung:** Erfüllung im Beruf • Freude • Stress • Leistungsdruck • Ärger bei der Arbeit • Konflikte • Konkurrenzkampf • **körperliches Befinden:** regelmäßiger Sport • ausgewogene Ernährung • Bewegungsmangel • Schlafmangel • ungesunder Lebensstil
3a *Mögliche Lösung:* Robert Gernhard drückt in dem Gedicht ein distanziertes Verhältnis zu seinem Körper aus, so als wären sein Geist und sein Körper zwei getrennte Wesen.
3b *Mögliche Lösung:* Robert Gernhard hat seine Krankheit, seinen körperlichen Abbau ironisiert, hat so versucht, seiner Krankheit die Bedrohlichkeit zu nehmen.
3c *Mögliche Informationen:* lebte seit 1964 als freiberuflicher Maler, Zeichner, Karikaturist, Schriftsteller in Frankfurt a. M. • Mitglied des Deutschen Künstlerbundes • zusammen mit F. W. Bernstein, F. K. Waechter, Chlodwig Poth, Eckhard Henscheid, Bernd Eilert, Peter Knorr, Hans Traxler Mitbegründer der Neuen Frankfurter Schule, deren Publikationsorgan zuerst Zeitschrift „Pardon", dann das Satiremagazin „Titanic" • seit Beginn der 1980er-Jahre veröffentlichte Gernhardt • wurde im Laufe der 1990er-Jahre zunehmend von der Kritik als bedeutender Lyriker anerkannt

8B Gesundheitswahn
1b 1n • 2n • 3n • 4p • 5p
1c *Mögliche Lösungen:* **Tatsache:** mehr als ein Viertel der Deutschen schluckte im vergangenen Jahr Nahrungsergänzungsmittel • Vitamine oder Mineralstoffe in Form von Tabletten oder Pulvern meist unnütz oder sogar schädlich • Sport kann enorme Schäden verursachen • längeres, unkontrolliertes Fasten schädigt, hat keine wissenschaftlich erwiesenen Vorteile • Nickerchen im Büro steigert Produktivität und Kreativität • Mittagsschlaf normalisiert den Blutdruck • **Meinung:** Nahrungsergänzungsmittel erhöhen die Vitamin- und Mineralstoffzufuhr • Sport hält fit und gesund • Fasten reinigt den Körper von innen • **Schlussfolgerung:** sollte lieber regelmäßig spazieren gehen, …, anstatt einmal in der Woche 20 km zu joggen • sollte für ausgewogene Ernährung, genügend Schlaf, regelmäßige Bewegung, nicht zu viel Stress sorgen
2a 2. jedoch • 3. Aber • 4. anstatt … zu • 5. Während • 6. Entgegen • 7. sondern • 8. Stattdessen
2b Adversativ: Nebensatzkonnektor: während • **Konjunktion:** aber • doch • sondern • **Verbindungsadverb:** jedoch • **Präposition:** entgegen + D • **Alternativ: Nebensatzkonnektor:** (an)statt … zu • **Verbindungsadverb:** stattdessen
2c 2. Entgegen • Im Gegensatz zu • 3. Während • 4. Anstelle von • Statt • 5. jedoch • doch • 6. (An)statt zu • 7. jedoch • aber
2d Regeln: 1. Satz: 2 • 2. dagegen • hingegen • Satz: 1

8C Arzt und Patient
1c *Mögliche Lösungen:* **Parabel:** Der Arzt verpackt die unangenehme Nachricht in eine positive. • **Beispiel 1:** Der Arzt redet nicht mit der Patientin, gibt ihr keine Erklärungen. • **Beispiel 2:** Der Patient gibt dem Arzt keine Auskunft darüber, wie es ihm geht, was ihm fehlt. • **Ratschläge:** Arzt sollte Patientem kurz und verständlich Diagnose, Risiken und Alternativen der Therapie erklären und sich nicht hinter Fachwörtern und Andeutungen verstecken. • Patient sollte auf Arztbesuch vorbereitet sein, sich seine Fragen vorher überlegen und seine innere Einstellung äußern.
2a *Mögliche Lösungen:* **Gespräch 1:** 1. Arzt verwendet Fremdwörter, erklärt sie nicht. • 2. zeigt kein Interesse an der Patientin • 3. geht nicht auf die Antworten der Patientin ein • 4. stellt von sich aus keine Fragen • weiß wenig über die Patientin • **Gespräch 2:** Ärztin verwendet keine Fremdwörter. • 2. ist an Patient interessiert • 3. reagiert auf die Antworten des Patienten • 4. stellt von sich aus Fragen • 5. kennt den Patienten sehr gut
2b 1. Aber der Operationsbefund sieht gut aus. • Wie vertragen Sie denn die Medikamente? • Legen Sie sich mal hin. • 2. Wie äußert sich das? • Sind das anhaltende Schmerzen oder gehen sie von allein wieder weg?
3a 1. C • F • 2. C • 3. A • G • 4. B • D • 5. E • I • 6. H • J

8D Alternative Heilmethoden
1a B: Farbtherapie • C: Aromatherapie • D: Kinesiologie • E: Autogenes Training • F: Homöopathie • G: Fußreflexzonenmassage • H: Akupunktur • I: Yoga • J: Osteopathie
2a pro: ausführliche Patientengespräche • Versuch einer umfassenden Diagnose • engeres und vertrauteres Verhältnis zwischen Arzt und Patienten • schonendere Wirkung und weniger Nebenwirkungen als klassische Medikamente oder Verfahren • Studien belegen Wirksamkeit von Akupunktur oder Meditation • **contra:** manche Patienten nehmen giftige Stoffe zu sich • Wirksamkeit alternativer Heilmethoden meist nicht bewiesen • langfristige Folgewirkungen häufig nicht bekannt
3a 2. Infolge • 3. Infolgedessen • 4. so …, dass • 5. Folglich • 6. demzufolge • 7. sodass
3b Nebensatzkonnektor: so …, dass • sodass • derart(ig) …, dass • solch …, dass • **Verbindungsadverb:** infolgedessen • folglich • demzufolge • also • demnach • **Präposition:** infolge + G • infolge von + D
3c Regeln: 1a • 2. folgt • 3. so • dass
3d 2. Die Schulmedizin ist später als die natürliche Medizin entstanden, sodass Pflanzenextrakte oder Kräuter nicht grundsätzlich schlecht sein können. • 3. Alternative Heilmethoden genießen eine hohe Akzeptanz. Das hat zur Folge, dass Heilpraktiker keine wissenschaftlich gesicherten Nachweise erbringen müssen. • 4. Akupunktur wirkt so gut, dass man sie auch in der Schulmedizin einsetzt. • 5. Viele große Firmen finanzieren Studien zur Wirksamkeit von alternativen Medikamenten. Demzufolge sind die Ergebnisse nicht immer objektiv. • 6. Tee, homöopathische Kapseln oder Tropfen haben eine schonendere Wirkung, somit werden sie von vielen besser vertragen.

8E Ausgebrannt: Was die Seele krank macht

1b ein Konzept, das anstrengende Lebensumstände für chronische Müdigkeit verantwortlich macht

1c *Mögliche Lösungen:* in unserer Gesellschaft fühlen sich viele ausgebrannt • länger anhaltende emotionale oder körperliche Erschöpfung beruht aus Zusammenspiel vieler Faktoren • Burnout stärker anerkannt, wird aber von Arbeitgebern immer noch gern weggeredet • Erkrankte tun sich auch schwer, Zustand zuzugeben • medienwirksame Ereignisse machen auf Phänomen aufmerksam, es wird dann aber schnell wieder vergessen • eigenes Verhalten trägt zum Burnout bei • hier kann man nicht Lösung von Medizin erwarten, sondern muss persönliches Lebenskonzept überdenken

8F Lachen ist gesund

1a *Mögliche Lösungen:* Der innere Schweinhund zwingt einen morgens, noch etwas liegen zu bleiben. Er und sein Verbündeter die Snooze-Taste bringen nur scheinbar Lebensqualität, denn man hetzt den ganzen Tag den verdösten Minuten hinterher. • Der Hund ist eine gutes Antidepressivum, weil man durch ihn Licht, Bewegung und soziale Kontakte erhält. • Der Autor schlägt vor, dass Leute, die an Winterdepression leiden, einen Hund von der Krankenkasse bekommen; das ist billiger als eine Therapie.

1b *Mögliche Lösungen:* Der Autor spielt im letzten Abschnitt wieder auf den inneren Schweinehund an, denn der hindert ihn daran, seinen Vorschlag direkt den Krankenkassen zu schreiben, sondern bringt ihn dazu, sein Vorhaben immer wieder aufzuschieben.

Lektion 9 – 9A Gefühle

1b **Gefühl:** Ärger • Eifersucht • Einsamkeit • Ekel • Freude • Furcht • Liebe • Mitleid • Neid • Scham • Sehnsucht • Stolz • Trauer • Wut • Zorn • Zufriedenheit • **Verstand:** Berechnung • Einsicht • Erfahrung • Leichtsinn • Misstrauen • Unsinn • Vernunft • Verständnis • Vertrauen • Vorsicht

2 2. Stolz • Weil der Sohn als Einziger die Prüfung mit Auszeichnung bestanden hat. • 3. Mitleid • Weil sich niemand zu dem Mann setzt. • 4. Angst • Weil das Kind sich vor dem Zahnarzt fürchtet. • 5. Ärger • Weil die Kinder nicht im Haushalt helfen.

3 *Mögliche Lösungen:* 1. weinen • sich ärgern • lachen • trauern • 2. fühlen • spüren • verspüren • wahrnehmen • 3. Neid • Hass • Begeisterung • Verbitterung • 4. gefühlvoll • einfühlsam • heiter • fröhlich • 5. ein schreckliches Gefühl • tiefe Trauer • herzliche Freude • tiefer Abscheu

4a/b *Mögliche Lösungen:* 2F: lachen • Arme öffnen • 3C: weinen • die Tränen mit einem Taschentuch wegwischen • das Gesicht hinter den Händen verbergen • 4G: böse schauen • mit dem Finger drohen • im Gesicht ganz rot oder ganz weiß werden • laut schimpfen • 5A: Augen aufreißen • Hände vors Gesicht nehmen • zittern • 6E: teilnahmsvoll schauen • körperliche Zuwendung zeigen • 7D: lächeln • entspannt sein

9B Emotionen

1c Es ist wichtig, Gefühle zu haben

1d 1j • 2? • 3n • 4n • 5j • 6? • 7n • 8j • 9j

1e *Mögliche Lösungen:* 3. Negative Gefühle sind hilfreich, weil sie in kritischen Situationen unsere Denk- und Handlungsmöglichkeiten einengen und so zur Problemlösung beitragen. • 4. Positive Gefühle sind „unscheinbarer" als negative Gefühle, haben aber eine starke Wirkung. • 7. Positiv gestimmten Personen fällt das Lernen leichter als schlecht gelaunten Menschen.

2a Was sind Gefühle überhaupt? • Die Psychologie geht davon aus, dass • Gefühle sind somit • Da sind einmal die negativen Gefühle. • Positive Gefühle ... hingegen • Denn sie nützen in vierfacher Weise: • Zum einen • wiederum • Zum anderen • Darüber hinaus • Dies wiederum • Und schließlich • Heißt das nun, dass • Bleibt nur zu sagen:

2b *Mögliche Lösungen:* Funktion von Gefühlen: Denken aktivieren, schnellen Zugang zu Vorlieben und Abneigungen ermöglichen • negative Gefühle: blenden aus, was nicht zur Problemlösung beiträgt • positive Gefühle nützen in vierfacher Weise: begünstigen Aufbau und Pflege sozialer Beziehungen, fördern das Lernen und die Kreativität, helfen gegen Stress, stärken die psychischen Fähigkeiten • sollte man nur angenehme Gefühle haben? • nein, denn negative Gefühle sind wichtig • Ratschlag: alle Gefühle zulassen

2c *Mögliche Lösung:* In dem Artikel „Es ist wichtig, Gefühle zu haben" aus einer psychologischen Fachzeitschrift geht es um die Auswirkungen, die Gefühle auf unser Tun und Handeln haben. Die Funktion von Gefühlen ist es, unser Denken zu aktivieren und einen schnellen Zugang zu unseren Vorlieben und Abneigungen zu ermöglichen. Negative Gefühle blenden alles aus, was nicht zur Problemlösung beiträgt. Positive Gefühle wiederum nützen in vierfacher Weise: Sie begünstigen den Aufbau und die Pflege sozialer Beziehungen, fördern das Lernen und die Kreativität, helfen gegen Stress und stärken die psychischen Fähigkeiten. Der Autor stellt sich am Ende die Frage, ob man nur angenehme Gefühle haben sollte. Er verneint diese Frage, weil negative Gefühle wichtig sind, und folgert daraus, dass man alle Gefühle zulassen sollte.

9C Stark durch Gefühle

1b 2C • 3B • 4E • 5A

1c *Mögliche Lösungen:* **2. Auf dem Weg zu Hochzeit:** Nick nimmt Leila mit • Reise von München nach Hamburg • 3 Tage • fliegen aus Nachtzug raus • Nick stiehlt Auto • versucht es zu verkaufen • Leila vertraut Nick • Nick schließt Leila ins Herz • **3. Bei der Hochzeit:** Konflikte und Probleme mit Familie • Leila dreht durch • Nick informiert heimlich Klinik • Nick wird bewusst, dass er Leila liebt • Leila wird abgeholt • Nick wird festgenommen • er kommt wieder frei • **4. In der Klinik:** Leila versucht sich zu erhängen • Leila sagt, dass sie Nick liebt • Nick simuliert Wahnanfall • er wird in Leilas Klinik eingeliefert • Ärztin begreift, dass Nick Leila liebt • darf in geschlossener Abteilung bei Leila sein • **5. Einkauf zu zweit:** 8 Monate später • sie wurden aus der Klinik entlassen • Leila und Nick kaufen zusammen in Supermarkt ein

2a 1. a. Bestimmt • b. Vielleicht • c. wahrscheinlich • 2. a. höchstwahrscheinlich • b. sicher • c. eventuell • 3. a. möglicherweise • b. auf jeden Fall • c. vermutlich • d. ganz sicher

2b

Sicherheit	ca. 98%	ca. 90%	ca. 75%	ca. 60%	ca. 50%
Modalangaben	bestimmt, sicher, auf jeden/ keinen Fall, ganz sicher nicht	höchstwahrscheinlich, fast sicher	wahrscheinlich, gut möglich, dass ...	vermutlich; möglicherweise,	eventuell, vielleicht
Modalverben	muss kann nicht	müsste	dürfte	könnte	kann

2c 1. a. Nick muss Schwierigkeiten damit haben, dass Leila ihre Gefühle ganz direkt zeigt. • b. Leila kann sich in Nick verlieben, aber Nick nicht in Leila. • c. Nick dürfte durch Leila lernen, Gefühle für andere Menschen zu empfinden. • 2. a. Leila müsste Nick bitten, bei ihm bleiben zu können. • b. Leila muss sehr krank sein, denn sonst würde sie nicht im Nachthemd zu Nick gehen. • c. Leila kann sehr schnell wieder in die Klinik zurück wollen, weil sie sich dort sicherer fühlt. • 3. a. Nick und Leila könnten quer durch Deutschland reisen. • b. Sie müssen Probleme auf der Reise haben. • c. Nick könnte Leila sofort in die Psychiatrie zurückbringen. • d. Die Geschichte kann nicht gut ausgehen.
2d in die Spalte: ca. 75 %
2e 1. Der Film kann auch im Ausland Erfolg haben. • 2. Die Produktion des Films dürfte sehr teuer sein. • 3. Die Dreharbeiten können nicht so lange dauern. • 4. Die Hauptdarsteller könnten sich auch in der Realität ineinander verlieben. • Satz 2: Die Produktion des Films wird wohl sehr teuer.

9 D Gefühle verstehen

1a 2. 9 Uhr abends am Mittwoch (Z. 12: „Für die Kinovorstellung war es jetzt zu spät." • Z. 19: „Es war jetzt neun Uhr." • Z. 23: „Der ‚Löwen' ist mittwochs geschlossen.") • **3.** Paul und seine Frau Hildegard (Z. 8: „… und setzte noch seinen Namen Paul darunter." • Z. 14: „Er wartete auf Hildegard." • Z. 33: Um halb zehn kam Hildegard und fragte: ‚Schlafen die Kinder?'") • **4.** Paul • **5.** Paul probiert seinen neuen Füller aus und wartet auf Hildegard. (Z. 2–8: „Nachdem er mehrmals seine Unterschrift, …" • Z. 14: „Er wartete auf Hildegard.") • **6.** Paul hat Fernweh, denn er schreibt „Mir ist es hier zu kalt" und „ich gehe nach Südamerika". (Z. 4/5) • **7.** Paul überlegt, was Hildegard machen wird, wenn sie heimkommt und seine Mitteilung liest. (Z. 19–28: „Sie läse seine Mitteilung, erschräke dabei, …")
2b *Mögliche Lösungen:* 1. Paul empfindet sein Zuhause, seine Ehe als kalt. • Paul hat Fernweh und will die Alltagsroutine durchbrechen. • 2. San Salvador ist für Paul der Inbegriff von Exotik, Ausbruch aus der Routine und das Sinnbild seiner Fernweh-Träume. • 3. Sie sind verheiratet und kennen einander in- und auswendig. • 4. Durch diesen Satz zeigt der Text, wie genau Paul seine Frau kennt: Er kann sogar ihre Gesten voraussagen. Anderseits gibt diese Geste auch die Sicherheit, dass alles in Ordnung ist. • 5. Paul schafft es nicht, seine formulierten Träume zu verwirklichen. Doch vielleicht befriedigt er seine inneren Sehnsüchte auch schon allein durch die Beschäftigung mit ihnen.
3a *Mögliche Lösungen:* **Text A:** Die Kurzgeschichte beschäftigt sich mit einem in der Alltagsroutine gefangenen Mann und seinen Sehnsüchten und Fluchtgedanken. • **Text B:** Bichsel thematisiert in der Kurzgeschichte die Vorgänge beim Schreiben, beim Erzählen.
4 *Mögliche Informationen:* Schweizer Schriftsteller • 1935 in Luzern (Schweiz) geboren • bekannt für Kurzgeschichten und Kolumnen • hat zwei Kinder • war Mitglied der „Gruppe 47"

9 E Fingerspitzengefühl

1b *Mögliche Lösungen:* **Wer:** Friseur • seine Frau Susanna • ein Kunde, von dem der Friseur vermutet, dass er der Geliebte von Susanna ist • **Was:** der Kunde kommt in Friseurladen und provoziert den Friseur • Friseur bringt den Kunden vermutlich mit dem Rasiermesser um • **Warum:** weil er meint, dass Susanna ihn betrogen hat und der Mann ihn provoziert • **Wo:** im Friseursalon • **Wann:** an einem Arbeitstag
2a 1f • 2f • 3r • 4r • 5r • 6f • 7r

3a

		Modalverb	Partizip Perfekt	„haben"/ „sein"
2.	Das Opfer	könnte	sich selbst verletzt	haben.
3.	Der Ehemann	dürfte	sehr emotional reagiert	haben.
4.	Die Frau des Friseurs und das Opfer	müssen	sich vorher sehr gut gekannt	haben.
5.	Die Frau des Friseurs	müsste	den Unfall beobachtet	haben.
6.	Der Friseur und seine Frau	können	die Tat gemeinsam geplant	haben.
7.	Das Opfer und der Ehemann	können	sich nicht gekannt	haben.

Regel: „haben" oder „sein"
4 *Mögliche Lösungen:* Susanna hat faszinierenden Kunden kennengelernt • arbeitet wohl beim Militär • haben sich zweimal getroffen • haben geflirtet • er hat ihr gesagt, dass sie die Frau seines Lebens wäre • meldet sich ständig und will sie wieder treffen • ihr ist das unangenehm, weil sie verheiratet ist • hat Angst, dass er in Laden kommt, wenn Richard da ist • Richard ist sehr eifersüchtig, obwohl er dazu keinen Grund hat
5 1a • 2b • 3a • 4a • 5b • 6b • 7a

9 F Gemischte Gefühle

1 1D • 2B • 3. negativ • 4F • 5C
2a **positiv überrascht sein:** Das ist / war unglaublich / toll. • Das hat mich sehr gefreut. • Ich bin / war völlig überrascht / gerührt / begeistert. • **traurig sein:** Das hat mir wehgetan / tut mir weh. • Ich bin / war tief enttäuscht / tieftraurig. • Das hat mich sehr verletzt / traurig gemacht. • **verärgert sein:** Ich bin / war echt sauer. • Ich bin / war völlig verärgert / wütend. • Das ärgert mich total / hat mich total geärgert.

Lektion 10 – 10 A Raus in die Welt

2a **Text A: Gründe:** Mangel an Flexibilität • festgefahrene Karriereaussichten • **Ziele:** neues Leben anfangen • **Folgen:** von vorne anfangen • verdienen jetzt das Dreifache • **Text B: Gründe:** hatte sein Leben als Angestellter in einer Möbelfabrik satt • **Ziele:** neu anfangen • Schreinerei aufmachen • **Folgen:** kam am Anfang nicht mit der Mentalität seiner Kunden zurecht • sein eigener Chef • noch dabei, Schulden abzuzahlen • **Text C: Ziele:** Traum vom Leben in Kanada verwirklichen • **Folgen:** anfangs Arbeiten weit unter Ausbildung angenommen
3a *Mögliche Lösungen:* **1.** etwas übertriebene Vorstellungen • Spanisch verbessern • neue Freunde • Liebe seines Lebens • Partner für Solarkocher • Pluspunkt für Lebenslauf **2.** neue Sprache anwenden und täglich dazulernen • ganz andere Mentalität und Kultur kennen lernen • Horizont erweitern • eigene Mentalität hinterfragen • neue Seiten an sich entdecken • bestimmte Seite von sich mehr ausleben • **3.** man ist der anderen Mentalität und Kultur ausgesetzt • mehr Mühe und Zeit, Kontakte zu Freunden und Familie auf die Entfernung aufrechtzuerhalten • **4.** zu hohe Erwartungen haben, da sonst Enttäuschung • **5.** Personen, die persönlich oder beruflich davon profitieren möchten • Personen, die bereit sind, ihre Beziehungen zu Hause weiter zu pflegen • Personen, die bereit sind, die organisatorischen und praktischen Hürden in Angriff zu nehmen • **6.** Praktikum • Freiwilligendienst • studieren • arbeiten • reisen

10 B Studieren im Ausland

1a 1. etwa ein Drittel • 2. Regelstudienzeit • starke Strukturierung des Studiums • Zeitdruck / Angst vor Zeitverlust • Probleme bei der Anerkennung von Studienleistungen aus dem Ausland • finanzieller Mehraufwand • Studierende möchten sich nicht aus familiären, freundschaftlichen und partnerschaftlichen Beziehungen lösen • 3. Widerspruch zwischen Erwartungen der Gesellschaft bzw. der Arbeitgeber und dem, was Studierende am Ende tun

2a 2. Zwar • finden die meisten Auslandsaufenthalte sehr wichtig • 3. Trotzdem • Vielen Arbeitgebern ist es wichtig, dass die Bewerber Auslandserfahrung haben. • 4. Trotz • vieler Stipendienprogramme

2b *Regeln:* 1. obwohl • nach • 2. zwar • 3. trotzdem • 4. trotz

3a 2. entweder • oder • 3. nicht nur • sondern auch • 4. weder • noch • 5. zwar • aber • 6. Je • desto

3b 1. beides • 2. a oder b • 3. nicht a und nicht b • 4. zwei Entwicklungen in Abhängigkeit voneinander • 5. unwirksamer Gegengrund • 6. beides, aber der zweite Punkt ist wichtiger

10 C Wege ins Ausland

1b Definition a ist richtig.

1c Praktikum • Freiwilligendienst • freiwilliges europäisches Jahr • freiwilliges ökologisches Jahr • „WWOOF – willing workers on organic farms"

1d 1f • 2r • 3f • 4f • 5r • 6f • 7f • 8f

1e 3. Nein, am wichtigsten ist Martina, dass sie arbeiten kann. • 4. Nein, der Berater rät von einem Praktikum ab, weil Martina noch am Anfang ihres Studiums steht und noch nicht genügend fachliche Kompetenz hat. • 6. Nein, die Freiwilligendienste dauern in der Regel zwischen sechs Monaten und einem Jahr. • 7. Nein, wenn man bei „WWOOF" arbeiten will, kann man sich kurzfristig bewerben. • 8. Nein, bei „WWOOF" arbeitet man gegen Unterkunft und Verpflegung.

2b *Mögliche Lösungen:* **USA:** 1. unternehmerische Freiheiten • weniger Schranken und Konventionen hinsichtlich erforderlicher Ausbildungswege • 2. IT • Gesundheitswesen • Forschung • 3. Aufenthalt nur mit Visum möglich • Beherrschung der englischen Sprache in Wort und Schrift • **Norwegen:** 1. international ausgerichtete starke Wirtschaft • hohe Erwerbsquote • Perspektiven mittelfristig gut • 2. Tourismus • Gesundheitswesen • verarbeitende Industrie • Baugewerbe • Geologie • Geophysik • 3. mitunter reichen gute Englischkenntnisse • benötigt Aufenthalts- und Arbeitserlaubnis • **Neuseeland:** 1. landschaftliche Schönheit • hohe Lebensqualität • Gelassenheit und Ruhe • 2. Handwerk • IT • Dienstleistungsbranche • 3. Regierung sammelt Anträge • Bewertung nach Punktesystem, das Belange der neuseeländischen Wirtschaft berücksichtigt • familiäre Verbindungen nach Neuseeland • Sprachkenntnisse

10 D Vorbereitungen

2b 1. … Bin ich hier richtig bei der Deutschen Gesellschaft für internationale Zusammenarbeit? • 2. Ich wollte mich gern nach Fortbildungsprogrammen erkundigen, die Sie im Ausland durchführen. • 3. Natürlich! Ich bin 25. Und ich habe gerade meine Ausbildung als kaufmännischer Ingenieur abgeschlossen. • 4. Nein, leider noch nicht. • 5. Englisch kann ich recht gut, Französisch nur ein bisschen, dafür spreche ich ein wenig Russisch. • 6. Am liebsten würde ich in die USA. • 7. Sechs Monate müssten es schon sein. • 8. Und worauf wird da Wert gelegt? • 9. Und wo kann ich da nähere Informationen bekommen? Oder können Sie mir die geben? • 10. Ja, hab' ich. • 11. Das brauche ich nicht. Wie lautet Ihre Internet-Adresse? • 12. Alles klar und ganz herzlichen Dank! • 13. Vielen Dank. Auf Wiederhören.

2c

Partner A	Partner B
nach dem Grund des Anrufs fragen	ein Anliegen nennen
fragen (ggf. mehrmals)	antworten (ggf. mehrmals)
antworten (ggf. mehrmals)	fragen (ggf. mehrmals)
die Ergebnisse zusammenfassen	die Ergebnisse zusammenfassen
das Gespräch beenden	das Gespräch beenden

in 2b kommt nicht vor: die Ergebnisse zusammenfassen, kann Partner A und / oder Partner B tun

10 E Ankommen

2a § 2 Miete • § 3 Kaution • § 4 Hausordnung • § 5 Übernahme des Zimmers • § 6 Nutzungsbedingungen • § 7 Haftung • § 8 Beendigung des Mietvertrags • § 9 Rückgabe des Zimmers • § 10 Sonstiges

2b 1. In begründeten Fällen. • 2. Für den Fall, dass das Zimmer übermäßig abgenutzt wird oder Nebenkosten nachgefordert werden müssen. • Dazu, dass er für die Einhaltung der im Wohnheim geltenden Vorschriften sorgt. • 4. Zum Wohnen. • 5. Für vom Mieter oder seinen Besuchern verursachte Schäden. • 6. Bei einem schwerwiegenden Verstoß gegen die Hausordnung oder bei einem Mietrückstand von zwei Monaten. • 7. In gereinigtem, unrenoviertem Zustand.

3a **Partizip I:** § 8: bei einem schwerwiegenden Verstoß • **Partizip II:** § 5: das gereinigte, unrenovierte Zimmer • § 7: vom Mieter oder seinen Besuchern verursachte Schäden • § 9: in gereinigtem, unrenoviertem Zustand • § 9: alle entstandenen Schäden

3c 1b • 2b

3d 2. das Zimmer, das gereinigt wurde • 3. Schäden, die vom Mieter verursacht wurden • 4. bei einem Verstoß, der schwer wiegt • 5. alle Schäden, die entstanden sind • 6. der Vertrag, der vom Mieter unterschrieben wurde

10 F Kultur hier und da

2a *Mögliche Lösung:* zuerst war sie von der neuen Umgebung, dem Wetter, den Menschen ganz begeistert • jetzt findet sie alles schrecklich: das Wetter, die Menschen

2b zuerst Euphorie • jetzt Kulturschock

2c 1D: Euphorie • 2B: Kulturschock • 3A: Akkulturation • 4C: Stabilisierung

Lektion 11 – 11 A Natur

2b *Information:* Joseph Haydn: Die Jahreszeiten, Auszug aus „Der Sommer"

3a **Frühling:** Uhland • v. Droste-Hülshoff • Novalis • **Sommer:** Holz • Borchers (Spätsommer, Übergang in Herbst) • **Herbst:** Heine • Rilke • Borchers • **Winter:** Krolow • Keller • Trakl

4a *Mögliche Lösungen:* 1. Sommer • Herbst • Winter • Wald • 2. Eichhörnchen • 3. Sommer: alle klettern und springen von Baum zu Baum • Herbst: Norbert springt im Geäst herum • sitzt stundenlang in der Sonne • die anderen sammeln und vergraben Eicheln, Nüsse und Körner für den Winter • 4. die anderen ziehen sich in ihre Baumhöhlen zurück • Norbert findet keine gemütliche Baumhöhle • findet keine Nahrung • trauriger Freund lässt ihn in Höhle • Norbert erzählt Geschichten vom Sommer • Freund wird fröhlich • andere Eichhörnchen geben Norbert auch Unterschlupf • **5.** am Anfang negative Einstellung • sammelt keine Nahrung für den Winter • am Ende positive Einstellung • erzählt ihnen Geschichten vom Sommer

11B Von der Natur lernen

1 *Mögliche Lösung:* Bionik ist eine Wissenschaft, die sich die Natur als Vorbild gemacht hat. Die belebte Natur wird dabei versucht in Technik umzusetzen. Diese Wissenschaft geht davon aus, dass die Natur nicht zu perfektionieren ist, sondern dass der Mensch immer nur versuchen kann, die perfekten Erfindungen der Natur nachzuahmen.

2a A: Ente • Schwimmhaut • schwimmen • B: Löwenzahn • Samen • schweben • C: festklammern • Häkchen • Klette • D: Dornen • spitz • stechen • E: Flecken • Schlange • tarnen • F: Netz • Spinne • weben

2c 1D • 2C • 3F • 4E • 5B • 6A

2d *Mögliche Lösungen:* Flugzeug (Vorbild: Vogelflug) • Hubschrauber (Vorbild: Libelle) • Saugnäpfe (Vorbild: Kraken) • Ultraschall (Vorbild: Kommunikation von Delfinen)

3b 1. Natur hat perfekte Lösungen. • Konstruktionen der Natur sind bei maximaler Energie- und Materialausnutzung sehr effektiv. • 2. Lernen aus der Natur für die Technik. • Lernen von der Natur für ein eigenständiges technisches Gestalten. • 3. Flugtechnik • Pinzette • Schwimmhäute als Vorbild für Taucherflossen

4c 1. Lotusblätter reinigen sich selbst: Mikroskopisch kleine Wachskristalle verleihen dem Blatt eine genoppte Struktur. So haben Schmutzpartikel nur wenig Kontaktstellen mit Blatt und bleiben deshalb nicht haften, sondern perlen zusammen mit Wasser einfach ab. • 2. Keramikgefäße • Fassadenfarbe • Silikonwachs zur Reinhaltung von z.B. Markisen, Dachziegeln • 3. Versiegelung von Flugzeugen mit Lotus-Effekt-Oberfläche, damit sie im Winter nicht mehr enteist werden müssen

11C Naturkatastrophen

2a 3. schrecklichen • 4. ist (statt „hat") • 5. sich (statt „ihm") • 6. die (statt „den") • 7. aufgebaut hatten • 8. ihre (statt „seine") • 9. beschreiben soll • 10. Ihnen (statt „Sie") • 11. Sie ab 18.00 Uhr anrufen • 12. freundlichen

3a 1r • 2f • 3f • 4f • 5r • 6r • 7f

3b *Mögliche Lösungen:* **2. Wo:** Norden Thailands • **Was:** Überschwemmungen und Erdrutsche • Monsunregenfälle • **Wann:** am Wochenende • **Folge:** mehr als hundert Tote • Wasser auf Straßen bis zu zwei Metern hoch • **3. Wo:** Deutschland • **Was:** Unwetter mit Sturm- und Orkanböen • **Wann:** Nacht zum Sonntag • **Folge:** 71-jähriger Mann von Ast erschlagen • **4. Wo:** Neuseeland • **Was:** trockenster Sommer der letzten hundert Jahre • **Wann:** zurzeit • **Folge:** Lage für Landwirte ernst • Produktion in Gefahr • **5. Wo:** Portugal • **Was:** Flammen-Inferno in den Wäldern • mehr als 20 Waldbrände • **Wann:** zurzeit • **Folge:** mindestens 15 Menschen verletzt • **6. Wo:** Kaprun • **Was:** Lawine • **Wann:** vor Kurzem • **Folge:** Urlaubergruppe verschüttet, Bergsteiger konnten sich selbst befreien • **7. Wo:** Osten Polens • **Was:** Kältewelle aus Russland • **Wann:** an diesem Wochenende • **Folge:** mindestens 27 Kältetote • seit Beginn des Winters 144 Kältetote

3c 2. Die Monsunregenfälle in Thailand richten großen Schaden an. • 3. Bei einem Unwetter in Deutschland kam ein Mensch ums Leben. • 4. In Neuseeland herrscht eine Dürrewelle. • 7. Eine Kältewelle in Polen fordert viele Todesopfer.

4a *Mögliche Lösungen:* **Merkmale für Kurznachrichten:** knappe, sachliche Angabe von Ort, Geschehen und Zeit • Zeitangabe manchmal implizit (d.h. gleichzeitig mit Meldung oder kurz davor) • ggf. werden Folgen genannt • es gibt keine Hintergrundinformationen oder persönlichen Kommentare • **charakteristisch für Sprecher:** spricht nicht zu schnell und sehr deutlich • hat keinen Akzent oder Dialekt

11D Klimawandel

2 **A:** Position 1: „… Solche Aussagen aber sind wissenschaftlich nicht haltbar und politisch fatal." • **B:** Position 1: „Wenn wir unser Veralten nicht VOLLSTÄNDIG ändern, dauert es nicht mehr lange, bis die Natur sich der ungeliebten Spezies ‚Mensch' entledigt." • **C:** Position 2: „…, das Klima war noch nie konstant" • **D:** Position 2: „Er ist nicht die Ursache, aber er unterstützt eine Entwicklung, die irgendwann auch ohne ihn stattfinden wird: einen Klimawechsel." • **E:** Position 2: „Es spricht aus der Arroganz der Menschen, dass sie aus ein paar Jahren Wetterbeobachtung langfristige Trends ableiten und sich dann auch noch selbst als Ursache dafür sehen."

3a **A:** Der Meteorologe Hans v. Storch meint z.B., dass die Angst vor dem Klimawandel ein „Hype" sei, der irgendwann durch eine andere Angst ersetzt werde. • Und der Meteorologe Ulrich Cubasch spricht davon, dass unser Wissen über den Klimawandel nicht auf Erfahrung beruhe, sondern allein auf Computersimulationen, die in einer Ersatzrealität Ursachen für die Klimaänderung benennen und Prognosen über das künftige Klima erstellen. • **B:** Der Glaziologe Hein Miller sagt, dass die Flutkatastrophen der letzten Jahre nichts mit dem Treibhauseffekt zu tun hätten. • Und von Storch schreibt, auf die Dauer helfe es der Forderung nach Klimaschutz nicht, wenn jede Wetterkatastrophe zu seiner Begründung dienen müsse. • **C:** Heinz Miller schreibt, dass sich das Klima im Lauf der Geschichte schon oft auch ohne Einwirkungen des Menschen drastisch verändert habe. • Weiter legt er dar, dass die Natur keine Katastrophen kenne, sondern nur wir Menschen, weil wir unseren vermeintlichen Schutz verlieren würden.

3b **Cubasch:** beruhe • **Miller:** habe • kenne • **v. Storch:** sei • helfe • müsse

3c **Cubasch:** Unser Wissen über den Klimawandel beruht nicht auf Erfahrung, sondern allein auf Computersimulationen. • **Miller:** Das Klima hat sich im Lauf der Geschichte schon oft auch ohne Einwirkungen des Menschen drastisch verändert. • Die Natur kennt keine Katastrophen. • **v. Storch:** Die Angst vor dem Klimawandel ist ein „Hype". • Auf die Dauer hilft es der Forderung nach Klimaschutz nicht, wenn jede Wetterkatastrophe zu seiner Begründung dienen muss.

3d **Konjunktiv I:** habe • müsse • kenne • helfe • **Indikativ:** ist • hat • muss • kennt • hilft

3e **Regeln:** indirekten • nicht • Konjunktiv I

3f Barbara Meierhold ist der Meinung, der Mensch habe nicht so viel Macht. Er sei nicht die Ursache, aber er unterstütze eine Entwicklung, die irgendwann auch ohne ihn stattfinden werde: einen Klimawechsel. Er sei nur Gast, der Boss sei und bleibe die Natur.

11E Energie aus der Natur

2b **Landschaft:** nur 27% der Deutschen finden Windkrafträder unästhetisch. • Die meisten Windkraftanlagen werden auf Feldern gebaut und brauchen nur wenig Platz. • **Gesundheit:** Es ist erwiesen, dass von Windenergieanlagen keine krank machende oder belästigende Wirkung ausgeht. • Moderne Windenergieanlagen sind relativ leise. • **Vögel:** Die Zahl von einigen tausend Vögeln, die durch Windkraftanlagen getötet werden, ist sehr gering im Vergleich zu Millionen toter Vögel durch Straßenverkehr oder Hauskatzen. • **Kosten:** Windstrom ist billiger als konventionell erzeugter Strom. • Windenergieanlagen haben eine positive Ökobilanz, d.h., dass Windkraftanlagen in drei bis sechs Monaten die Energie wieder hereinholen, die für Herstellung, Betrieb und Entsorgung benötigt wird.

4a 2D • 3C • 4B/A • 5A/B • 6E
4b 1b • 2c
4c
Gegenwart

	Modalverb		Infinitiv (+ 2. Modalverb)
Windräder	sollen	die Landschaft	verunstalten.

Vergangenheit

	Modalverb		Partizip	„haben"/ „sein"
Durch Windanlagen	sollen	schon tausende Vögel	gestorben	sein.
A. Lehners aus Michelstadt	will	wegen der Windkraftanlage krebskrank	geworden	sein.
M. Keller aus Lützelbach	will		beobachtet	haben, …

5 Person A: Eine Autofirma will ein Auto produziert haben, das nur 1l Benzin auf 100 Kilometer verbraucht. • Der Ölpreis soll sich bis zum Jahresende verdoppeln. • **Person B:** Siemens soll in der Sahara eine riesige Solaranlage gebaut haben. • Ein deutscher Forscher will eine Lösung für unser Energieproblem gefunden haben.

11F Ernährung – natürlich?

1c *Mögliche Lösungen:* Aufgrund zahlreicher Lebensmittelskandale sind die Verbraucher verunsichert. • Man findet Bio-Lebensmittel inzwischen auch in Supermärkten. • Bio-Lebensmittel sind nicht mehr so teuer.

1d *Mögliche Lösungen:* Der Umsatz-Anteil an Bio-Lebensmitteln wird weiter steigen. • Der Umsatz an Lebensmitteln, die nicht Bio-Produkte sind, wird aber höher bleiben, da sie preiswerter sind.

2c *Mögliche Lösungen:* **Tatsache:** Warnhinweise aufgrund von Krankheitsfällen bei Kindern, z.B. ADS • 300 Zusatzstoffe sind von EU zugelassen • machen Lebensmittel haltbarer • verändern ihr Aussehen • sind notwendig, um sie zu verarbeiten • steigern Profit • Aufdruck „natürliches Aroma" auf Himbeerjoghurt: Geschmack nicht von Himbeeren, sondern von Zedernholz, Alkohol und anderen Zutaten • Glutamat schädigt den Darm, kann zu Nervenstörungen führen • viele kaufen aus Unsicherheit Bio-Produkte • Nährstoffgehalt von Bio-Obst nicht größer als bei Produkten aus konventionellem Anbau • **Meinung:** Glutamat ist harmlos • Zusatzstoffe eher mit pharmazeutischen Produkten verwandt als mit Lebensmitteln • **Schlussfolgerung:** Zusatzstoffe sollen intensiv getestet werden • vollständige Sicherheit bei Lebensmitteln in weiter Ferne

Lektion 12 – 12A Sprachlos

1a 1B • 2C • 3D • 4A
2a zu Aussage 1
2b *Mögliche Lösungen:* Freude • Überraschung
2c *Mögliche Lösungen:* 1 • 3 • 5 • 8 • 10 • 12

3a *Mögliche Lösung:* „ausgesprochen unausgesprochen" drückt aus, dass man Gefühle, Haltungen ausdrücken kann, ohne diese in Worte zu fassen, z.B. durch Mimik, Gestik

3b *Mögliche Lösungen:* ziehe weiter mein Gesicht • hast du den Aufschrei nicht gehört, den meine Körpersprache röhrt • ich bombadier' dich mit Photonen • hab dich gewarnt mit keinem Laut • wie dieser Blick zum Himmel schreit

12B Nichts sagen(d)

2a Textauszug 1: 1n • 2p • 3p • 4n • 5n • **Textauszug 2:** 1n • 2p • 3p • 4n • 5n

12C Die Kunst der leichten Konversation

1b 2. Teil: Umfrage unter Passanten im Zentrum von Berlin • 3. Teil: Diskussion mit den Gästen über Bedeutung, Wirkung und Erlernbarkeit von Small Talk • 4. Teil: Beantwortung von Hörerfragen

1c 1. Ist Small Talk wirklich sinnlos, langweilig oder oberflächlich? • 2. junge Frau: Small Talk gehört zum täglichen Leben. • älterer Mann: Small Talk ist grässlich. • Junge: Was ist Small Talk? • ältere Frau: Small Talk ist extrem wichtig, besonders im Geschäftsleben. • 3. Small Talk erleichtert Beziehungen, öffnet Türen, schafft Kontakt. • 4. Indem man in Situationen, in denen es um nichts geht, mit unbekannten Personen ein Gespräch über ein Thema beginnt, bei dem Einigkeit besteht, z.B. das Wetter. • 5. Themen, die sich eignen: Hobbys, Freizeit, Urlaub, Reisen, Sport (nicht immer) • Themen, die sich nicht eignen: Politik, Religion, Krankheiten, Eheprobleme, Geld, Gespräche über andere, man sollte nicht dauernd Witze machen • 6. Small Talk dort wichtiger Faktor für das Gelingen von Kommunikation im Privat- und Geschäftsleben • 7. mit Lächeln auf Personen zugehen, Blickkontakt aufnehmen, grüßen, Vor- und Nachname nennen, kurz etwas „Eigenes" erzählen, Komplimente machen

2b *Mögliche Lösungen:* Puh, ist das wieder heiß. • Hatten Sie das Gericht schon einmal? Können Sie das empfehlen? • Der Winter ist schrecklich, ständig ist man krank. • Hoffentlich hat der Zug keine Verspätung.

2d *Mögliche Lösungen:* **Gespräch starten/in Gang halten:** Kennen Sie … schon länger? • Waren Sie schön öfter in … • Können Sie das empfehlen? • Mögen Sie auch so gern …? • **Interesse zeigen:** Das ist ja toll! • Das habe ich ja noch nie gehört. • Können Sie das erklären? • Und wie haben Sie das gemacht?

3a

	Position 1	Pos. 2	Mittelfeld	Satzende	Nachfeld
2.	Manche Themen	sind	für Small Talk besser	geeignet	als andere.
3.	Beim ersten Kontakt	sollte	man nicht	ansprechen	die Themen Politik und Geld.
4.	Small Talk	kann	man	üben	– wie jede Fertigkeit.

3b 2. Manche Themen sind für Small Talk besser als andere geeignet. • 3. Beim ersten Kontakt sollte man die Themen Politik und Geld nicht ansprechen. • 4. Small Talk kann man wie jede Fertigkeit üben. • **Regel:** a

3c 1. Ein Gespräch über das Wetter kann mehr bewirken als verlegenes Schweigen. • 2. Als Gäste hat der Moderator Herrn Göbel eingeladen und Frau Lang, die Leiterin des Kulturbüros. • 3. Man kann beim Small Talk gut über allgemeine Themen sprechen – wie Hobbys, Reisen oder Kultur.

12 D Mit Händen und Füßen
2a 1. Zu 95% durch dessen Aussehen, Gestik, Mimik, Kleidung und Sprechweise und nur zu 5% durch das, was jemand sagt. • 2. Die Körpersignale der grundlegenden Gefühle wie Freude, Trauer, Angst, Überraschung oder Wut, z. B. angespannte Gesichtszüge, Lächeln, Tränen. • 3. Weil sie sich kulturell entwickelt haben. • 4. Man sollte in interkulturellen Trainings die wesentlichen Körpersignale verstehen und anwenden lernen.
2b 1? • 2n • 3j • 4? • 5n • 6j
3a 1. Sätze: 1, 3, 4, 5, 6 • 2. Satz: 2
3b 1a • 2b

12 E Der Ton macht die Musik
2a 1B • 2C • 3A
2b ungeheuerlich • Es kann nicht angehen • erwarte ich
2c A. Ausdruck von Ärger • B. etwas verlangen • C. persönliche Einschätzung • D. etwas hervorheben
4a Der Ablauf ist wie im Brief: 1. Problem / Ereignis, 2. Begründung für die Beschwerde, 3. erwartete Kompensation, Forderung
4b **Gespräch 1:** Frau Ehrenmann ist höflich, sachlich. • Angestellter bleibt höflich, sachlich. • Frau Ehrenmann erhält als Kompensation einen Gutschein für zwei Mehrfahrtentickets. • **Gespräch 2:** Frau Ehrenmann ist von der Gesprächsführung her schärfer und aggressiver. • Der Angestellte kommt in eine Verteidigungsposition und zeigt kein Verständnis.

12 F Wer wagt, gewinnt
3a *Mögliche Lösungen:* **nachfragen:** Das verstehe ich nicht. Wie meinen Sie das? • Wenn ich Sie richtig verstanden habe, dann … • Sie meinen also, dass … • **um Wiederholung / Erklärung bitten:** Könnten Sie den Punkt von eben noch einmal wiederholen? • Könnten Sie das bitte genauer erläutern? • **Begriff umschreiben:** Wie sagt man, wenn … • Wie heißt das, wenn …

Lösungen zu den Tests

Lektionstest 1
1 2. Eva möchte mit dem Zelt nach Südfrankreich reisen. • 3. Herr Funke findet Urlaub zu Hause am besten. • 4. Andreas will im Sommer einen Abenteuerurlaub machen. • 5. Dirk hat sich schon lange auf die Schiffsreise gefreut. • 6. Sonja ist im Sommer mit dem Bus nach Dänemark gefahren.
2 2. Dass er im Urlaub gutes Wetter hat, hofft Josef sehr. • 3. Elmar hat genügend Geld für die Reise, wenn er einen Ferienjob macht. • 4. Alf liest Reiseführer, weil er sich gut vorbereiten möchte. • 5. Agnes gefällt, dass sie das Mietauto im Internet buchen kann. • 6. Wenn die anstrengende Dienstreise zu Ende ist, freut Ella sich.
3 2. Ulla war noch nie in Spanien. Deshalb freut sie sich sehr auf die Dienstreise. • 3. Rolf hat seinen Zug verpasst; sein Taxi steckte nämlich im Stau. • 4. Sein Sohn hatte Heimweh, daher holte Tom ihn vom Ferienlager ab. • 5. Da der Flug storniert wurde, müssen die Passagiere zurück ins Hotel fahren. • 6. Hans möchte wieder nach Brasilien fliegen, denn er kennt dort nette Menschen.
4 2a • 3b • 4b
5 2F • 3A • 4B • 5C • 6D
6 2. brauchen • 3. lesen • 4. Arzt • 5. zusammen • 6. geleert • 7. Schlüssel • 8. Telefonnummer • 9. sein / werden

Lektionstest 2
1 2. Alle streben danach, viele schöne Momente zu erleben. • 3. Traurige Ereignisse bringen einen dazu, mehr über das Leben nachzudenken. • 4. Die tolle Stimmung hat der Mannschaft geholfen, das Fußballspiel zu gewinnen. • 5. Ein Fest zu feiern bedeutet auch, seine Freunde wiederzusehen.
2 2v • 3g • 4g • 5v
3 2. Es ist ratsam, öfter gesunde Nahrungsmittel zu essen. • 3. Es ist anstrengend, alle guten Ratschläge der Fitnesstrainerin zu befolgen. • 4. Es ist mühsam, eine strenge Diät über mehrere Wochen zu machen. • 5. Es ist hilfreich, ein eigenes Schönheitsideal für sich zu finden.
4 2. leiden • 3. Betrachters • 4. Liebe • 5. Tugend • 6. Natur
5 am Stadtrand (lo) • Aufgrund ihrer Erfahrungen (ka) • hauptsächlich (mo) • Heute (te) • richtig (mo) • nach der Behandlung (te) • in höchsten Tönen (mo) • gerne (mo) • durch Düfte erzeugte (mo) • schon beim Eintreten (te)
6 2. Sie gehen nach der guten Behandlung „verschönert" aus dem Laden. • 3. Sie können einmal pro Monat kostenlos ein Schminkseminar besuchen. • 4. Eva möchte nächstes Jahr in der Altstadt einen zweiten Laden eröffnen.
7 2. furchtbar • nicht schlecht • 3. hübsch • mittelmäßig • 4. hässlich • akzeptabel
8 2. Es könnte sein, dass der Satz „Schönheit muss leiden" stimmt. • 3. Hundertprozentig dienen Models sehr vielen Menschen als Vorbild. • 4. Sicherlich hilft es, seine Vorzüge hervorzuheben. • 5. Wahrscheinlich beschäftigen wir uns zu oft mit unserem Aussehen.

Lektionstest 3
1 2. Es steigt. • 3. Die Frauen. • 4. Dadurch, dass das Paar ein Jahr getrennt lebt. • 5a. Mit dem Tod des Partners. • 5b. Mit der Scheidung.
2 2. Als ich mit dem Bus ankam, holte mein Vater mich ab. • 3. Wenn ich traurig war, erzählte mir meine Mutter Geschichten. • 4. Als ich den Geburtstag meiner Freundin vergaß, war sie sehr wütend. • 5. Wenn das Wetter am Wochenende gut war, machten wir eine Familienwanderung.

3 2v • 3v • 4n • 5v • 6g • 7v
4 2. Fall • 3. Punkt • 4. Meinung • 5. Widerspruch • 6. zustimmen
5 2. zu • 3. interessiere • 4. will ich • 5. engagieren • 6. Als • 7. Daher • 8. Geschichte • 9. mich • 10. Alltag • 11. beitreten
6a 2. daran • 3. Dazu • 4. damit • 5. dabei • 6. davon
6b 2. Auf wen • 3. Mit wem • 4. Woran • 5. Worauf

Lektionstest 4

1 1b. an der Kunsthändler teilnehmen. • 1c. für die Kunstsammler großes Interesse zeigen. • 2a. die am Markt neu sind. • 2b. von deren Qualität Käufer überzeugt werden sollen. • 2c. für die Kunden gewonnen werden sollen.
2 2. medizinisch • 3. seitlich • 4. appetitlich • 5. gewöhnlich • 6. ruhig • 7. pflanzlich • 8. farbig • 9. optisch • 10. aromatisch
3 1. topmodern • 2. bildhübsches • riesengroßen • 3. blitzschnell • umweltfreundlich
4 Person 2: b • Person 3: b • Person 4: a • Person 5: b • Person 6: b
5 2. Frisches Gemüse ist vitaminreich. • 3. Der Käse ist cholesterinarm. • 4. Knabbergebäck ist salzig.
6 1. (klein) • 2. (frei)e • (nötig)e • 2. (neu)e • (wasserdicht)em • (praktisch)en • 4. (berühmt)en • (zahlreich)en • 5. (umfangreich)en • (verschieden)en
7 1. Publikum • 2. Geschichte • 3. Zuhörern • 4. Körpersprache • 5. Eindruck • 6. Abwechslung • Langeweile • 7. Stellen • Verstehen • 9. Stichpunkten
8a 2. deren • 3. dessen • 4. deren • 5. dessen • 6. deren
8b 2. denen • 3. denen • 4. deren • 5. denen • 6. deren

Lektionstest 5

1 2E • 3B • 4C • 5A
2 2a. Sie sind schon informiert. • 2b. Gut, dass sie bereits informiert worden sind. • 3a. Er ist schon ausgedruckt. • 3b. Gut, dass er bereits ausgedruckt worden ist. • 4a. Er ist schon vorbereitet. • 4b. Gut, dass er bereits vorbereitet worden ist.
3 2. mehr • 3. rund • 4. Schüler • 5. absolvieren • 6. Ausbildungsplatz • 7. entfällt • 8. Erfahrung • 9. suchen
4 2. fleißig • 3. kreativ • 4. faul • 5. die Zuverlässigkeit • 6. die Ausdauer • 7. die Flexibilität
5 2. verdient • 3. anfertigen • 4. arbeiten • 5. angestellt • 6. hilft … aus • 7. eingestiegen • 8. ausgebeutet
6 2. Es dürfen nicht nur die Fleißigen gelobt werden. • 3. Die Vorteile der Faulheit müssen auch beachtet werden. • 4. Das Projekt muss bis Jahresende erledigt werden. • 5. Das Gerät kann nicht mehr repariert werden.
7 2. Ihre • 3. passen • 4. erwarten wir • 5. der • 6. wurden • 7. überzeugt • 8. mich • 9. erfolgreiche

Lektionstest 6

1a 2C • 3E • 4A • 5D
1b 2. Wir können keine guten Argumente vorbringen, daher lässt sich der Streit nicht vermeiden. • 3. Wir haben nicht mehr Büroräume, daher kann nicht jeder einen eigenen haben. • 4. Du denkst nicht immer mit, daher gibt es Probleme für dich. • 5. Wir sind nicht ordentlich, daher können wir das Chaos beim Weggehen nicht vermeiden.
2 2. als wäre sie die Chefin. • 3. als hätte der Grafiker eine gute Beziehung zum Chef. • 4. als ob die Arbeitswoche nie enden würde. • 5. als ob wir nicht schon genug arbeiten würden.
3 2. unhöflich • 3. die Kompromissbereitschaft • 4. das Verständnis
4 2E • 3R • 4E • 5E • 6R • 7R • 8R
5 1. erzielen • 2. legen • 3. finden • schaffen • 4. geben
6 2. solltest weniger vom Kind verlangen. • 3. wenn du Vertrauen entwickeln würdest? • 4. Du solltest Verantwortung abgeben.
7 2C • 3A • 4E • 5B
8 2. erlauben • 3. volljährig • 4. Frage • 5. Wenn • 6. dürfen • 7. nicht • 8. ist • 9. wichtig

Lektionstest 7

1 2. Das Gehirn verändert sich im Alter, ohne seine Plastizität zu verlieren. • 3. Verliebte lernen eine Sprache, ohne sich dabei sehr anzustrengen. • 4. Lernen und Üben funktionieren nicht, ohne zu begeistern. • 5. Erwachsene lernen nicht, ohne neugierig wie Kinder zu sein.
2 2. Um Lernverhalten erforschen zu können. • 3. Damit sie den Weg aus dem Labyrinth finden können. • 4. Um Weibchen anlocken zu können. • 5. Damit sie ein Nest daran aufhängen können.
3 2. die Kompetenz • 3. der Instinkt • 4. die Klugheit • 5. die Beobachtung • 6. intelligent • 7. vernünftig • 8. talentiert • 9. fähig
4 2. Beispielen • 3. hebt … hervor • 4. legt … nahe • 5. Thema • 6. zustimmen
5 2. reduzieren • steigern • 3. trainiert • 4. verstehe • 5. erweitern
6 2. fortgeschrittenen • 3. Unternehmen • 4. Veränderungen • 5. bedeutet • 6. umsetzen • 7. verdeutlichen • 8. darum • 9. abbauen • 10. Präsentation • 11. Kompetenzen
7 2. Um eine Datenbank zu befüllen, muss viel Zeit aufgewendet werden. • 3. Um den Wissensvorsprung zu schützen, sollten Informationen geheim bleiben. • 4. Um das Wissen zu vernetzen, genügen Datenbanken längst nicht mehr. • 5. Um Informationen auszutauschen, dienen neben Tagungen auch Videokonferenzen. • 6. Um Spiele zu erfinden, braucht man Talent und Glück.

Lektionstest 8

1 2. Ich sollte die Erschöpfung nicht ignorieren, sondern für mehr Lebenszufriedenheit sorgen. • 3. Ich sollte leichte Schmerzen akzeptieren, hingegen bei starken Schmerzen das Training sofort abbrechen. • 4. Der Leistungsdruck kommt vom Job, jedoch entstehen weitere Probleme durch einen ungesunden Lebensstil. • 5. Ich sollte nicht über Kraftlosigkeit klagen, stattdessen lieber regelmäßig Sport treiben. • 6. Stress ist heutzutage üblich, doch Ausgeglichenheit ist erlernbar.
2 2. Fasten • 3. Vegetarismus • 4. Tiefkühlkost • 5. Rohkost
3 2a • 3t • 4t • 5a
4 2. Verhältnis • 3. Beziehungen • 4. intakte • 5. gesunde • 6. Zugang
5 2. Die Beschwerden lassen nicht nach, infolgedessen benötigt er dringend einen Arzttermin. • 3. Das Gespräch war derart kurz, dass viele Fragen des Patienten noch offen geblieben sind. • 4. Infolge von Unzufriedenheit mit der Kommunikation wurde der Arzt häufig gewechselt. • 5. Ärzte verwenden oft Fachwörter, sodass Patienten überfordert sind. • 6. Die Änderung des Lebensstils ist unbeliebt, demzufolge verschreiben Ärzte Medikamente.
6 2. Kügelchen • 3. Vormarsch • 4. Schulmedizin • 5. natürlichen • 6. Menschheit • 7. Mitteln • 8. Pflanzenextrakte • 9. grundsätzlich • 10. Technisierung
7 2. inneren • 3. abstellte • 4. gefolgt • 5. stehe ich • 6. scheint • 7. es (regnet) • 8. Sie • Antworten

Lektionstest 9

1 2. Hildegard wird nichts von Pauls Überlegungen ahnen. • 3. Sie mag aber auch ähnliche Gedanken wie er haben. • 4. Die Kinder mögen der einzige Grund für ihre Beziehung sein.
2 2. Wie viele Kinder mögen sie haben? • 3. Paul mag oft solche Gedanken haben. • 4. Der Alltag mag sein Problem sein. • 5. Es mag Beziehungen geben, die zerbrechen, aber andere halten ein Leben lang.
3 2o • 3o • 4s • 5s
4 2. Außerdem • 3. denn • 4. somit • 5. weil • 6. deshalb
5 2. mit • 3. über • 4. auf • 5. auf • 6. von • 7. über
6 2. spürte • 3. ahnte • 4a. nahm • 4b. wahr • 5. durchlebten • 6. empfanden • 7. fühlten
7 2S • 3A • 4Z • 5V
8 2. wunder(-schön) • 3. verheiratet • 4. mit • 5. eifersüchtig • 6. Das • 7. merkt • 8. einen • 9. bestimmt • 10. nicht • 11. würde

Lektionstest 10

1 2. Zwar bleibt das Fremdheitsgefühl, aber die Mehrheit kommt nach einiger Zeit damit zurecht. • 3. Obwohl am Beginn Euphorie steht, folgt kurz danach der Kulturschock. • 4. Die Stimmung wird langsam besser, trotzdem ist sie nicht so gut wie am Anfang.
2 1b. der sinkende Bedarf → der Bedarf, der sinkt • 1c. die gelingende Karriere → die Karriere, die gelingt • 1d. der steigende Verdienst → der Verdienst, der steigt • 2b. der gesunkene Bedarf → der Bedarf, der gesunken ist • 2c. die gelungene Karriere → die Karriere, die gelungen ist • 2d. der gestiegene Verdienst → der Verdienst, der gestiegen ist
3 2. getroffene • 3. befragten • 4. passende • 5. lachenden • weinenden
4 2. zwar …, aber • 3. nicht nur …, sondern auch • 4. entweder … oder • 5. weder … noch • 6. je …, desto
5a 2. (nicht) nur … sondern (auch) • 3. Je …, desto • 4. entweder … oder • 5. weder … noch • 6. zwar …, aber
5b 2E • 3F • 4C • 5A • 6B
6 2. Insgesamt aber überwiegen die Vorteile. • 3. Darin sehe ich einen großen Nachteil. • 4. Ein weiterer Nachteil besteht in …
7 2. Freunden • 3. deutscher • 4. Monate • 5. machen • 6. gibt es • 7. Kindern • 8. der (Stadt) • 9. das • 10. reisen • 11. über

Lektionstest 11

1 2. könne • 3. abperlen würden • 4. sei • 5. werde
2 2. „Ich weiß nicht, wie es weitergehen wird." • 3. „Mein Haus liegt zum Glück höher und ich habe wenig Schaden erlitten." • 4. „Die Aufräumarbeiten werden noch mehrere Tage dauern."
3 1. **Stacheldraht:** spitz, Feindabwehr • 2. **Klettverschluss:** textil, Nylonstreifen, Häkchen • 3. **Soldatenuniform:** Schlange, Farbflecken, tarnen • 4. **Fallschirm:** schweben, Löwenzahn, Samen • **übrig:** Netz, weben
4 2. Sie erklärt, dass sie auch Eltern von der Nahrungsumstellung überzeugt habe. • 3. Eltern sagen von sich, dass sie damit bereits Erfolge bei Kindern erzielt hätten. • 4. Die Lehrerin bestätigt, dass sie gerade an einer Info-Broschüre arbeite.
5 2. Technik • 3. Vergleich • 4. Flugkünsten • 5. unerschöpfliches • 6. Vorbild • 7. Biologie • 8. Grenzgänger • 9. Konstruktionen • 10. Begriff • 11. Lernen
6 2. (EU-)Richtlinien • 3. Zutaten(liste) • 4. Kunden • 5. Aromen • 6. hergestellt • 7. Geschmacks(verstärker) • 8. Wirkung • 9. Lesen • 10. Bescheid • 11. Lebensmittel
7 2. Ich bin nicht sicher, ob ich Sie richtig verstanden habe. • 3. Ich danke Ihnen für Ihre Gesprächsbereitschaft. • 4. Dürfte ich den Gedanken noch einmal aufgreifen? • 5. Entschuldigen Sie bitte die Unterbrechung, aber … • 6. Darf ich noch einmal auf diesen Punkt eingehen?

Lektionstest 12

1 2. vor • 3. von • 4. von • 5. auf • 6. für
2 2. Ihrer • 3. (Bus-)fahrer • 4. steigen • 5. öffnete • 6. wollte • 7. mir • 8. verärgert • 9. warten • 10. die (Information) • 11. Ihr
3 2. Das Wichtigste, worauf man achten soll, ist das Vermeiden von Tabuthemen. • 3. Aber vieles, wovor immer wieder gewarnt wird, ist halb so schlimm. • 4. Peinliches, was man unabsichtlich gesagt hat, lässt sich mit einem Themenwechsel beenden.
4 2. verrückt • 3. Zeit • 4. Sprache • 5. Sorge
5 2. Gestern gab es Probleme mit der Linie 42, wie schon öfter. • 3. Dieser Bus kam heute Vormittag viel zu spät: 20 Minuten. • 4. Ihrer Meinung nach sind die öffentlichen Verkehrsmittel in Berlin schlechter als in anderen Städten. • 5. Daher schreibt sie einen Beschwerdebrief an die Verkehrsbetriebe, und zwar als Einschreiben.
6 2f • 3f • 4f • 5r • 6f • 7r
7 2. woher • 3. Wo • 4. wohin • 5. wo / in der • 6. wohin / in das
8 2. Werde bitte bald wieder gesund, wir brauchen dich hier. • 3. Entschuldigen Sie, könnten Sie bitte warten, bis ich eingestiegen bin? • 4. Ich bräuchte sehr bald die Unterlagen.

Bewertungsskala für die Tests

46 – 50	sehr gut
41 – 45	gut
36 – 40	befriedigend
31 – 35	ausreichend
0 – 30	nicht ausreichend

Transkriptionen

Lektion 1

1 *Sprecherin:* Der letzte gemeinsame Urlaub: Familie Funke – Herr und Frau Funke, Andreas (19) und Eva (18) – haben sich zu einem Gespräch verabredet, um ihren wahrscheinlich letzten gemeinsamen Urlaub zu planen. Eva steht kurz vor dem Abitur und Andreas geht in eine andere Stadt, um zu studieren.
Herr Funke: Also, ich fang' mal an. Ich möchte ja niemandem die Illusionen nehmen, aber ich finde, am besten bleiben wir hier zu Hause. Nirgends haben wir es so gut. Einerseits ist es hier ganz ruhig, andererseits gibt es so viel Interessantes ganz in der Nähe – wir könnten jede Menge Ausflüge machen.
Frau Funke: Also entschuldige, wenn ich dich unterbreche, aber das ist ja wohl kein Urlaub!
Eva: Genau! Couchpotato!
Herr Funke: Ihr habt eben keine Phantasie. Ihr meint immer, man müsste irgendwohin, weit weg. Überall wäre es besser als da, wo man gerade ist.
Eva: Jetzt mach' dich ja nicht lustig!
Andreas: Moment mal! Lasst uns doch nicht gleich streiten. Jeder sollte erst mal seinen Vorschlag machen und dann sehen wir weiter.
Eva: Gute Idee! Mama, willst du nicht vielleicht mal anfangen?
Frau Funke: Wenn ihr meint. Also, ich hatte mir so eine Art Wellnessurlaub vorgestellt. Ich hatte die letzte Zeit so viel Stress – ich brauche echt Erholung. Ein schönes Hotel mit Sauna und Schwimmbad, vielleicht in Süddeutschland. Da kann man auch viel unternehmen: wandern, Rad fahren, interessante Ausflüge. Ich habe sogar schon einige Adressen. Hier …
Herr Funke: Jetzt aber langsam! Lass erst mal die anderen hören. Ich hab' ja auch nicht so lange geredet.
Frau Funke: O. k., o. k.! Also Eva, was schwebt dir denn so vor?
Eva: Ja, ich würde am liebsten mit dem Zelt nach Südfrankreich.
Frau Funke: Um Gottes Willen!
Andreas: Psst! Eva ist dran!
Eva: Was hast du denn gegen Zelten, Mama? Das ist doch auch super erholsam. Man ist immer draußen …
Frau Funke: … und friert saumäßig!
Eva: Mann, lass mich doch mal ausreden! Mit den modernen Isomatten, Schlafsäcken und dem ganzen Kram ist das doch gar kein Problem mehr. Wir würden viel Geld für die Unterkunft sparen und könnten dafür 'ne ganze Menge unternehmen.
Herr Funke: Das hat was für sich.
Andreas: Finde ich auch. Zelten wäre wirklich nicht schlecht, obwohl ich am liebsten einen Abenteuerurlaub machen würde.
Herr Funke: Oh, ich ahne Böses!
Frau Funke: Na, ich auch!
Andreas: Seid doch nicht so langweilig! Es gibt doch jede Menge Arten von Abenteuerurlaub. Es muss ja nicht gleich der Amazonas sein!
Herr Funke: Darf ich noch mal auf eine Kleinigkeit hinweisen: Mit der nötigen Kreativität kann man auch von zu Hause aus Abenteuer erleben. Ja, wir könnten zum Beispiel …
Andreas: So geht's nicht weiter. So einigen wir uns nie! Schlagt mal was vor, wie wir konstruktiver weiterkommen!

2 *Sprecherin:* Reiseplanung in der Wohngemeinschaft – Variante 1. Susanne, Carla, Peter und Jens wohnen in einer Wohngemeinschaft. Sie wollen zusammen in Urlaub fahren. Leider hat jeder ganz unterschiedliche Vorstellungen darüber, wo es hingehen soll. Sie haben sich zusammengesetzt, um eine Lösung zu finden.
Susanne: Am besten ich fange an, weil ich wenig Zeit habe. Wir überlegen jetzt schon so lange, wir müssen endlich vorwärts kommen!
Jens: Ja, o. k., o. k., mach mal halblang, ja! Willst du wieder Kommandantin spielen, oder was?
Carla: Streitet euch doch nicht schon am Anfang! Susanne, also was sind deine Vorstellungen?
Susanne: Na, ich denke, wir sollten nach Rom fahren. Diese Stadt muss man unbedingt gesehen haben. Außerdem …
Carla: Da ist es doch jetzt schon viel zu heiß. Im Hochsommer macht man doch keine Städtereise!
Susanne: Würdest du mich mal ausreden lassen? Also, Rom wäre außerdem günstig, weil ich dort Freunde habe, die etwas außerhalb wohnen, und bei denen könnten wir unterkommen.
Carla: Noch schlimmer! Außerhalb! Dann sitzen wir stundenlang in irgendwelchen heißen, stinkenden Verkehrsmitteln.
Peter: Ohh, also wirklich, Carla! Unterbrich doch nicht immer und sei nicht so destruktiv!
Susanne: Na ja, das Wichtigste habe ich ja schon gesagt.
Peter: Also, ich will eigentlich nach Frankreich – in die Bretagne, aber Rom wäre auch keine schlechte Idee. Was meinst du, Jens?
Jens: Ja, ich … ich denke, wir sollten eigentlich wandern, also raus in die Natur und bisschen Bewegung. Wir sitzen doch sowieso viel zu viel während des Semesters rum.
Susanne: Wandern! Oh Gott, oh Gott! Stundenlang durch den Wald latschen – wie langweilig! In Rom …
Peter: Jetzt unterbrichst du!
Susanne: Schon gut!
Jens: Also, ich finde, wir sollten in einer Gegend wandern, wo wir auch zu schönen Städten kommen, die wir dann besichtigen können. Ich denke da zum Beispiel an die Provence. Was meint ihr?
Carla: Das ist schon besser. Südfrankreich. Aber es muss am Meer sein. Ich will unbedingt mal relaxen. Sonne, Strand, Wasser…
Susanne: Was heißt denn „es muss", „ich will…"? Du willst dich doch nur nicht anstrengen!
Carla: Eben!
Peter: Jetzt seid doch mal still! Ich finde die Idee von Jens gut. Da kämen wir alle auf unsere Kosten. Wir müssten ja auch nicht immer alles zusammen unternehmen.
Susanne: Na ja, eigentlich ist die Provence keine schlechte Idee! Aber ich kümmere mich auf keinen Fall um die Vorbereitungen.
Die anderen: Ja toll! Klar! Also ehrlich!

3 *Sprecherin:* Reiseplanung in der Wohngemeinschaft – Variante 2:
Susanne: Habt ihr was dagegen, wenn ich anfange? Ich muss leider gleich noch weg – mein Ferienjob im Biergarten. Also, wir überlegen ja schon ziemlich lange und sollten versuchen, dass wir heute zu einer Einigung kommen. O. k.?
Die anderen: Klar! O. k.! Dann los!
Susanne: Wie wär's, wenn wir nach Rom führen. Diese Stadt hat mich schon immer fasziniert. Es gibt so viel zu sehen. Außerdem …
Carla: Entschuldige, wenn ich dich unterbreche. Ist es dort jetzt nicht ziemlich heiß? Ich vertrage Hitze nicht so gut.
Susanne: Hm, das kann ich gut verstehen. Andererseits wäre Rom günstig, weil ich dort Freunde habe, die etwas außerhalb wohnen und bei denen wir unterkommen könnten.
Carla: Sei nicht böse, wenn ich dich noch mal unterbreche. Es wäre natürlich super, wenn wir umsonst wohnen könnten, aber verlieren wir nicht sehr viel Zeit, um in die Stadt zu kommen?
Susanne: Dein Einwand ist sicher berechtigt, aber …
Peter: Entschuldigung. Susanne, wärest du damit einverstanden, wenn die anderen jetzt erst einmal ihre Vorschläge vortragen würden?
Susanne: Klar, das Wichtigste habe ich ja schon gesagt. Wohin möchtest du denn?

Peter: Also, ich würde eigentlich gern nach Frankreich – vielleicht in die Bretagne, aber Rom wäre auch keine schlechte Idee. Was meinst du, Jens?
Jens: Na, ich würde am liebsten wandern – so raus in die Natur und Bewegung. Wir sitzen doch sowieso viel zu viel während des Semesters. Also wär' Wandern schon deshalb optimal! Außerdem …
Susanne: Entschuldige, wenn ich dir widerspreche. Aber Wandern ist nicht gerade mein Hobby. Als Kind musste ich mit meinen Eltern immer stundenlang durch den Wald latschen – stinklangweilig! In Rom …
Peter: Sorry, Susanne. Jens ist dran.
Susanne: 'tschuldigung!
Jens: Wir könnten zum Beispiel in einer Gegend wandern gehen, wo wir auch zu schönen Städten kommen, die wir dann besichtigen können. Ich denke da zum Beispiel an die Provence. Was meint ihr?
Carla: Das würde mir schon sehr viel besser gefallen. Wäre es nicht möglich, dass wir irgendwohin fahren, wo das Meer in der Nähe ist? Ich möchte so gern mal richtig relaxen: Sonne, Strand, Wasser.
Susanne: Wenn ich dich richtig verstehe, möchtest du nichts Anstrengendes machen wie Stadtbesichtigung oder Wandern?
Carla: Genau. Aber …
Peter: Entschuldige Carla, eigentlich ist die Idee von Jens doch sehr gut. Wir könnten eine Unterkunft mit einem schönen Pool suchen. Von dort aus könnten wir unsere Ausflüge machen. Dann kämen alle auf ihre Kosten. Außerdem müssten wir ja nicht immer alles zusammen unternehmen.
Susanne: Ich glaube auch, die Provence ist keine schlechte Idee! Allerdings: Ein kleines Problem hab' ich noch. Seid mir bitte nicht böse, wenn ich mich nicht an den Vorbereitungen beteiligen kann – mein Ferienjob ist mega anstrengend. Manchmal geht es bis 3.00 Uhr morgens, und vormittags muss ich ja noch meine Hausarbeit fertig kriegen. Aber ich kann dann mehr im Urlaub übernehmen.
Die anderen: O. k.! Kein Problem!

4 *Sprecher:* Klopf, klopf, liebes Pärchen – ein Interview. Eine Journalistin ist durch die Neuen Bundesländer gefahren und hat dort Menschen interviewt, die sich mit verschiedenen Geschäftsideen selbstständig gemacht haben. Sie hören ein Interview mit Waltraud Jahnke, 65, die in Prerow auf der Halbinsel Fischland-Darß-Zingst Strandkörbe vermietet.
Journalistin: Frau Jahnke, wie sind Sie eigentlich auf diese Geschäftsidee gekommen?
W. Jahnke: Mit fünf Strandkörben haben wir angefangen, mein Mann und ich. Jetzt haben wir 35 und sind im achtzehnten Sommer mit unserem Verleih. Den Umgang mit Gästen sind wir gewohnt, zu DDR-Zeiten haben wir hier in Prerow ein Ferienheim vom Freien Deutschen Gewerkschaftsbund geleitet. Dann kam die Wende, ich war am Infostand der Kurverwaltung, und ja, irgendwann ist mir dann aufgefallen, dass es an diesem Strandabschnitt hier immer zu wenige Strandkörbe gab. Das ließ unseren Geschäftssinn erwachen, und wir haben unseren eigenen Verleih aufgemacht.
Journalistin: Strandkörbe – sind die typisch deutsch? Wie sind die eigentlich entstanden?
W. Jahnke: Natürlich haben wir uns erkundigt über die Geschichte des Korbs; man will ja schließlich antworten können, falls mal einer fragt. Also, der Korb ist für eine Dame erfunden worden, die war wohl rheumakrank und wollte trotzdem gern am Meer sitzen – im Schatten und windgeschützt. Ein gewisser Wilhelm Bartelmann, der war Korbmacher, hat ihr dann den ersten Strandkorb geflochten. Das war um 1880 herum. Wir selbst haben hier das Modell Prince stehen. Sehen doch hübsch aus, unsere Körbe, so ganz in Rot, nicht? Kinder mögen das besonders. 700 Mark hat seinerzeit ein Stück gekostet. Ich habe den Prospekt der Firma mitgebracht, mal schauen, was da steht: rotes Kunststoffgeflecht, herausklappbare Markise, Sitz und Rückenfläche in schwerer Dralonqualität oder in plastifiziertem Material. Dazu zwei Seitentische inklusive Ascher. Stimmt.
Journalistin: Sind die Strandkörbe nicht ziemlich schwer? Lassen Sie die immer so am Strand rumstehen oder wie schaffen Sie das?
W. Jahnke: Sehen Sie die blauen Flecken an meinen Armen? Das kommt vom Hin- und Herwuchten. Mein Mann ist leider krank im Moment. Aber manchmal helfen die Gäste, die meisten sind sehr nett, wirklich. Manche kommen jedes Jahr und einige immer mit dem gleichen Wunsch: „Wir wollen wieder die Nummer neun!" Unsere Körbe sind nämlich nummeriert, das machen wir dann natürlich möglich. Die mit Kindern wollen meistens Seeblick, da können die Kleinen spielen und man hat sie im Auge. Dann gibt's auch die Dünengucker, denen ist nach Ruhe. Und mal ehrlich, es gibt nichts Schöneres, als hier so zu sitzen, ein Kreuzworträtsel zu lösen und Wolken und Vögel anzuschauen. Mache ich oft selbst, mein Büro ist ja quasi die Nummer drei. Eine Thermoskanne nehme ich mit an den Strand, Proviant auch.
Journalistin: Gibt es manchmal auch Probleme mit dem Vermieten?
W. Jahnke: Es gibt natürlich auch Leute, die wollen keine 6,50 Euro für einen Korb ausgeben, suchen aber einen Windschutz und setzen sich so dicht an den Korb, dass da keiner mehr rein will. Da gibt's schon manchmal 'ne Diskussion, manche werden richtig boshaft. Aber ich sage mir dann immer: Waltraud, dreh dich um, zähl bis zehn und schluck den Ärger runter. Zur Hochsaison kommen dann die Ferienfamilien, und ich kann schon daran erkennen, wie die den Strand runterkommen, ob sie nach einem Korb fragen oder nicht. Die mit Decke und Windschutz unterm Arm nicht, aber manchmal rennen die Kinder vorneweg und rufen: „Strandkorb, Strandkorb!" Das klappt dann meistens. Andere wollen auch animiert werden von mir. „Einen Korb – warum eigentlich nicht?", heißt es dann. Mit dem einen oder anderen ergibt sich auch oft ein kleines Gespräch. Nur bei Liebespaaren bin ich vorsichtig: Wenn ich mich denen nähere, rufe ich schon von Weitem ganz laut: „Klopf, klopf."

Lektion 2

5 *1. Sprecher:* Alles, was man mit Liebe betrachtet, ist schön. (Christian Morgenstern, Lyriker)
6 *2. Sprecherin:* Schönheit bedeutet Selbstbewusstsein, nach dem wir streben sollten. (Emily Shur, Fotografin)
7 *3. Sprecher:* Schönheit ist, was von der Natur abweicht. (Hans Werner Henze, Komponist)
8 *4. Sprecherin:* Schönheit liegt im Auge des Betrachters. (alte Volksweisheit)
9 *5. Sprecher:* Schönheit ist nach drei Tagen genauso langweilig wie Tugend. (George Bernhard Shaw, Schriftsteller)
10 *6. Sprecherin:* Wer schön sein will, muss leiden. (alte Volksweisheit)

11 *Interviewer:* Guten Abend, meine Damen und Herren. Willkommen zu unserem wöchentlichen „Psychologischen Gespräch". Wir haben heute die Psychologin Andrea Bauer zu Gast, die sich seit Jahren mit den Themen „Schönheitsideal" und „Schönheitskult" beschäftigt. Danke Frau Bauer, dass Sie die Zeit gefunden haben, heute zu uns zu kommen.
A. Bauer: Selbstverständlich.
Interviewer: Frau Bauer, für immer mehr Menschen scheint Schönheit zu einer Obsession zu werden. Sie und andere Experten sprechen sogar von einem „Schönheitskult"? Was meinen Sie damit?
A. Bauer: Zuerst einmal stellt sich die Frage, was wir als „schön" bezeichnen. Eine Definition von „schön" ist schwierig, wenn nicht unmöglich, denn Schönheit bedeutet für jeden von uns etwas anderes. Aber eines lässt sich klar sagen: In der heutigen Zeit werden die Normen für Schönheit von Fernsehstars und Models definiert.

Diese Leute bestimmen ganz klar unser Schönheitsideal, ob wir das nun wollen oder nicht.

Interviewer: Kann man also von einem „Schönheitskult" oder gar von einem „Schönheitswahn" sprechen?

A. Bauer: Ich würde in diesem Zusammenhang nicht von einem „Wahn" sprechen, aber es ist doch so, dass viele Menschen von der Idee fast besessen sind, schöner und perfekter aussehen zu müssen. Leider haben die meisten häufig ein völlig falsches Bild von ihrem Aussehen. Deshalb plädiere ich schon in meinen Beratungsstunden und in meinen Büchern dafür, diesen Trend kritisch zu hinterfragen. Denn die entscheidende Frage, die wir uns stellen müssen, ist doch: Macht Schönheit die Menschen tatsächlich glücklicher? Und hält das Glücksgefühl, etwas für seine Schönheit getan zu haben, wirklich dauerhaft an? Das möchte ich aufgrund vieler Gespräche mit Ratsuchenden bezweifeln. Ich nenne mal ein Beispiel: Im ersten Moment waren die Ratsuchenden oft sehr zufrieden damit, eine Diät oder sogar eine Schönheitsoperation gemacht zu haben. Sie bestätigen mir dann aber fast alle, anschließend in ihrem Leben nicht glücklicher gewesen zu sein.

Interviewer: Ah, sonderbar und warum ist das so?

A. Bauer: Viele Menschen denken, dass sie weniger Probleme hätten, wenn sie attraktiver wären. Aber das stimmt nicht. Wenn ich Ärger bei der Arbeit habe, habe ich die auch, wenn ich zum Beispiel schlanker bin. Auch meine Nachbarn werden mich nicht mehr lieben und meine Kinder werden nachher nicht fleißiger in der Schule sein. Man sollte sich deswegen immer genau fragen, warum man schöner aussehen möchte und was man sich davon erwartet.

Interviewer: Ja, aber wenn das so ist, warum streben wir überhaupt nach Schönheit?

A. Bauer: Na, ganz einfach. Schöne Menschen, wie Filmstars oder Models, besitzen oft einen höheren gesellschaftlichen Status. Und so hoffen wir auch, mehr gemocht zu werden, mehr Liebe und Anerkennung zu bekommen, wenn wir schöner sind.

① 12 *Interviewer:* Hm, das leuchtet ein. Was würden Sie nun raten, wie können wir lernen, uns von diesem Schönheitsideal zu lösen?

A. Bauer: Zunächst möchte ich jeden dazu ermutigen, sich selbst freundlicher zu betrachten und zuerst auf das zu schauen, was man an sich mag. Denn jeder Mensch besitzt eine bestimmte Form von Schönheit, auch wenn diese meist eine andere ist als die erwähnte Model-Schönheit.

Interviewer: Aber man empfindet den eigenen Typ nicht immer als attraktiv. Also, ich könnte genügend Stellen aufzählen, mit denen ich unzufrieden bin.

A. Bauer: Das mag schon sein, aber wir können vor dem eigenen Körper nicht davonlaufen. Ich kann daher jedem nur raten, die Vorzüge des eigenen Körpers hervorzuheben und das, was man an sich mag, so gut wie möglich zu unterstreichen. Man kann zum Beispiel darauf achten, Kleidung geschickt einzusetzen. Und wenn dadurch ein Gefühl der Zufriedenheit entsteht, dann trägt man dieses Wohlgefühl auch nach außen. Und dieses Wohlgefühl trägt sehr viel mehr zur Attraktivität bei als äußere Schönheit.

Interviewer: Dann stimmt die alte Volksweisheit also, in der es heißt, dass Schönheit von innen kommt?

A. Bauer: Absolut. Das Schielen nach dem tollen Körper eines anderen Menschen bringt uns nicht wirklich weiter. Ich kann deshalb jedem nur empfehlen, sich nicht zu stark zu vergleichen. Denn das macht uns eher unglücklich. Diese Erfahrung hab' ich in meinen Beratungsstunden immer wieder gemacht. Nur wenn wir uns gefallen, gefallen wir auch anderen! Doch um dies zu erreichen, sollte man sich vor übertriebenen Vorstellungen und zu starker Selbstkritik hüten. Ich kann daher nur sagen: Bitte, mögt euch!

Interviewer: Bitte mögt euch! Dem kann ich mich nur anschließen. Denn wir müssen jetzt leider schon Schluss machen. Ich danke Ihnen herzlich für Ihre interessanten Ausführungen.

A. Bauer: Vielen Dank und danke für die Einladung.

Interviewer: Gerne. Schön, liebe Zuhörer, dass Sie eingeschaltet haben. Ich hoffe, wir hören uns wieder beim nächsten „Psychologischen Gespräch" in einer Woche. Bis dahin – auf Wiederhören!

Lektion 3

① 13 1. *Interviewer:* Wir machen eine kleine Umfrage zum Thema „Nachbarschaft". Können Sie uns sagen: Wie wichtig sind Ihnen Ihre Nachbarn? Und welche Eigenschaften sollte ein guter Nachbar haben?

Frau 1: Gute Nachbarn sind für mich sehr wichtig. Ich wohne schon 30 Jahre im selben Haus. Bei uns herrscht eine freundliche Atmosphäre. Wir halten schon mal ein Schwätzchen – manchmal auch länger – im Treppenhaus. Jetzt ist allerdings eine junge Frau eingezogen, von der weiß ich noch nicht einmal, wie sie heißt. Aber vielleicht findet sie ja noch Zeit, sich vorzustellen. Wichtige Eigenschaften: Ein Nachbar muss hilfsbereit sein, er darf nicht zu neugierig sein, aber soll trotzdem Anteil am Leben der anderen zeigen.

① 14 2. *Mann 1:* Nachbarschaft? Das Thema ist bei mir durch! Früher habe ich in einem kleinen Dorf gelebt, da beobachtete jeder jeden. Ätzend! Gott sei Dank lebe ich jetzt hier – in der Großstadt. Da mache ich, was ich will. Keiner hat was zu sagen und ich brauche mich um niemanden zu kümmern! Die beste Eigenschaft, die ein Nachbar haben kann, ist, dass er sich zurückhält.

① 15 3. *Frau 2:* Ich bin fest überzeugt, Nachbarschaft ist das Thema der Zukunft. Wo der Staat immer weniger Geld hat, müssen die Bürger sich gegenseitig helfen. Wir sind jetzt in ein Wohnprojekt eingestiegen, wo Alte und Junge zusammen wohnen. Das klappt prima! Schauen Sie mal, die dicken Tüten unten im Kinderwagen! Das sind alles Sachen für meine 86-jährige Nachbarin, die nicht mehr gut laufen kann. Sonst ist sie aber total fit. In der Zeit, in der ich hier für sie unterwegs bin, passt sie auf unseren Dreijährigen auf. Sie kann toll Geschichten erzählen, und er möchte da gar nicht mehr weg, wenn ich ihn abholen komme! Und abends, wenn wir mal weg wollen, nimmt sie ihn auch, da brauchen wir keinen extra Babysitter. Eigenschaften? Also, Nachbarn sollen nicht nur an sich denken, sondern die Menschen, die in ihrer Nähe wohnen, wahrnehmen, ihnen helfen. Dabei dürfen sie aber nicht aufdringlich sein, sondern sie müssen Grenzen respektieren.

① 16 4. *Frau 3:* Ich finde gute Nachbarschaft sehr wichtig. Bei uns in den USA ist ein enger Kontakt zu Nachbarn selbstverständlich. Das kann man sogar schon äußerlich sehen. Hier in Deutschland sind zwischen allen Häusern Zäune oder solche kleinen Baumreihen. Bei uns ist das nicht so. Alles ist offener. Ich finde es hier schwer, mit meinen Nachbarn Kontakt zu haben. Viele grüßen nicht mal, wenn wir uns auf der Treppe begegnen. Das finde ich sehr traurig. Nachbarn sollen offen, locker und freundschaftlich sein und nicht aggressiv oder gleichgültig.

① 17 5. *Mann 2:* Kontakt zu Nachbarn? Hören Sie mir ja auf damit! Ich kenne keinen einzigen meiner Nachbarn, und das ist auch gut so! Wenn ich höre, was meine Kumpel im Schachverein manchmal erzählen, wie sie wieder Streit mit ihren Nachbarn haben wegen diesem und jenem – da bin ich echt froh, dass hier jeder seiner Wege geht. „My home is my castle" – da will ich nur meine Ruhe haben! Sie wollen etwas über gute Eigenschaften eines Nachbarn hören? Für mich sollte er höflich und sehr zurückhaltend sein und sich nicht in Dinge einmischen, die ihn nichts angehen.

① 18 6. *Frau 4:* Also, ich bin ja in der ehemaligen DDR aufgewachsen, und da kann es sein, dass Sie jetzt denken „typisch Ossi", aber ich habe den Eindruck, zu DDR-Zeiten hatten wir einfach mehr nachbarschaftlichen Zusammenhalt als jetzt. Heute schaut jeder zu, wie er klar kommt. Ich fand das früher angenehmer, man fühlte sich irgendwie in eine Gemeinschaft eingebunden, auch wenn vieles bestimmt schlechter war als heute. Ein guter Nachbar sollte auf keinen

Fall gleichgültig sein, sondern herzlich und zuvorkommend. Er sollte helfen, wenn es nötig ist, und die Rechte des anderen respektieren.

🔊 19 *Moderator:* Guten Tag bei „Micha – Talk um 4". Wir haben heute ein ganz spannendes Thema mit interessanten Gästen für Sie vorbereitet. Es geht um die ewige Frage: „Heiraten – Ja oder Nein?". Kommen wir gleich zu Frau Michaela Doll. Frau Doll, Sie sind seit 50 Jahren verheiratet. Können Sie uns das Geheimnis Ihrer Ehe verraten?

🔊 20 *Moderator:* Guten Tag bei „Micha – Talk um 4". Wir haben heute ein ganz spannendes Thema mit interessanten Gästen für Sie vorbereitet. Es geht um die ewige Frage: „Heiraten – Ja oder Nein?". Kommen wir gleich zu Frau Michaela Doll. Frau Doll, Sie sind seit 50 Jahren verheiratet. Können Sie uns das Geheimnis Ihrer Ehe verraten?
M. Doll: Es gibt aus meiner Sicht kein Geheimnis. Natürlich gab es Höhen und Tiefen. Wenn ich sagen würde, dass immer nur alles Sonnenschein war, dann wäre das selbstverständlich gelogen. Keine Frage, es gibt in jeder Beziehung Probleme, aber im Endeffekt hält dich ein Trauschein erfahrungsgemäß davor zurück, die Flinte allzu schnell ins Korn zu werfen, auch dann, wenn es mal nicht so toll läuft.
Moderator: Herr Sonnhofer, Sie haben sich vor Kurzem zum dritten Mal scheiden lassen. Haben Sie zu früh aufgegeben?
P. Sonnhofer: Das würde ich so nicht sagen. Man weiß – wie gesagt – nie, was einen in der Partnerschaft erwartet. Und ich bin froh darüber. Wenn ich vor meinen Ehen jeweils alle Vor- und Nachteile abgewogen hätte, dann hätte ich nie geheiratet, um ehrlich zu sein. Was allerdings schon stimmt, ist, dass man auf jeden Fall mit der Heirat der ganzen Welt zeigt, dass der Partner und man selbst ernsthaft zusammengehören. Das kann man prinzipiell auch ohne Trauring zeigen, aber mit, das ist schon noch etwas anderes.
Moderator: Was meinen Sie damit genau?
P. Sonnhofer: Ich denke da an Begriffe wie „ernsthafter", „verantwortungsbewusster" oder „erwachsener".
Moderator: Wie sehen Sie das, Frau Rüsch, wird eine Beziehung in der Ehe tatsächlich erwachsener?
J. Rüsch: Das kann ich nicht beurteilen. Ich bin ja Single und habe mich bisher erfolgreich gegen jeden Heiratsantrag wehren können. Aus meiner Erfahrung halten nur ganz wenige Beziehungen ewig. Warum also heiraten, frage ich mich? Jede zweite Ehe endet heute in Deutschland vor dem Scheidungsrichter. Wer da noch heiraten will, muss weltfremd sein. Erschreckend ist für mich nur, wie viele Leute so naiv sind zu glauben, ein lumpiges Papier bedeute die immerwährende Glückseligkeit.

🔊 21 *Moderator:* Bei Herrn Vastic regt sich Widerspruch, nehme ich an.
S. Vastic: Genau. Das sehe ich völlig anders.
Moderator: Ich muss dazu sagen, dass Herr Vastic kurz davor ist, in den Hafen der Ehe einzutreten.
S. Vastic: Ich kenne meine Partnerin zwar erst seit einem halben Jahr, werde sie aber heiraten, weil ich mir bei ihr 100-prozentig sicher bin. Für mich spielen Scheidungsstatistiken keine Rolle, sondern es geht um die Kraft der Liebe. Deshalb bin ich felsenfest davon überzeugt, mit meiner Freundin – mit meiner zukünftigen Frau, um genau zu sein – alt zu werden. Mit 80 dem einen Menschen gegenüberzusitzen – das bedeutet echtes Glücksgefühl und Liebe und daran glaube ich.
P. Sonnhofer: 100 Prozent Ihrer Meinung. Gut, dass Sie diesen Punkt ansprechen. Nach zwei Scheidungen habe ich mir geschworen, nie wieder zu heiraten – doch dann habe ich es doch jedes Mal aufs Neue gewagt – und nicht bereut. Wie heißt es so schön: Liebe kommt, Liebe geht. Ich will mir den Traum einer funktionierenden Ehe trotzdem nicht nehmen lassen. Vielleicht hält wirklich keine Beziehung ewig, aber warum sollte man deshalb nicht so leben, als wäre das der Fall? Wenn man sich wirklich liebt und der derzeitige Partner der Einzige ist, den man will, spricht meines Erachtens nichts dagegen, sich auf eine Heirat einzulassen.
J. Rüsch: Ich möchte noch etwas zum Punkt „Lebenslange Bindung" sagen, den Sie erwähnt haben. Ich kann mir nicht vorstellen zu heiraten, weil ich nicht mein Leben lang an jemanden gebunden sein möchte. Menschen können sich mit der Zeit ändern und viele Menschen führen langjährige Ehen doch nur aus Gewohnheit. Früher waren Hochzeiten gesellschaftlich notwendig, aber heute sind wir glücklicherweise relativ unabhängig.
Moderator: Mich würde interessieren, was Frau Doll dazu meint.
M. Doll: Es ist durchaus richtig, was Frau Rüsch erwähnt. In meiner Jugend war der gesellschaftliche Druck, in einer Ehe zu leben, viel stärker. Da hat sich in der Zwischenzeit viel verändert. Meine Enkelkinder dachten über die Ehe erst gegen 30 ernsthaft nach; und in einem Fall habe ich – als ich um Rat gefragt wurde – sogar abgeraten.
Moderator: Da muss ich kurz einhaken. Sie haben vor der Sendung den schönen Satz gesagt „Es gibt keine romantischere Vorstellung als mit einem Menschen alles zu teilen. Also sollte man heiraten." Ihren Enkeln raten sie davon aber ab. Widersprechen Sie sich da nicht selbst?
M. Doll: Nein, auf keinen Fall. Ich habe ja von einer Idealvorstellung gesprochen. Das Bild der lebenslangen Gemeinschaft ist verlockend, in der Praxis des alltäglichen Lebens aber muss man auch realistisch sein. Ich bin mir aber nicht sicher, ob wir das ganze Thema nicht zu wichtig nehmen. Entscheidend ist doch vor allem das Gefühl für den anderen. Ich kann mich noch an das erste Treffen mit meinem Mann erinnern. Wir haben uns auf der Arbeit kennengelernt in der Stadtverwaltung Bonn, ja und da ist es plötzlich passiert. Für mich war es Liebe auf den ersten Blick. Bei meinem Mann hat es allerdings eine Weile gedauert, bis der Blitz eingeschlagen hat.
Moderator: Na, das waren ja schöne Worte von Frau Doll. Damit können wir jetzt mal beruhigt zur Werbung abgeben. Bleiben Sie dran.

🔊 22 *Reporter:* Guten Morgen, liebe Hörerinnen und Hörer. In unserer Reihe „Ich und die anderen" beschäftigen wir uns heute mit dem Thema „Außenseiter". Ich begrüße im Studio die Psychologin Frau Dr. Wagner, die sich seit langem mit diesem Thema beschäftigt, und Fred Maier, der erfolgreich mit seinem Außenseitertum fertig geworden ist. Guten Morgen, Frau Wagner.
Dr. Wagner: Guten Morgen.
Reporter: Herzlich willkommen, Fred.
Fred: Hallo.
Reporter: Vielen Dank, dass Sie sich heute Zeit nehmen, mit uns über dieses wichtige Thema zu sprechen.
Dr. Wagner: Nichts zu danken.
Fred: Danke, dass ich hier sein darf.
Reporter: Also beginnen wir doch mit der wichtigen Frage: Wie wird man eigentlich zum Außenseiter? Ich schlage vor, dass Sie anfangen, Frau Wagner. Einverstanden?
Dr. Wagner: Ja, gern. Oder möchten Sie, Fred?
Fred: Nein, nein. Bitte fangen Sie an!
Dr. Wagner: Also, wie wird man zum Außenseiter? Da stellt sich natürlich zunächst die Frage nach der Familie. Wie ist der Außenseiter aufgewachsen? Konnte er in der Familie Selbstwertgefühl entwickeln oder haben Eltern beziehungsweise nahe Verwandte sich so verhalten, dass sie das Kind nicht gestärkt haben, sondern es zum Beispiel durch zu autoritäres oder auch zu nachgiebiges Verhalten geschwächt haben? Hat es keine oder zu wenig Liebe erfahren und so weiter? Das ist aber ein sehr weites Feld, und es wird uns wahrscheinlich im Rahmen dieser Sendung nicht möglich sein, genau genug darauf einzugehen. Wenden wir uns deswegen vielleicht

eher der Frage zu, welche Gründe es dafür gibt, dass eine Person von der Gruppe, in der sie sich befindet, ausgegrenzt wird.

Reporter: Ja, da haben Sie sicher recht. Die konkrete Frage ist also: Wie kann es zur Bildung einer Außenseiterstellung kommen?

Dr. Wagner: Nun, hierfür gibt es natürlich viele Gründe: Zum Beispiel jemand ist eher schwächlich gebaut und nicht gut im Sport oder wenn ein Jugendlicher in einer Zeit, in der Markenkleidung als wichtig betrachtet wird, keinen Wert auf Marken legt, wird er deshalb oft zum Außenseiter.

Reporter: Kann so etwas Unwichtiges wie Kleidung denn tatsächlich ein Grund sein, dass jemand von der Gruppe ausgeschlossen wird? Ich kann mir das gar nicht vorstellen.

Dr. Wagner: Doch, doch! Vielen ist das sehr wichtig! Der Prozess ist aber komplizierter, als man zunächst vermutet. Oft versucht nämlich der Außenseiter, sich mit anderen materiellen Dingen zu umgeben und so wieder in die Gemeinschaft zurückzufinden. Das führt dann dazu, dass er sich selbst, so wie er eigentlich ist, als wertlos ansieht und andere als wertvoller betrachtet als sich selbst. Diese anderen versucht er dann zum Beispiel durch Geschenke dazu zu bringen, dass sie ihn akzeptieren.

Reporter: Und nützt das?

Dr. Wagner: Natürlich nicht. Die anderen merken das, nutzen ihn aus oder lachen über ihn. Da kommt es zum Teufelskreis.

Reporter: Hm. Gibt es nicht auch Personen, die sozusagen selbst daran schuld sind, dass sie Außenseiter sind?

Dr. Wagner: Na ja, was heißt „selbst schuld"? In der Regel wird niemand freiwillig ausgeschlossen. Man unterscheidet da oft zwischen zwei Gruppen: Die einen sind eher antisoziale, aggressive Außenseiter, zum Beispiel Menschen, die den Clown spielen, oder solche, die körperlich aggressiv reagieren, also andere angreifen, schlagen et cetera. Die anderen sind eher introvertiert und schüchtern. Das sind oft Menschen, die körperlich schwach sind oder auch schwache Leistungen bringen. In dieser zweiten Gruppe befinden sich aber auch Hochbegabte, die merken, dass sie anders sind als andere und mehr können, die mit dem „Normalen" nichts anfangen können und sich selbst zurückziehen. Sie werden dann oft zu Einzelgängern und das wiederum bringt die Gruppe dazu, sie noch weiter auszugrenzen.

Reporter: Und welche Rolle spielt dabei das Aussehen?

Dr. Wagner: Ähm, nun – wenn jemand nicht gut aussieht oder besonders dick oder dünn ist, kann das schon der Grund sein, dass andere sich über ihn oder sie lustig machen; das kann, muss aber nicht unbedingt dazu führen, dass man zum Außenseiter wird. Man kann sich ja auch wehren!

① 23 *Reporter:* Hmm, also, Sie haben gesagt: „Man kann sich ja auch wehren." Ob das immer so möglich ist? Vielleicht lassen wir jetzt einmal Fred zu Wort kommen. Fred, im Vorgespräch haben Sie gesagt, dass Sie ein typischer Außenseiter waren, aber dass Sie jetzt gut in einen Freundeskreis integriert sind. Können Sie unseren Zuhörern Ihre Geschichte kurz erzählen?

Fred: Tja, also, das war so: Eigentlich war ich schon immer Außenseiter. Schon im Kindergarten fiel das auf: Ich war extrem unruhig und prügelte mich oft mit anderen Kindern. In der Schule war es das Gegenteil: Ich war extrem schüchtern, und hab mich überhaupt nicht getraut, im Unterricht was zu sagen, und stand in der Pause meist allein rum. Die anderen standen in Gruppen auf dem Schulhof oder spielten irgendwas zusammen – ich wurde nie dazu eingeladen. Und manchmal wurde ich ganz schön geärgert: Heft klauen, Sportschuhe verstecken, mit Papierkugeln beschießen und so.

Reporter: Und was haben Sie da gemacht?

Fred: Meine Strategie war damals, das einfach zu ignorieren. Ich spielte den Coolen, aber ich war unglücklich. Mit meinen Eltern konnte ich nicht drüber reden. Mein Vater war beruflich viel unterwegs, immer im Stress, und meine Mutter ist der Typ, der sich leicht Sorgen macht. Also hab' ich's mit mir selbst abgemacht und mich immer weiter zurückgezogen. Hab' halt viel gelesen und gelernt und war ziemlich gut in der Schule.

Reporter: Hat das die Situation nicht verbessert?

Fred: Eher im Gegenteil, jedenfalls hat mich das nicht beliebter gemacht – Streber und so! Ja, und während meiner Ausbildung wurde das auch nicht besser. Und als ich dann einen Job in einem Büro gefunden hatte, ging's auch so weiter. Denn dort gab's keine Kollegen in meinem Alter. Ich wusste nicht, über was ich mit denen sprechen sollte, und die konnten mit mir nichts anfangen. Manchmal lachten sie hinter meinem Rücken, aber so, dass ich es merken musste, oder fragten so was wie: „Kannst du noch was anderes als dich hinter deinem PC verstecken?" Na ja, doch dann kam die Wende: Wir bekamen einen neuen Chef. Der suchte das Gespräch und bemerkte, dass ich oft ganz anders dachte als die Kollegen und neue Lösungen vorschlug. Das schien ihm zu gefallen, denn er beauftragte mich mit wirklich interessanten Projekten. Ich fand's natürlich toll, dass ich meine Fähigkeiten zeigen konnte, und es gelang mir, etwas Selbstbewusstsein aufzubauen. Nachdem ich ein paar Erfolgserlebnisse gehabt hatte, hab' ich mir gesagt, du musst was tun. Ich hab' versucht, mehr auf Leute zuzugehen und mit ihnen ins Gespräch zu kommen. Das ist mir unheimlich schwer gefallen. Ich wusste einfach nicht, was ich machen soll.

Reporter: Ja, und dann, was haben Sie dann gemacht?

Fred: Na ja, ich bin zu Frau Wagner gegangen und die hat mir wirklich gute Tipps gegeben. So ganz praktische: Small Talk machen, lächeln, mal einen ausgeben – und vieles andere. Tja, das hat mir echt geholfen, auf andere zuzugehen. Und zu meinem Erstaunen haben die sogar ganz positiv darauf reagiert.

Dr. Wagner: Ja, Sie waren damals wirklich mutig und ich hab' mich sehr gefreut!

Reporter: Das kann ich mir vorstellen. Und wie geht's Ihnen jetzt, Fred?

Fred: Jetzt habe ich sogar eine Freundin, die erste in meinem Leben – mit 25! Und durch sie auch einen Freundeskreis. Ich kann's selber kaum glauben – zum ersten Mal fühle ich so etwas wie Glück.

① 24 *Reporter:* Ist das nicht schön, liebe Zuhörerinnen und Zuhörer? Ein Beispiel, wie es jemandem gelungen ist, sich aus der Isolierung zu befreien.

Dr. Wagner: Ja, wirklich! Und wenn ich noch kurz etwas dazu sagen darf …

Reporter: Natürlich gern, Frau Wagner.

Dr. Wagner: Freds Geschichte ist ja nicht nur ein Beispiel dafür, wie jemand sein ungewolltes Außenseitertum überwinden konnte, sondern sie zeigt auch, dass Außenseiter-Sein auch positive Seiten hat. Sie können neue, kreative Lösungen finden und durch die Diskussionen oder Konflikte, die diese in der Gruppe erzeugen, die Leistungen der Gruppe positiv beeinflussen. Fred hat nun das Glück gehabt, dass er einer Person begegnet ist, die sein Anderssein geschätzt und ihn unterstützt hat.

Fred: Hmm!

Reporter: Das stimmt, aber Fred, Sie haben auch den Mut gehabt, sich Hilfe zu holen. Glückwunsch dazu! Ich denke, Ihr Beispiel kann anderen Betroffenen Mut machen. Leider sind wir nun schon am Ende unserer Sendung angekommen. Ich danke Ihnen beiden herzlich! In unserer nächsten Sendung geht es um das Thema „Mobbing in Schule und Beruf".

① 25 Bist du der, der sich nach vorne setzt? Den man beim Sport zuletzt wählt?
Sich quält zwischen Cheerleadern und Quarterbacks?
Den man in die Tonne steckt? Nicht dein Tag, jahrelang
Dann in der Abschlussnacht ganz allein zum Ball gegang'
Doch wenn schon scheiße Tanzen dann so, dass die ganze Welt es sieht

Mit Armen in der Luft, beiden Beinen leicht neben dem Beat
Und wenn du mit der Königin die Fläche verlässt,
sag dir diese Welt ist perfekt! Perfekt
Du lachst, du weinst. Du strahlst, du scheinst
Du kratzt, du beißt, Fastenzeit vorbei
und wie du brennst, wie du wächst, wie du wächst
Alles wird perfekt! Alles, alles, alles wird perfekt
So perfekt! So peeerfekt! Alles wird perfekt! So perfekt!
So peeerfekt

Lektion 4

🔊 26 1. *Interviewer:* Entschuldigen Sie, eine Frage: Ich mache eine Umfrage zum Thema „Mein wichtigster Gegenstand". Würden Sie mir verraten, was Ihr wichtigster Gegenstand ist?
Frau 1: Der Ring hier! Sieht er nicht toll aus? Den hat mein Mann mir vor etwa 40 Jahren geschenkt. Den trage ich immer noch. Nicht nur wegen des tollen Aussehens, sondern vor allem wegen seiner Bedeutung für mich. Er ist ein Zeichen unserer Liebe. Er hat kein Ende. Und unsere Liebe hat auch kein Ende.

🔊 27 2. *Frau 2:* Diesen Stein hier habe ich vor neun Jahren am Strand gefunden. Er ist mir gleich aufgefallen, weil er ein Loch in der Mitte hat. Auch war er nicht weiß oder grau, wie die anderen Steine dort, sondern orange. Er ist wunderschön! Ich habe ihn sofort mitgenommen. Seither habe ich ihn immer dabei; er ist mein Talisman und hat mir schon viel Glück gebracht.

🔊 28 3. *Junge:* Mein wichtigster Gegenstand? Ja, was ist das? Vielleicht – ja! Meine Taschenlampe. Die brauche ich jeden Abend. Da muss ich immer früh ins Bett und das Licht ausmachen, weil meine Eltern das so wollen. Aber ich verkrieche mich mit meinen Comics unter der Bettdecke und lese dort mit der Taschenlampe. Deshalb ist die Taschenlampe total wichtig für mich.

🔊 29 4. *Frau 3:* Mein Reisepass. Den brauche ich nämlich immer. Ich bin ganz viel auf Reisen. Das ist mein Leben: Reisen, unterwegs sein. Da habe ich gelernt, mich zu beschränken. Ich nehme so wenig wie möglich mit. Ich brauche fast nichts. Aber meinen Pass – den brauche ich. Ich lass mir auch in jedem Land einen Stempel in den Pass machen. Schauen Sie mal: Der ist schon fast voll. So habe ich eine wunderbare Erinnerung an all die Länder, die ich bereist habe.

🔊 30 5. *Mann:* Mein Auto. Sie denken jetzt sicher: „Typisch: Mann – Auto". Ja, ich passe in dieses Klischee: Ich liebe mein Auto, denn es gibt mir das Gefühl von Freiheit. Nach einem stressigen Arbeitstag oder am Wochenende setze ich mich in mein Auto und fahre einfach los. Das entspannt, das lässt mich den Stress vergessen.

🔊 31 6. *Frau 4:* Das wichtigste Ding ist für mich mein Fernseher. Schauen Sie, ich kann ja nicht mehr raus, sitze den ganzen Tag zu Hause. Der Fernseher ist da für mich das Fenster zur Welt. Da vergesse ich dann meine Einsamkeit. Aber glauben Sie nicht, ich würde aus Langeweile fernsehen. Nein, wirklich nicht aus Langeweile. Aus Interesse. Ja, ich interessiere mich für das, was in der Welt passiert. Aber ich kann halt nicht mehr raus.

🔊 32 1. *Sprecherin:* Hier haben wir ein schmerzstillendes und fiebersenkendes Arzneimittel – bei leichten bis mäßig starken Schmerzen oder Fieber anzuwenden. Bitte nicht einnehmen bei bekannter Überempfindlichkeit gegen den Wirkstoff Acetylsalicylsäure und gegen Salicylate, einer Gruppe von Stoffen, die der Acetylsalicylsäure verwandt sind; bei Darmgeschwüren und bei krankhaft erhöhter Blutungsneigung.

🔊 33 2. *Sprecher:* Er hat genau das richtige Maß, sodass alles für eine Tageswanderung reinpasst. Zwei Seitenfächer für Trinkflasche und ähnliches, ein geräumiges Deckelfach und sogar ein Klarsicht-Kartenfach. Man kann ihn bequem tragen, denn er hat gepolsterte Trageriemen, einen Hüftgurt und ein gut belüftetes Rückenpolster. Der Boden besteht aus besonders abriebsicherem Nylongewebe, ist also recht stabil. Der hält was aus!

🔊 34 3. *Sprecherin:* Diese hell geröstete Variante hat eine starke Guatemala-Note und ist perfekt zum Frühstück geeignet. Mit einem Schuss Milch verwandelt sich die angenehme Fruchtsäure in eine zarte Aromanote mit einer hervorragenden Geschmacksstruktur. Feinste Qualität dank erlesener Hochlandsorten.

🔊 35 4. *Sprecher:* Der Active HEPA-Filter garantiert maximale Lufthygiene. Er filtert auch kleinste Partikel und ist deshalb für Hausstauballergiker besonders gut geeignet. Eine Aktivkohleschicht bindet beim Active HEPA-Filter zusätzlich unangenehme Gerüche. Schauen Sie: Drei rundum bewegliche Lenkrollen gewährleisten optimale Beweglichkeit, hohe Standsicherheit und optimales Über- und Umfahren von Hindernissen. Und hören Sie: Die Silence-Geräusch-Dämmung! Keine unnötige Lärmbelästigung! Klein. Stark. Schön. Mit interessanten optischen Details. Durch die Kombination mit frischen, neuen Farben wird er zu einem Individualisten. Wie finden Sie die Farbe: mangorot?

🔊 36 *Herr Hilsenbeck:* Hallo, Hilsenbeck hier. Ich bin jetzt in Stuttgart. Musste plötzlich weg und komme heute nicht mehr rechtzeitig zurück. Sie müssten mir bitte einen Gefallen tun. Der Prospekt, den die Druckerei uns gestern zur Überprüfung geschickt hat, muss heute noch wieder zurück. Da müssen aber einige Dinge verändert werden. Und zwar Folgendes: Die Pulsuhr kostet nicht mehr 129,95 €, sondern 89,95. Die Sporttasche gibt es nicht mehr in Blau. Blau also bitte streichen. Die Yogamatte gibt es in Hellblau und in Grün. Also bitte die Farben ergänzen. Bei den Chromhanteln ergänzen Sie bitte vor dem Preis „pro Stück". Die Jogging-Hose reduzieren wir auf 25,95 €. Ach, und bei den Magnesium-Trinkfläschchen müsste die Stückzahl über dem Preis stehen, fügen Sie bitte hinzu: 20 Trinkfläschchen. Bitte tragen Sie alles im Prospekt ein und bringen Sie ihn dann gleich zur Druckerei. Und sagen Sie bitte einen schönen Gruß und dass ich dann am Montag vorbeikomme. Ja, danke und Ihnen ein schönes Wochenende, tschüss.

🔊 37 1. *Kind 1:* Das kann man an den Haken hängen. Das braucht man, wenn man verschwitzt ist. Wenn was nass ist, braucht man das auch.
Kind 2: Hm, mit dem kann man sich die Hände abtrocknen.

🔊 38 2. *Kind 2:* Daran kann man etwas um den Bauch rumhängen. Wenn man Bergsteigen will, kann man ein Seil dranmachen.
Kind 1: Da kann man die Hosen festmachen, damit sie nicht runterrutschen.

🔊 39 3. *Kind 1:* Da kann man kleine Sachen sehen, kleine Tiere angucken, man kann damit auch ein Feuerle machen.
Kind 2: Mit dem kann eine alte Oma lesen, man kann alles sehen, was klein ist.

🔊 40 4. *Kind 2:* Mit dem Ding kann man singen und tanzen. Man kann es halten und anstecken. Es hat einen Stiel und eine Kugel vorne drauf mit Löchern.
Kind 1: Da, wo man reinreden kann, weil's dann lauter wird. Und wenn man singt, braucht man das auch, weil's dann lauter wird.

🔊 41 *Sprecherin:* Messie-Syndrom – Wenn das Chaos den Menschen regiert: Müllberge, Labyrinthe voller Unrat, Kisten mit unnützen Dingen – für viele Menschen ein ganz normaler Zustand. In Deutschland sind etwa zwei Millionen vom Messie-Syndrom betroffen. Experten zufolge werden es immer mehr.
Sprecher: Zuletzt glich ihre Wohnung einer Höhle: Berge aus Zeitschriften, alte Briefe und Rechnungen, Vasen, Teller und immer wieder Putzmittel – Lappen, Schrubber, Schwämme, Putzlösungen in allen Variationen. Andrea sammelte und behielt. Wegwerfen – das kam für die junge Frau nicht infrage.

Andrea: Ich fühlte mich gar nicht als Sammlerin. Sammler waren für mich Leute, die auf der Suche nach etwas Speziellem waren, zum Beispiel Kakteen, Autos oder Puppen. Ich jedoch hatte für jeden x-beliebigen Gegenstand hunderttausend Gründe, warum ich mich nicht von ihm trennen konnte.

Sprecher: Dass sie eine „Macke" hatte, merkte Andrea nach einiger Zeit jedoch selbst. In der Wohnung türmten sich die für sie so kostbaren Errungenschaften, Einkäufe lagen wild umher, auch den Müll brachte die junge Frau zum Schluss nicht mehr hinunter. Das eigene Chaos wuchs ihr über den Kopf.

Sprecherin: Psychologen bezeichnen Menschen wie Andrea als Messies – eine Krankheit, die nach dem englischen Wort „mess" (Unordnung, Chaos) benannt ist. In der ganzen Wohnung gab es schließlich kein Fleckchen mehr, wo sich die Mutter zusammen mit ihren Kindern aufhalten konnte. Doch Andrea wollte sich nicht unterkriegen lassen von dem übermächtigen Wirrwarr um sie herum. Immer wieder kaufte sie Putzzeug.

Andrea: Ich wollte das Chaos beseitigen, habe es aber einfach nicht geschafft.

Sprecherin: Ganz anders in ihrem Berufsleben: Als gute Seele sorgte Andrea in drei großen Haushalten für Ordnung. Was sie zu Hause nicht mehr bewältigte – hier klappte es paradoxerweise mit absoluter Perfektion. „Eigentlich bin ich ein totales Organisationsgenie", sagt Andrea über sich selbst. „Das muss man als Messie auch sein."

42 *Sprecher:* In Deutschland leben etwa 1,8 Millionen Menschen mit Messie-Syndrom, schätzt der Berufsverband Deutscher Psychologen. Doch die Krankheit ist noch weitgehend unerforscht. „Es gibt noch keine klinische Diagnose", sagt Gisela Stein, Psychologin an der Universität Bielefeld. Fest steht jedoch: Das Messie-Syndrom überlappt sich häufig mit anderen Krankheiten. Obwohl sie keine homogene Gruppe darstellen, leiden die Betroffenen – Experten zufolge – häufig an Depressionen oder an Angstzuständen. Auslöser sind oft kritische Lebensereignisse, etwa der Verlust des Lebenspartners, aber auch des Arbeitsplatzes. Werner Gross vom Psychologischen Forum Offenbach sieht die Gründe auch im Elternhaus. Viele haben die notwendigen Strukturen seiner Meinung nach einfach nicht gelernt.

43 *W. Gross:* In einer Gesellschaft, die immer anonymer wird und höhere Anforderungen an die Mobilität stellt, scheint das Messietum zuzunehmen. Anfällig sind vor allem Menschen aus schnelllebigen Berufen, in denen es viele Veränderungen gibt, zum Beispiel Menschen, die in sozialen Bereichen arbeiten, aber auch Börsen-Broker oder Computer-Spezialisten. Das Festhalten an Gegenständen schafft ihnen vermeintliche Sicherheit. In dieser Gruppe ist das besonders krass.

Sprecherin: Auch Wissensdruck und die Angst zu versagen spielen eine Rolle. Jeder noch so kleine Papierschnipsel mit Beschriebenem werde aufgehoben und gehortet, beschreibt eine ehemalige Betroffene ihre verzweifelte Suche nach Halt. Ein einheitliches Muster gibt es nach Erkenntnissen der Psychologen aber nicht: Messies findet man in allen sozialen Schichten, 20-Jährige können genauso vom Sammelfieber befallen sein wie 80-Jährige. Dabei reicht das Spektrum von totalem Chaos bis hin zu ausgefeilter Penibilität. Nur im Extremfall leben Messies in völlig vermüllten Wohnungen, in denen einzelne Räume nicht mehr betreten werden können.

Sprecher: Es gibt aber auch das andere Extrem: Wie etwa Anton, der in seiner Wohnung ein ausgetüfteltes Regalsystem installierte, in dem er sämtliche Gegenstände akribisch verstaute. Per Computersystem fand er in Sekundenschnelle die gesuchte Tube Uhu oder den benötigten Schraubenzieher – seitlich gehend, weil die Gänge seines Labyrinthes mit der Zeit zu eng geworden waren. Nur für ihn selber war zum Schluss in der Wohnung kein Platz mehr: Anton schlief mit einem Zelt auf dem Vordach, bis er vom Eigentümer aus der Wohnung geklagt wurde.

44 *Sprecherin:* Als besonders schlimm empfinden viele Messies die zunehmende Isolation, die mit ihrer Krankheit einhergeht. Sie vereinsamen, weil sie verzweifelt versuchen, ihre Krankheit geheim zu halten. Niemand darf mehr in die Wohnung – aus Angst entlarvt zu werden, aus Scham, das heillose Chaos preisgeben zu müssen. Für Messies ist es daher wichtig, die Fassade aufrechtzuerhalten. Und in vielen Fällen gelingt das auch.

Andrea: Selbst meine beste Freundin, die im gleichen Haus wohnte, wusste lange nichts von dem Sammelwahn, der nur einige Treppen über ihr wütete. Lügen, betrügen, da ist man erfinderisch. Nach außen hin habe ich immer den Schein gewahrt: adrett, gepflegt, immer akkurat geschminkt. Heute, mit Mitte 30, habe ich meine Sammelwut einigermaßen im Griff.

Sprecherin: Als Mitglied der „Anonymen Messies" berät Andrea über eine Telefon-Hotline Menschen, die wie sie nicht mehr gegen das heimische Tohuwabohu ankommen. Hilfe bietet auch das seit 1996 immer größer werdende Netz von Selbsthilfegruppen. Schritt für Schritt versuchen Betroffene hier, ihre Wohnung und ihr Leben neu zu ordnen. Freunde und Leidensgenossen können dabei helfen, sich von den Sammelbergen zu trennen. Kiste für Kiste ein Stück in die Normalität!

45 *Redner:* Präsentieren und vortragen – aber richtig! – Zehn goldene Regeln:

1. Fangen Sie stark an und enden Sie stark! Einstieg und Schluss entscheiden, ob eine Präsentation beim Publikum ankommt. Mit einem guten Einstieg gewinnen Sie Ihr Publikum und motivieren es, Ihnen zuzuhören. Und ein guter Schluss sorgt dafür, dass Ihre Präsentation rund und stimmig wirkt. Bereiten Sie daher den Einstieg und den Schluss besonders sorgfältig vor!

46 2. Schaffen Sie einen inhaltlichen Rahmen! An eine Geschichte erinnert man sich besser als an Fakten. Verknüpfen Sie daher die Informationen in Ihrer Präsentation inhaltlich und erzeugen Sie einen Spannungsbogen, der vom Anfang bis zum Schluss reicht! Zum Beispiel durch Fragen, die man am Anfang stellt und am Schluss beantwortet, oder durch eine Geschichte, mit der man beginnt und die man am Ende wieder aufgreift.

47 3. Machen Sie die Gliederung transparent! Überlegen Sie sich eine gute Gliederung und machen Sie sie den Zuhörern transparent. Stellen Sie am Anfang kurz die Gliederung Ihrer Präsentation vor und kommen Sie im Laufe des Vortrags immer wieder auf sie zurück. Das erleichtert es den Zuhörern, Ihrer Präsentation zu folgen, und erhöht so die Konzentration.

48 4. Achten Sie auf die Köpersprache! Die Wirkung Ihrer Präsentation hängt in hohem Maße von Ihrer Körpersprache ab. Ihre Gestik und Mimik sollten daher positive Assoziationen bei den Zuhörern auslösen. Dazu gehören offene Hände, ein freundliches Gesicht und ein ruhiger, steter Blick.

49 5. Halten Sie Blickkontakt! Halten Sie Blickkontakt mit den Zuhörern! Denn der Blickkontakt erzeugt bei den Zuhörern den Eindruck, dass man sie wichtig nimmt. Und achten Sie auch darauf, ob Ihre Zuhörer den Blickkontakt erwidern. Denn solange Ihre Zuhörer dies tun, bleiben sie wach und aufmerksam.

50 6. Sprechen Sie lebendig und wirkungsvoll! Sprechen Sie so, dass die präsentierten Inhalte von den Zuhörern verstanden werden können und dass keine Langweile aufkommt: Machen Sie Pausen an den richtigen Stellen, wechseln Sie ab und zu das Sprechtempo und achten Sie auf die stimmliche Modulation.

51 7. Nehmen Sie sich Zeit! Ihre Zuhörer hören Ihre Präsentation zum ersten Mal und wissen gegebenenfalls nichts oder nur wenig über Ihr Thema. Lassen Sie Ihren Zuhörern deshalb Zeit, alle Informationen aufzunehmen. Machen Sie daher Pausen, sprechen Sie nicht zu schnell und reihen Sie nicht Information an Information.

52 8. Bleiben Sie Sie selbst! Präsentieren Sie glaubwürdig und engagiert. Dafür ist es wichtig, dass Sie selbst überzeugt sind von dem, was Sie mitteilen wollen, und dass Sie sich Ihre persönliche Art bewahren. Denn wenn Sie zweifeln oder etwas vorspielen, spürt das Ihr Publikum sofort.

① 53 9. Halten Sie die Folien kurz und einfach! Die Folien sollen Ihre Präsentation nur ergänzen, nicht verdoppeln. Daher nur Stichpunkte, keine ganzen Sätze und nicht mehr als sieben Stichpunkte pro Folie. Am besten notieren Sie auf Ihren Folien nur ergänzende Informationen, die Sie einsetzen, um Ihre Aussagen zu verdeutlichen. Und verwenden Sie auf keinen Fall zu viele Folien; pro Folie sollten Sie ca. zwei Minuten sprechen.

① 54 10. Üben Sie Ihre Präsentation! Und zu guter Letzt: Üben Sie Ihren Vortrag, sprechen Sie ihn laut und messen Sie die Zeit, die Sie benötigen. Wenn möglich, üben Sie vor Testzuhörern, die Sie gut kennen und die deshalb auch Kritik üben dürfen. Bestimmt fällt es Ihnen nicht immer leicht, mit der Kritik umzugehen. Aber denken Sie daran: Es ist noch kein Meister vom Himmel gefallen. Und: Nur Übung macht den Meister.

Lektion 5

② 1 *Journalistin:* Sie sind jung, motiviert und billig – und es werden immer mehr. Nach Schätzungen des Deutschen Gewerkschaftsbundes gibt es in Deutschland rund 400.000 Praktikanten – Tendenz steigend. 100.000 von ihnen sind 13- bis 15-jährige Schüler, die ein ein- bis zweiwöchiges Betriebspraktikum absolvieren. Rund 50.000 machen ein sogenanntes Einstiegs- und Qualifizierungsjahr, weil sie keinen Ausbildungsplatz bekommen haben. Doch der überwiegende Teil entfällt auf Studenten, die während des Studiums oder nach ihrem Abschluss Erfahrung sammeln wollen – oder einen Berufseinstieg suchen.

② 2 *K. Berger:* Die Angst vor der Arbeitslosigkeit nach dem Studium und die Sorge vor Lücken im Lebenslauf treibt viele in die Endlosschleife Praktikum. Dabei nehmen viele auch in Kauf, dass sie finanziell schlechter dastehen als bei einer Arbeitslosigkeit. Hören Sie hierzu Andreas Scheu, zurzeit Praktikant in einem großen Industrieunternehmen.
A. Scheu: Hauptziel eines Praktikums ist nicht das Geldverdienen. Wenn man dabei ordentlich verdient – na gut, dann ist das ein angenehmer Nebeneffekt. Die Hauptziele des Praktikums liegen darin, zu zeigen, wie das im Studium Gelernte in der Praxis angewendet wird. Außerdem kann ein Praktikum dabei helfen herauszufinden, in welche Richtung die berufliche Reise gehen soll.

② 3 *K. Berger:* Leider nutzen viele Unternehmen die Bereitschaft der jungen Leute längst systematisch aus, um so hoch qualifiziertes Personal zum Nulltarif oder unterbezahlt beschäftigen zu können. Arbeitsmarktpsychologe Dr. Bertram spricht hierbei sogar von einer „Dauerpraktikantenschaft".
Dr. Bertram: Zwischen Hochschulausbildung und Beruf ist heute eine häufig lang währende Dauerpraktikantenschaft getreten. „Floundering period", also „Flunder-Periode" nennen US-Wissenschaftler das Phänomen – eine Phase, in der man zappelt wie eine Flunder. Praktikum reiht sich an Praktikum. Für die Jugendlichen ist es momentan sicherlich nicht einfach. Sie müssen viel Engagement zeigen, sich sehr bemühen und vor allem qualifiziert sein. Je besser die berufliche Qualifikation, umso mehr Chancen haben sie auf dem Arbeitsmarkt. Und der Anspruch wird weiter wachsen. Gering qualifizierte und unqualifizierte Jugendliche werden das Nachsehen haben. Ohne Praktikum keine Chance.

② 4 *K. Berger:* Raffaela Höning, 27, hat in Berlin, Mannheim und den USA Volkswirtschaftslehre studiert, insgesamt vier Praktika absolviert, war Werkstudentin und wissenschaftliche Hilfskraft. Letzten Sommer machte die gebürtige Berlinerin ihr Diplom. Seitdem hängt sie in der Praktikum-Warteschleife.
R. Höning: Seit zwei Monaten mache ich bei einem großen internationalen Medizin- und Hygieneprodukteherstellter ein Praktikum im internationalen Marketing. Das Praktikum ist auf sechs Monate ausgelegt und wird sehr gut bezahlt. Ich habe meinen eigenen Verantwortlichkeitsbereich, in dem ich in Koordination mit dem Team komplett selbstständig arbeite, und ich habe ein eigenes Projekt, das ich betreue. Vom Anspruch her ist das eine ganz normale Arbeit, wie sie auch bei meinen Kollegen anfällt, aber eine Übernahmegarantie gibt es nicht.
K. Berger: Wie fühlt man sich, wenn man mit einem Diplom in der Tasche immer noch als Praktikant arbeiten muss?
R. Höning: Man fühlt sich wie in einer Warteschleife, nicht angekommen. Und das ist grundsätzlich unangenehm. Niemand wartet gerne. Man arrangiert sich eben bestmöglich mit der Situation. Praktikantin zu sein, erinnert doch sehr an die Studienzeit, in der man noch ungelernt war. In nächster Zeit würde ich deshalb gerne endlich einmal einen ganz normalen Job haben und vor allem ganz normal verdienen.

② 5 *K. Berger:* Auch wenn es keine genauen Zahlen gibt, dürfte die Bedeutung der Praktikanten für die deutsche Wirtschaft mittlerweile enorm sein. „Es gibt ganz typische Branchen, wo Praktikanten elementare Bestandteile der betrieblichen Abläufe verrichten", so eine Studie des Soziologen Kübler. Als Beispiele nennt er das Verlagswesen, die Architektur-, die Werbe- und PR-Branche sowie den Medienbereich. Ohne Praktikanten würde dort nichts mehr laufen. Viele der jungen Leute ersetzen dort vollwertige Arbeitskräfte, so zum Beispiel Sabine Wagner.
S. Wagner: Ich habe ein Praktikum bei einer PR-Agentur in Düsseldorf absolviert. Dort wurde ich dann ins Vorzimmer gesetzt, musste Kopien erstellen, das Telefon bedienen und die Reisekostenabrechnungen für die beiden Geschäftsführer machen. Nach drei Monaten durfte ich mir dann selber ein Zeugnis schreiben, in dem steht, dass ich wirklich viel über die Arbeit eines PR-Beraters gelernt habe.

② 6 *K. Berger:* Das war nur ein Beispiel für viele Unternehmen, die Praktikanten als willige und billige Arbeitskräfte missbrauchen und sich so die Einstellung einer Vollzeitkraft sparen. Ein großer Teil der Unternehmen in Deutschland investiert allerdings viel Zeit und Mühe in die Bereitstellung von Praktikumsplätzen. Hören Sie hierzu den Unternehmer, Herrn von Perlow.
H. v. Perlow: Wir bieten sehr unterschiedlich Praktika an: vom Marketing über Kundenservice bis hin zur Herstellung. Da gibt es Schüler, die kurz reinschnuppern, Praktikanten, die vor dem Studium noch mal was Praktisches machen wollen, Hochschulstudenten, die zwei bis drei Monate an speziellen Projekten wie Marktforschung oder Trainingssystemen arbeiten, aber auch Praktika, die der Wiedereingliederung ins Berufsleben dienen, in denen sich Arbeitslose orientieren können. In der Regel geben wir unseren Praktikanten immer mindestens ein Taschengeld. Das kann auch bis zu 1.000 Euro im Monat sein, wenn es sich um eine qualifizierte Tätigkeit handelt. Ein Praktikum kann durchaus ein Sprungbrett ins Unternehmen sein. Wichtig ist, dass man sich mit der Firma verbunden fühlt. Dann kann man auch bei uns etwas erreichen. Natürlich brauchen Praktikanten eine gewisse Betreuung durch unser Management-Team, dessen Kapazität bei uns immer sehr begrenzt ist. Die Gesamtkosten eines Praktikanten sind daher in einzelnen Fällen sogar höher als die eines Festangestellten. Und trotzdem stelle ich gern Praktikanten ein: Ich sehe das als Zukunftsinvestition und Impulsgeber.

② 7 *Personalchefin:* Hallo Annegret, Carola hier. Ja doch, ich bin im Urlaub, aber mir ist da noch etwas eingefallen, was dringend erledigt werden müsste. Am Freitag vor meiner Abreise war's noch so hektisch, dass ich das Antwortschreiben an den Praktikanten vergessen habe. Ich hab' dir's heute Morgen per Fax geschickt. Hast du es bekommen? Jetzt habe ich auch noch ein paar Fehler entdeckt, die du korrigieren müsstest. Bitte sei so gut, korrigier alles und schick den Brief dann gleich los.

Also, pass auf. Da steht „Sehr geehrter Herr Winkelmeier" und so weiter ... „Wir freuen uns über Ihr Interesse an einem Praktikumsplatz". Hier bitte „bei AF-BIOTECH" ergänzen. Dann: „Es erwartet Sie eine abwechslungsreiche und verantwortungsvolle Tätigkeit in einem Team." Bitte vor „Team" „motivierten" ergänzen. Gleich danach steht: „Hier nochmals Ihre Aufgaben:" – mach danach einen Zeilenumbruch. Dann weiter bis: „Dabei erhalten Sie einen Überblick über die täglichen Abläufe" – das muss heißen: „einen Einblick in" nicht „einen Überblick über". Bei: „Dauer des Praktikums: 3 ,bis 6' Monate" ergänzen. „Wann könnten Sie beginnen." – Fragezeichen statt Punkt. Das wär's. Tausend Dank und eine schöne Woche.

8 *Interviewer:* Guten Morgen, Frau Professor Rain. Schön, dass Sie kommen konnten.
Prof. Rain: Guten Morgen. Ich freue mich, hier zu sein. Ach, und nennen Sie mich doch bitte einfach nur „Frau Rain".
Interviewer: Danke, gern. Unser Thema heute ist „Muss Arbeit Spaß machen?". Deshalb gleich die Frage an Sie, Frau Rain: Macht Ihnen Ihre Arbeit Spaß?
Prof. Rain: Hm, das kann ich nicht ganz einfach beantworten. Im Prinzip ja, aber nicht nur. Ich würde lügen, wenn ich sagen würde, dass sie mir immer nur Spaß macht. Es gibt viele Dinge, die ich tun muss, die eher langweilig sind oder zumindest zur Routine gehören, wie zum Beispiel Berichte schreiben, Terminpläne machen und vieles mehr. Aber da sind wir eigentlich schon beim Kern der Sache: Ist es vernünftig zu verlangen, dass Arbeit Spaß machen muss? Ich meine, nein, denn eine Gesellschaft, in der nur die Arbeit getan würde, die Spaß macht, würde einfach nicht funktionieren.
Interviewer: Und warum nicht?
Prof. Rain: Nun ja, „Spaß haben" ist ja so ein Anspruch der heutigen Gesellschaft. „Was machen Sie am Wochenende?", frage ich meine Studenten. Die Antwort ist „Spaß haben." Was bedeutet das? Ich glaube, „Spaß haben" heißt, sich zerstreuen, locker sein, alles nicht so ernst nehmen; es hat mit Oberflächlichkeit und Ziellosigkeit zu tun. Es ist beliebig, was man tut: mal dies, mal das – es darf nur nicht zu anstrengend sein. Das Wort kommt vom italienischen „spasso", das Zerstreuung, Zeitvertreib, Vergnügen bedeutet. In der Freizeit ist das wunderbar, aber so kann doch Arbeit nicht funktionieren. Die muss regelmäßig, organisiert und zielorientiert ablaufen. Sie hat mit Disziplin und Ausdauer zu tun, sonst führt sie nicht zum gewünschten Ergebnis. Also, Arbeit kann vielleicht auch mal Spaß machen, aber das ist nicht ihr Ziel.
Interviewer: Das klingt aber sehr trocken! Wie sollen Menschen denn motiviert sein, wenn es nur um Pflichterfüllung geht und der Spaß auf der Strecke bleibt? Wenn etwas Spaß macht, ist man motivierter und macht es meist auch besser.
Prof. Rain: Hm, ich glaube, „Spaß" ist da einfach das falsche Wort. Ich würde eher sagen: Man muss Freude an der Arbeit haben.
Interviewer: Hm, da kann ich Ihnen nicht ganz folgen. Was ist denn der Unterschied zwischen Freude und Spaß?
Prof. Rain: Wie gesagt, Spaß ist etwas Oberflächliches, Kurzfristiges; Freude ist ein tieferes Gefühl, eine Emotion, die länger andauert. Bei der Arbeit sind das Situationen, in denen ich meine eigenen Stärken beweisen kann. Nehmen wir ein konkretes Beispiel: Ich bin in einer Verhandlung. Meine Stärken sind nicht nur meine sehr guten Fachkenntnisse, sondern auch mein Verhandlungsgeschick. Die Verhandlung ist sehr schwierig, sie dauert lange, alle sind hungrig und müde. Das macht keinen Spaß. Aber Freude entsteht, wenn ich aufgrund meiner guten Argumente und vor allem auch wegen meines Verhandlungsgeschicks die Verhandlung zu einem für alle Seiten befriedigenden Ergebnis führe. Wenn ich so etwas mehrfach erlebt habe, entwickle ich Freude an solchen Situationen und diese Emotion bleibt auch erhalten, wenn die nächste Verhandlung kommt.

9 *Interviewer:* Das kann ich nachvollziehen. Aber es ist ja nicht jeder in Ihrer Position. Sie können weitgehend eigenverantwortlich und selbstbestimmt arbeiten. Wie steht es mit den einfacheren Tätigkeiten? Wie soll zum Beispiel der Postbote Freude an seiner Arbeit haben, wenn er schlecht bezahlt ist, im Regen die schwere Post auf dem Fahrrad transportieren und immer dieselbe Route fahren muss?
Prof. Rain: Hier gilt dasselbe. Wenn er seine eigenen Stärken zur Geltung bringen kann, wird ihm die Arbeit Freude machen, zum Beispiel er ist sportlich, neugierig und hat Organisationstalent, dann versucht er vielleicht, schneller zu fahren, neue Routen auszuprobieren und so seine Arbeit in kürzerer Zeit zu erledigen. So gewinnt er Freizeit und freut sich über sich selbst. Es gibt aber einen sehr wichtigen Aspekt, den ich noch nicht erwähnt habe, und der Voraussetzung dafür ist, dass man Freude an einer Tätigkeit entwickeln kann: nämlich dass man selbst entscheiden kann, wie man seine Arbeit macht, und dass der Druck nicht allzu groß ist. Bei unserem Postboten ist das gegeben. Das ist allerdings leider nicht immer der Fall.
Interviewer: Mmh, und welche Rolle spielt eigentlich der soziale Status in dieser Beziehung?
Prof. Rain: Ob ein Beruf mehr oder weniger sozial angesehen ist, spielt im Vergleich dazu eine viel geringere Rolle. Selbstbestimmt und relativ frei arbeiten, seine Stärken zur Geltung bringen, das ist es, was Freude bringt – auch wenn einzelne Tätigkeiten immer wieder mal keinen Spaß machen.
Interviewer: Gut, das ist mir jetzt klarer geworden. Warum gibt man dann aber jungen Leuten vor der Berufswahl immer wieder den Rat: „Wählen Sie das aus, was Ihnen Spaß macht." – Das verstehe ich nicht.
Prof. Rain: Nun, da kann ich nur sagen: Der Rat ist einfach falsch!
Interviewer: Hm, was sollte man ihnen denn anderes sagen?
Prof. Rain: Wie ich schon eingangs erklärt habe: „Suche deine Stärken!"
Interviewer: Schön und gut, aber was soll das eigentlich konkret heißen?
Prof. Rain: Ich würde zu einem jungen Menschen sagen: Überlege mal, was dir leicht fällt. Welche Tätigkeiten bereiten dir wenig Schwierigkeiten? Ich zum Beispiel bin früher gern geschwommen und dachte, vielleicht studierst du Sport. Doch dann habe ich gemerkt, dass ich eigentlich nicht besonders sportlich bin. Ich laufe zum Beispiel nicht besonders gern und auch entsprechend schlecht. Dann habe ich mich gefragt: „Was tust du eigentlich gern und was fällt dir leicht?" Und ich habe herausgefunden, meine Stärke ist eher das ruhige, systematische Arbeiten, das Forschen und ich habe eine Begabung, anderen etwas beizubringen. Deshalb war die Entscheidung für eine Universitätslaufbahn die richtige für mich.

10 *Interviewer:* Sie haben also das gewählt, was Sie gern tun, und deshalb haben Sie auch so viel Erfolg als Professorin.
Prof. Rain: Nein, da ist wieder das Missverständnis! Wenn man etwas ungern tut, tut man es meist auch schlecht. Aber umgekehrt bedeutet etwas gern tun nicht automatisch, dass man es auch gut tut. Jemand kann gern Fußball spielen und muss deshalb nicht automatisch gut spielen. Wenn ihm aber Fußballspielen leicht fällt, er deshalb gut spielt und diese Erfahrung immer wieder macht, wird er es auf die Dauer sicher auch gern spielen. Also zusammenfassend kann man sagen: Etwas gern tun bedeutet nicht automatisch, es gut zu tun, sondern umgekehrt: Etwas gut zu tun kann dazu führen, dass man es auch gern tut.
Interviewer: Hm, ich glaube, ich habe das jetzt verstanden. Aber zurück zu den jungen Leuten: Was können Eltern, Berater und so weiter tun, um sie bei ihrer Berufswahl zu unterstützen?
Prof. Rain: Eigentlich ist das ganz einfach. Sie können sie dabei unterstützen, ihre Stärken zu erkennen. Es ist nämlich leider so, dass

viele die eigenen Stärken überhaupt nicht wahrnehmen, eben weil es um Dinge geht, die ihnen leicht fallen und die sie deshalb für nichts Besonderes halten. Aber gerade darauf sollten sie sich konzentrieren und diese Fähigkeiten weiterentwickeln. Dann werden sie gute Arbeitsergebnisse erzielen, auf die sie stolz sein können und die sie mit Freude erfüllen.
Interviewer: Frau Rain, ich danke Ihnen für dieses informative Gespräch.
Prof. Rain: Nichts zu danken.

② 11 Lob der Faulheit.
Faulheit, jetzo will ich dir
Auch ein kleines Loblied bringen. –
O – wie – sau – er – wird es mir, –
Dich – nach Würden – zu besingen!
Doch ich will mein Bestes tun,
Nach der Arbeit ist gut ruhn.
Höchstes Gut, wer dich nur hat,
Dessen ungestörtes Leben –
Ach! – ich – gähn – ich – werde matt –
Nun – so – magst du – mir's vergeben,
Dass ich dich nicht singen kann;
Du verhinderst mich ja dran.

Lektion 6

② 12 *Andrea:* Christian, hast du meine Geldbörse irgendwo gesehen?
Christian: Was hast du schon wieder verloren?
Andrea: Meine Geldbörse, ich kann sie nicht finden und muss gleich los.
Christian: Das glaube ich einfach nicht. Wie oft hast du sie eigentlich schon „verloren"? Warum kannst du einfach nicht auf deine Sachen aufpassen?
Andrea: Danke für deine Hilfe. Wie wäre es, wenn du mir beim Suchen hilfst?
Christian: Ich habe dir letzte Woche geholfen, als dein Handy plötzlich weg war, dann waren es die Wohnungsschlüssel. Das nervt unglaublich.
Andrea: Tut mir leid, aber so bin ich nun mal. Du hast vor Kurzem auch deine Kreditkarte im Restaurant vergessen, oder etwa nicht? Ohne mich hättest du sie nicht zurückbekommen.
Christian: Das passierte ein einziges Mal. Es ist einfach lächerlich, wenn du mir das jetzt vorwirfst. So was bringt mich echt auf die Palme.
Andrea: Ich mache dir keine Vorwürfe; ich meine nur, dass wir beide nicht gerade toll organisiert sind.

② 13 Dialog A. *Gastgeber:* Was gibt es denn?
Gast: Das ist mir echt peinlich. Mir ist der Teller aus der Hand gerutscht. Jetzt gibt es hier überall Olivenölflecken am Teppich.
Gastgeber: Ja, ist ja schon in Ordnung. So was kann passieren.
Gast: Ich kenne da ein spezielles Reinigungsmittel.
Gastgeber: Jetzt lassen Sie nur. Jetzt ist es sowieso zu spät.
② 14 Dialog B. *Sabine:* Meininger!
Erika: Hallo, Sabine. Endlich hebst du ab. Du, ich muss dir unbedingt erzählen, wen ich diese Woche gesehen habe.
Sabine: Hallo, Erika. Tut mir echt leid. Ein anderes Mal gern, aber ich bin heute nicht zum Reden aufgelegt. Nimm's mir nicht übel, ja?
Erika: Ist schon in Ordnung. Ich rufe dich einfach ein anderes Mal an. Mach's gut. Tschüss.
② 15 Dialog C. *Marcella:* Hallo Tim.
Tim: Hi Marcella, super, dass du schon da bist. Ich hol' grad noch meine Jacke.
Marcella: Und vergiss das Geschenk für Christie nicht!
Tim: Ähm? Welches Geschenk?
Marcella: Na, die DVD, die du besorgen solltest.
Tim: Oh Mann, die hab ich total vergessen.
Marcella: Hm, das ist jetzt aber blöd!
Tim: Tut mir echt leid. So was Dummes. Vorgestern hab ich noch dran gedacht und es dann wieder vergessen. Mist, was machen wir jetzt? Jetzt haben wir gar nichts. Und mit leeren Händen dort auftauchen, geht überhaupt nicht.
Marcella: Komm, das ist doch nicht so schlimm. Wir schreiben ihr jetzt einfach einen Gutschein. Das sieht zwar nicht so klasse aus, aber wenigstens haben wir was. Und auf dem Weg zu ihr können wir ja noch schnell am Bahnhof vorbeifahren und ihr einen großen Blumenstrauß kaufen. Na ja, und morgen besorgen wir ihr sofort die DVD und bringen sie ihr vorbei. Heute wird sie die DVD eh nicht mehr gucken.
Tim: Ja, das ist eine super Idee. Puh, grad noch mal gerettet. Tut mir wirklich leid. Und ähm, danke, dass du nicht sauer bist.
Marcella: Hey, doch nicht wegen so was. Das kann doch jedem mal passieren. Komm, mach deinen Computer an, dann schreiben wir schnell den Gutschein.

② 16 *Sprecherin:* Frau Wald, Mutter von drei kleinen Kindern, ist Übersetzerin und arbeitet zu Hause. Der Nachbar in der Wohnung gegenüber – Herr May – baut schon seit einem Jahr seine Wohnung um, und zwar zu allen möglichen Tages- und Nachtzeiten. Sie hat schon mehrfach versucht, mit ihm darüber zu sprechen. Aber vergeblich. Inzwischen herrscht eine ziemlich unangenehme Atmosphäre. Heute will Frau Wald ein letztes Mal versuchen, an ihren Nachbarn, Herrn May, zu appellieren.
② 17 *Herr May:* Ah, Frau Wald! Was verschafft mir die Ehre?
Frau Wald: Ich weiß nicht, ob es eine Ehre ist, aber ich würde gern noch einmal in Ruhe mit Ihnen sprechen, wenn Sie einen Moment Zeit hätten. Wenn Sie mögen, können wir zu mir gehen, da gibt es auch Kaffee und ein Stück selbst gebackenen Kuchen.
Herr May: Eigentlich habe ich keine Zeit, aber bei dem Angebot …
Frau Wald: Also, Herr May, ich meine, wir haben wirklich ein Problem. Ich wollte doch noch mal fragen, wann Sie mit Ihrer Renovierung fertig sind.
Herr May: Ich renoviere doch gar nicht mehr …
Frau Wald: Moment, lassen Sie mich mal ausreden. Ich kann es wirklich bald nicht mehr aushalten. Sie wissen doch, dass ich Übersetzerin bin und wegen der Kinder zu Hause arbeite. Ich muss mich bei meiner Arbeit sehr konzentrieren und schnell arbeiten, weil es meistens um eilige Aufträge geht.
Herr May: Ja, und?
Frau Wald: Augenblick, ich bin noch nicht ganz fertig. Immer, wenn die Kinder im Bett sind, und ich mich an die Arbeit machen will, fängt bei Ihnen das Bohren und Hämmern an.
Herr May: Jetzt übertreiben Sie aber! Was heißt denn hier immer?
Frau Wald: Immer heißt halt unheimlich oft, also sagen wir mal fast immer. Und meistens geht das bis um 11.00 Uhr abends und sogar am Wochenende machen Sie keine Pause. Das geht jetzt schon seit fast einem Jahr so. Ich verstehe gar nicht, was Sie alles umbauen. Oft wachen die Kinder von dem Lärm auf, und ich muss sie wieder beruhigen. Wenn ich dann arbeiten will, ist dann wieder dieses Hämmern, Sägen und Bohren von nebenan. Ich kann mich überhaupt nicht konzentrieren und bin Ihretwegen schon im Verzug mit einem Auftrag.
Herr May: Dafür kann ich doch nichts! Außerdem renoviere ich doch gar nicht mehr, ich baue Kleinmöbel. Ich arbeite auch zu Hause, um etwas Geld dazu zu verdienen. Weil unser Betrieb in Schwierigkeiten ist, machen wir zurzeit Kurzarbeit, und ich bekomme weniger Geld. Wenn ich nicht zusätzlich arbeite, kann ich die Wohnung nicht mehr abzahlen. Da ich Schicht arbeite, kann ich mir die Zeiten nicht aussuchen.

Frau Wald: Das tut mir aber leid! Trotzdem – erstens ist Ihre Wohnung doch keine Werkstatt und zweitens gibt es eine Hausordnung; und die sagt, dass mittags von 12.00 bis 14.00 Uhr Ruhe sein soll und abends ab 19.00 Uhr nicht mehr gebohrt werden darf. Am Wochenende dürfen überhaupt keine lauten Handwerksarbeiten ausgeführt werden. Sie halten sich überhaupt nicht daran!
Herr May: Ich hab' doch gerade versucht, es Ihnen zu erklären. Außerdem – Ihre Kinder halten sich mit ihrem Geschrei auch nicht an Ruhezeiten!
Frau Wald: Das ist ja wohl was anderes! Kinder sind Kinder! Ich passe schon sowieso sehr auf: Zum Beispiel dass sie im Hausflur nicht zu viel Lärm machen und zu Hause ziehen sie immer gleich ihre Hausschuhe an. Aber Kinder brauchen nun mal Bewegung und haben halt auch laute Stimmen.
Herr May: Trotzdem nerven sie.
Frau Wald: Das ist Ihr persönliches Problem und kein Argument. Also, ich kann jetzt verstehen, warum Sie so viel hämmern, aber Sie müssen trotzdem die Hausordnung respektieren.
Herr May: Kann ich aber nicht. Sie haben überhaupt kein Verständnis für meine Lage.
Frau Wald: Sie haben auch kein Verständnis für meine Lage. Ich glaube, ich werde mit meinem Anwalt sprechen.
Herr May: Na dann, viel Spaß und Tschüs!

18 *Sprecherin:* Eine Werbeagentur zieht in ein kleineres Büro. Der Kontakter hatte schon bisher einen großen Büroraum für sich allein und soll nun wieder allein in einem großen Zimmer sitzen. Der Grafiker beschwert sich, weil er sich zukünftig mit der Werbetexterin einen relativ kleinen Büroraum teilen soll. Die drei Kollegen führen daraufhin mit der kaufmännischen Leiterin ein Gespräch, weil sie für den Umzug hauptverantwortlich ist.
kauf. Leiterin: Guten Morgen allerseits.
Grafiker: Guten Morgen.
Werbetexterin: Guten Morgen.
kauf. Leiterin: Schön, dass ihr alle gekommen seid, um die Schwierigkeiten mit den neuen Büroräumen zu klären. Bitte nennt mir doch zuerst eure Probleme und Vorstellungen.
Grafiker: Ja also, ich hab' ein Problem damit, dass ich mir zukünftig ein kleines Bürozimmer mit Katja teilen soll. Klar, unser neues Büro ist insgesamt kleiner. Aber ich sehe nicht ein, dass Georg ein großes Zimmer für sich alleine bekommt und wir nur ein kleines zusammen.
Kontakter: Das ist doch ganz klar! Ich hab' ja schließlich ständig Besuch von Kunden und muss Kundengespräche führen, da brauche ich ein repräsentatives Zimmer.
Grafiker: Ja schon, aber es würde in dem großen Raum nicht stören, wenn Katja noch bei dir im Büro sitzen würde. Schließlich kommst du, Katja, ja nicht jeden Tag ins Büro, sondern arbeitest auch viel von zu Hause aus.
Werbetexterin: Ja, ja. Stimmt schon, aber trotzdem kann ich auf keinen Fall ein Büro mit Georg teilen. Denn Georg führt die ganze Zeit Telefonate oder er hat Besuch, da kann ich mich überhaupt nicht konzentrieren. Um Texte zu schreiben, brauche ich schließlich Ruhe. Also, mit Georg in einem Büro, nein, das ist keine Lösung!
kauf. Leiterin: Hm, ja, das verstehe ich. Aber da Katja sowieso nicht Vollzeit im Büro ist, wo ist denn dann das Problem, Nico? Dann hast du doch oft ein Zimmer für dich allein.
Grafiker: Ja, schon. Aber es ist doch nicht Katja als Person, die mich stört, sondern ihr Schreibtisch. Ich brauche schließlich außer meinem Schreitisch noch mindestens einen Tisch als Ablagefläche für Ausdrucke, Illustrationen und so weiter. Und für einen Schreibtisch für Katja, einen für mich und einen großen Tisch für Ablagen ist einfach kein Platz.
kauf. Leiterin: O. k., das leuchtet ein. Dann schlage ich vor, dass ihr einfach die Büroräume tauscht. Ihr, Katja und Nico, bekommt den großen Büroraum und du, Georg, eben den kleineren. Dann hast du, Nico, genug Platz und du, Georg, hast weiterhin ein Zimmer für dich allein.
Grafiker: Hm, hm, das wäre eine gute Lösung.
Kontakter: Nein, nein! Da muss ich widersprechen. Das geht auf keinen Fall. Ich muss ja schließlich nicht nur telefonieren, sondern auch Kunden empfangen. Und in das Zimmer von Nico und Katja passt nur ein kleiner Besprechungstisch. Der langt niemals. Und außerdem ist das Zimmer einfach nicht repräsentativ genug, um Kunden empfangen zu können.
kauf. Leiterin: Mm, da hast du recht. Das Zimmer ist wirklich nicht sehr für Kundengespräche geeignet.
Werbetexterin: Hört mal. Hm, was haltet ihr von folgender Lösung? Ich gehe nicht mit Nico in ein Zimmer, sondern ihr stellt meinen Schreibtisch in den Raum von Andreas. Dort ist noch Platz für einen Schreibtisch, und Andreas muss ja nicht viel telefonieren. Außerdem ist er viel unterwegs. Na ja, und ich bin ja nicht Vollzeit im Büro. Ich denke, dass wir uns bestimmt nicht stören werden.
kauf. Leiterin: Hm, das ist ein guter Vorschlag. Dann könntest du, Georg, das repräsentative Büro behalten und du, Nico, hättest mehr Platz. Was meint ihr?
Grafiker: Jaaa, das könnte ein Ausweg sein.
Kontakter: Mm, das klingt sehr gut. Damit bin ich einverstanden.
kauf. Leiterin: Na prima, dann machen wir es so. Ich spreche dann noch mit Andreas. Aber ich denke, er wird damit kein Problem haben.

Lektion 7

19 *Sprecher:* Nur wer viel spielt, kann viel erfinden. Professor Artur Fischer ist Deutschlands erfolgreichster Erfinder, Schöpfer unverzichtbarer Alltäglichkeiten – wie Fotoblitz und Dübel – und ein Spielkind geblieben. 1966 entwickelte er den fischertechnik-Baukasten für „großen Spaß mit kleinen Teilen" und den Erwerb technischen Grundwissens im Spiel. Campus-web-Redakteurin Christine Buth traf den über 90-Jährigen bei einer Bastelstunde mit seiner neuen Spielidee TiP im Deutschen Museum Bonn und sprach mit ihm über seine Erfindungen.
Redakteurin: Ihre neueste Erfindung, Herr Professor Fischer, die man sogar essen kann, sind die TiPs. Das sind mit Lebensmittelfarben gefärbte Kartoffelstärkeklümpchen. Die kann man mit Wasser oder Spucke zu Formen zusammenkleben; man kann aber auch damit drucken, malen oder Gegenstände herstellen. Als ich die Produktbeschreibung gelesen habe, konnte ich mir unter den TiPs erst einmal gar nichts vorstellen.
Prof. Fischer: Ja, weil es so was bisher nicht gab. Aber so ist das eben mit dem Erfinden, man muss sich etwas vorstellen, das es noch nicht gibt. Das geht nur, wenn man sich in eine Aufgabe verliebt. Manchmal dauert es, bis man eine Idee realisieren kann. Aber wenn man spürt, dass es das Richtige ist, bleibt man dran. Und wenn man dran bleibt, entwickelt es sich. Das ist wie bei der Liebe. Wenn sie einen Menschen lieben, können sie sich nicht vornehmen, dass sie ihn lieben. Sie lieben ihn halt, das ist klar. Mit „fischertechnik" ist es uns eigentlich nie gelungen, Kinder unter 6 Jahren anzusprechen. Da ich aber weiß, dass auch kleinere Kinder, Kindergartenkinder, sehr kreativ sind, wollte ich für die auch etwas machen.
Redakteurin: Das Material ist sehr ungewöhnlich, biologisch vollständig abbaubar und völlig ungiftig. Eben nur ein bisschen Kartoffelstärke mit Lebensmittelfarbe dran.
Prof. Fischer: Das Material ist mir durch Zufall begegnet; das wird so ähnlich auch als Verpackungsmaterial verwendet, anstatt Styroporkügelchen.

20 *Redakteurin:* Passieren Ihnen besonders viele glückliche Zufälle oder schauen Sie nur genauer hin? Wie kommt es, dass Sie so viele Dinge erfinden konnten, die die Welt braucht? Schließlich

haben die meisten Leute in ihrem Leben nicht eine einzige solche Idee.
Prof. Fischer: Es ist ja zunächst einmal so, wenn ein Produkt von der Idee her richtig ist, dann kann man darauf aufbauen, immer mehr Entwicklungen sind möglich. Das war beim Dübel so, bei den Blitzern und bei „fischertechnik". Wenn die Basis stimmt, wie beim Menschen auch, dann funktioniert es mit der Zeit. Man kriegt Routine und vor allem macht es Spaß. Erfinden ist enorm lebensbereichernd, sonst würde ich es ja nicht machen.
Redakteurin: Ist es also Spaß, der Sie dazu brachte, mehr als 1.000 Erfindungen zu machen?
Prof. Fischer: Ich denke, man sollte alles, was man macht, mit Freude und Spaß tun und mit Interesse – nicht nur so in den Tag hinein leben. Ich glaube aber auch, dass man eine Chance bekommen muss – und nicht alle haben eine. Dazu kommt vielleicht eine Gabe, also ein Talent, das ein Geschenk ist. Das muss man deutlich sagen, ich betrachte mein Leben und meine Arbeit heute als Geschenk.
Redakteurin: Die Fischerwerke haben heute Niederlassungen auf der ganzen Welt. Anfangs aber gab es nur Artur Fischer – einen Schlossergesellen mit sehr guten Ideen und wenig Geld. Was hat Ihnen das Selbstbewusstsein gegeben, in Ihre Erfindungen zu investieren?
Prof. Fischer: Wenn ich nicht etwas Geld mitgekriegt hätte von meinen Eltern, von meiner Mutter, dann hätte ich das nie geschafft. Sie können sich krumm und krank arbeiten und erreichen einfach nichts, wenn die Voraussetzungen fehlen. Dazu gehört auch ein bestimmter Glaube, dass man's hinkriegt, dass es funktioniert. Und die Erfahrung, die man sammelt, addiert sich, sodass man immer sicherer wird. Zum Erfinden gehört Mut, sehr viel Mut. Wenn man etwas Falsches erfindet, kostet es eine Unmasse Geld; ein Betrieb kann daran kaputt gehen. Deshalb ist es ein schönes Gefühl, wenn man zurückblicken kann und sagen, das ist eine Idee, die man gehabt hat, die man realisiert hat, mit der man seinen Betrieb aufgebaut hat.
Redakteurin: Herr Professor Fischer, ich danke Ihnen für das spannende Interview.

② 21 *Journalistin:* Guten Morgen, Herr Professor Hüther. Tut mir leid, ich bin ein bisschen spät, aber es war nicht so leicht, den Gebäudeteil T3 zu finden.
Prof. Hüther: Und ich hatte schon befürchtet, Sie hätten unseren Termin vergessen.
Journalistin: Na, vergesslich bin ich höchstens, wenn es um meine Steuererklärung geht.
Prof. Hüther: Da sprechen Sie eine Form des Vergessens an, die schon von Sigmund Freud beschrieben worden ist. Aber der ist ja heute nicht unser Thema.
Journalistin: Richtig, wir wollten darüber sprechen, wie gut wir dafür gerüstet sind, eine wichtige Anforderung unserer Zeit zu bewältigen: Es geht um das lebenslange Lernen – also fachlich immer auf dem neuesten Stand zu bleiben und das noch hinzuzulernen, was beruflich, aber auch gesellschaftlich von uns verlangt wird. Und da komme ich gleich zu meiner ersten Frage: Kann man auch im fortgeschrittenen Alter noch lernen? Im Allgemeinen gelten ältere Menschen schließlich oft eher als stur – um einmal ein weit verbreitetes Klischeebild zu zitieren.
Prof. Hüther: Hm, Sturheit ist eine Haltung, die durch bestimmte Erfahrungen entsteht. In den meisten Fällen haben sture Menschen – und das gilt nicht nur für alte – unglückliche Erfahrungen mit dem Lernen gemacht und daher die Lust verloren, sich auf etwas Neues einzulassen.
Journalistin: Ist Sturheit eine Eigenschaft, die fest im Gehirn verankert ist, oder kann man sie durchbrechen?
Prof. Hüther: Sicher! Jede Haltung, die man im Leben eingenommen hat, kann man auch im höheren Alter noch einmal ändern. Denn das Gehirn ist ein Leben lang anpassungsfähig. Hirnforscher nennen das Neuroplastizität. Die einzige Voraussetzung dafür, dass sich im Hirn wieder neue Verknüpfungen und Synapsen entwickeln, ist eine neue Herausforderung im Leben. Dazu gehört natürlich auch, diese Herausforderung zu erkennen und sie anzunehmen.
Journalistin: Und in dem Fall ist sogar das Hirn eines 80-Jährigen noch lernfähig?
Prof. Hüther: Aber natürlich! Das Schlüsselwort dazu heißt: Aktivierung der emotionalen Zentren. Alles hängt davon ab, ob man sich im Alter noch für etwas begeistern kann. Sehen Sie: Die emotionalen Zentren befinden sich im Mittelhirn. Dort besitzen die Gehirnzellen Verbindungen zu allen anderen Bereichen. Wenn uns etwas bewegt und aufwühlt, werden diese emotionalen Zentren stark angeregt. Am Ende der Verbindungen werden dann besondere Botenstoffe ausgeschüttet. Sie wirken wie Dünger, der von den Nervenzellen, die dahinter liegen, benötigt wird, um all das, was im Zustand der Begeisterung aktiviert ist, zu festigen und zu stärken.
Journalistin: Aha, das ist ja faszinierend. Geht das bei Erwachsenen genauso leicht wie bei Kindern?
Prof. Hüther: Im Grunde, ja, mit einem Unterschied: Kinder lassen sich viel leichter begeistern. Ein Kind hat an manchen Tagen ungefähr 50 bis 100 solcher Begeisterungsstürme im Hirn. Da geht mehr als 50 Mal die Gießkanne der Botenstoffe an. Das lässt aber im Laufe des Lebens nach. Ein Erwachsener hat Erfahrung, kennt sich aus, weiß „wie der Hase läuft". Er erwartet alles schon, kann alles schon. In so einem Kopf passiert nur noch wenig Neues.
Journalistin: Aber es wäre viel mehr möglich?
Prof. Hüther: Ja, selbstverständlich! Ein 80-jähriger Herr aus Hamburg könnte immer noch Finnisch lernen, wenn er sich dafür begeistern würde. Dazu müsste er sich noch einmal in eine nette 78-jährige Finnin verlieben. Die könnte dann sagen: „Komm mit mir nach Kokkola, in meine hübsche Heimatstadt." Wenn der Mann seinen Gefühlen folgen und sich auf die Reise einlassen würde, könnte er wahrscheinlich nach einem halben Jahr schon ganz gut Finnisch sprechen.
Journalistin: Eine schöne Vorstellung. Und wenn unser alter Herr doch lieber in Hamburg bleiben und dort Finnisch lernen wollte?
Prof. Hüther: Tja, dann hätte er damit kaum Erfolg. In einem gewohnten Beziehungsgefüge, in dem man sich über Jahre hinweg eingerichtet hat, ist es immer deutlich schwieriger, den nötigen Sturm der Begeisterung auszulösen.
② 22 *Journalistin:* Sie sagen, dass man fürs Lernen bis ins hohe Alter etwas Bedeutsames braucht. Was kann das denn sein?
Prof. Hüther: Nun, wenn es um Begeisterung geht, lohnt es sich immer, auf Kinder zu schauen. Das Erste, was für sie im Leben von Bedeutung ist, ist der eigene Körper. Die ersten erlernten Netzwerke im Gehirn entstehen schon vor der Geburt durch die Signalmuster, die aus dem Körper kommen. Als Erwachsener sollte man deswegen versuchen, seinem Körper diese Bedeutung und Achtung zurückzugeben. Gymnastik, Entspannungsübungen, Yoga zum Beispiel – das sind alles Dinge, die einen bis ins hohe Alter begeistern können und uns letztlich auch mental beweglich sein lassen.
Journalistin: Interessant. Und was zeigen uns Kinder noch?
Prof. Hüther: Nun, sie zeigen uns, dass menschliche Beziehungen wichtig sind. Sie sind es, die das Kind nach der Geburt im Wesentlichen formen. Und so ist es auch für ältere Menschen begeisternd, mit anderen in Verbindung zu stehen.
Journalistin: Ja, deswegen gehen ältere Menschen ja auch noch an eine Universität oder besuchen einen Volkshochschulkurs.
Prof. Hüther: Stimmt, außerdem entspricht das der dritten Begeisterungsquelle beim Kind: Es kann sich für all das begeistern, was es in der Welt zu lernen, zu erfahren und zu entdecken gibt. Und das ist auch später noch bedeutsam und zeigt sich in Neugier und Freude an der Gestaltung.

Journalistin: Gibt es nicht dennoch Dinge, die das kindliche Gehirn viel besser lernt, bei denen das erwachsene Hirn deutlich im Nachteil ist?

Prof. Hüther: Ja, natürlich hat das Kind eine ganz andere Wachstumsdynamik. Die Durchblutung ist besser. Nährstoffe kommen leichter und schneller an die Zellen heran. Aber diese Eigenschaften würde ich nicht automatisch als Vorteil herausstellen. Wie gesagt, Kinder werden stark durch ihr Umfeld geprägt, unter ungünstigen Bedingungen auch sehr zu ihrem Nachteil. Das kann einem erwachsenen Hirn nicht mehr passieren.

Journalistin: Ja, das ist ein Hinweis, dem unsere Schulen nachgehen müssen. Aber das wäre sicher eine eigene Sendung wert. Für heute kann ich Ihnen nur für dieses aufschlussreiche Gespräch danken.

Prof. Hüther: Ja, danke, mir hat es auch viel Freude gemacht.

23 *Redner:* Guten Abend, meine sehr geehrten Damen und Herren! Ich begrüße Sie herzlich und freue mich, dass Sie trotz der fortgeschrittenen Stunde so zahlreich erschienen sind. Wie Sie wissen, steht Ihr Unternehmen – und somit auch Sie ganz persönlich – vor großen Veränderungen. Sie arbeiten jetzt mit einer ausländischen Firma zusammen. Das bedeutet, Sie werden viel neues Wissen erwerben müssen, um die Ihnen gestellten Aufgaben besser erfüllen und umsetzen zu können. Und der Weg vom Wissen zum Können ist kein leichter. Das möchte ich anhand von drei Folien verdeutlichen. In dieser kurzen Präsentation geht es mir also vor allem darum, dass Sie diesen Weg besser verstehen, auf diese Weise vielleicht Ängste abbauen und die Veränderungen als Chance betrachten, Ihre Kompetenzen zu erweitern. Nach der Präsentation haben wir eine halbe Stunde Zeit für Fragen und Diskussion. Danach werden wir uns in Arbeitsgruppen aufteilen, um zu überlegen, wie wir uns den Weg zu neuem Wissen und neuen Kompetenzen erleichtern können.

24 Lassen Sie uns beginnen: Wenn wir uns die Folie 1 anschauen und auf den Verlauf der Kurve achten, was sehen wir da? Die Kurve steigt über einen längeren Zeitraum nur sehr langsam an, dann aber plötzlich geht es ganz steil nach oben. Also: Wissen entwickelt sich kontinuierlich – Motivation natürlich vorausgesetzt – und motiviert sind Sie ja sicherlich alle, sonst wären Sie nicht hier! Allerdings geht es am Anfang ganz langsam, das Wissen schleicht sich sozusagen in unser Gehirn. Dann aber, ab einer gewissen Menge, geht die Entwicklung exponentiell, also ganz steil nach oben.

25 Schauen wir nun auf die Folie 2: Hier verläuft die Kurve in Sprüngen, das heißt, Können entwickelt sich sprunghaft nach einem immer ähnlich ablaufenden Schema. Warum ist der Unterschied wichtig? Die unterschiedlichen Prozesse zu kennen bedeutet, das, was passiert, zu verstehen. Sich in ein Fachgebiet einzuarbeiten ist am Anfang sehr mühsam. Das hat mit der Arbeitsweise des Gehirns zu tun. Den Sprung auf eine neue Könnens-Ebene wagen wir dann, wenn ausreichend Wissen vorhanden ist – also ab dem Zeitpunkt, an dem der Wissens-Zuwachs exponentiell verläuft. Wenn also die erste Wissens-Basis erarbeitet ist, geht es an den ersten Könnens-Sprung. Man springt sozusagen von „Null" – also „Ich kann etwas nicht", zum Beispiel „Ich bin noch nie ein Auto gefahren", – auf „Eins" – „Ich kann etwas grundsätzlich", zum Beispiel „Ich habe gerade meine erste Fahrstunde hinter mir und bin Auto gefahren". Wenn das alles nur so einfach wäre.

26 Betrachten wir nämlich Folie 3, so stellen wir Folgendes fest: Ist man auf einer neuen Könnens-Ebene angekommen, geht es oft nicht auf diesem hohen Niveau weiter. Es folgt ein leichter Abwärtstrend, eine Art Entwicklungskrise. Wieso diese Krise? Man ist an einem kritischen Punkt angekommen (Position 1) und stellt sich viele Fragen: „Bin ich wirklich so gut, zum Beispiel im Autofahren? Beherrsche ich alle Kniffe und Techniken?" Und man begreift: „So gut, wie ich dachte, bin ich vielleicht doch noch nicht". Es schließt sich daher nun eine neue Lern-Ebene (Position 2) an, die etwas unterhalb des eigentlichen Können-Niveaus liegt.

27 Sicherlich kennen Sie diese Situation. Sagen wir mal, Sie lernen eine Sprache. Nach anfänglichen Schwierigkeiten – vielleicht mit der Aussprache oder dem fremden Grammatiksystem – geht es ziemlich schnell vorwärts. Dann kommt ein bestimmter Punkt, an dem Sie den Eindruck haben, es geht gar nicht mehr vorwärts. Die Fortschritte sind für Sie nicht mehr erkennbar. Und natürlich werden Sie mutlos und denken: „Das lerne ich nie!", obwohl das natürlich überhaupt gar nicht stimmt.

Was können wir nun dagegen tun? Ich gebe Ihnen nur einige kurze Beispiele; denn genau das wird das Thema sein, mit dem wir uns nachher in den Arbeitsgruppen beschäftigen werden:
1. effiziente Lernmethoden einsetzen,
2. kreative Arbeitstechniken benutzen (zum Beispiel Wortnetze bilden),
3. Austausch mit anderen beziehungsweise von anderen lernen,
4. die eigene Einstellung überdenken – Es ist noch kein Meister vom Himmel gefallen!

Und last but not least:

5. üben, üben, üben.

Wie schon Thomas Mann zur Frage nach seinem Können als Schriftsteller sagte: „Das ist nichts, was einem in den Schoß fällt." In diesem Sinne bedanke ich mich bei Ihnen für Ihre Geduld und stehe Ihnen natürlich jetzt gerne für Fragen oder Diskussionsbeiträge zur Verfügung. Herzlichen Dank!

Lektion 8

28 1. *Arzt:* Guten Morgen, Frau Krümmer.
Patientin: Guten Morgen, Herr Doktor.
Arzt: Und wie geht's Ihnen heute?
Patientin: Nicht so gut.
Arzt: Aber der Operationsbefund sieht gut aus. Die Oberschenkelhalsfraktur heilt optimal.
Patientin: Das kann schon sein. Alles fühlt sich aber so an, als ob es abgestorben wäre. Die Hüfte ist noch total taub.
Arzt: Wie vertragen Sie denn die Medikamente?
Patientin: Ich habe dauernd Bauchweh.
Arzt: Legen Sie sich mal hin. Nein, nicht auf den Bauch, auf den Rücken. So, nun strecken Sie das linke Bein. Nein, nicht beugen, strecken, habe ich gesagt. Heben Sie das Bein in die Luft.
Patientin: Das schaffe ich nicht.
Arzt: Versuchen Sie es doch!
Patientin: Ich habe Ihnen doch gesagt, dass ich das nicht kann. Es tut verdammt weh.
Arzt: Gut. In Ordnung. Brauchen Sie für zu Hause Krücken?
Patientin: Ja, ohne geht es doch überhaupt nicht.
Arzt: Wie ist es mit dem Treppensteigen?
Patientin: Nun, wir wohnen im 3. Stock ohne Aufzug.
Arzt: Gut, dann sind wir fertig für heute. Ich verschreibe Ihnen ein schmerzlinderndes Mittel eine Heilsalbe und ein Paar Krücken, und dann kommen Sie in 14 Tagen wieder. Das Rezept bekommen Sie von der Arzthelferin.
Patientin: Hm.
Arzt: Wiedersehen.
Patientin: Auf Wiedersehen.

29 2. *Ärztin:* Guten Tag, Herr Rademacher.
Patient: Tag, Frau Michaelis.
Ärztin: Lange nicht gesehen! Heißt das, dass es Ihnen gut geht?
Patient: Eigentlich ja, aber, um ehrlich zu sein, ich habe seit Tagen Magenbeschwerden.
Ärztin: Wie äußert sich das?

Patient: Entweder habe ich ein Stechen so direkt unter dem Brustbein oder es brennt in der ganzen Magengegend.
Ärztin: Sind das anhaltende Schmerzen oder gehen sie von allein wieder weg? Oder tun Sie etwas dagegen?
Patient: Oft trinke ich einen Beruhigungstee, der hilft dann auch. Aber, was mir Sorgen macht, ist, dass es immer wieder kommt.
Ärztin: Könnte es mit irgendeinem Nahrungsmittel zusammenhängen, zum Beispiel Obst oder Fett oder so etwas?
Patient: Ist mir nicht aufgefallen.
Ärztin: Ich weiß, dass Sie einen anstrengenden und zeitraubenden Job haben. Wenn die Belastung so groß ist, dass Sie das Gefühl haben, ich schaffe es nicht, dann …
Patient: Das könnte natürlich sein. Im Urlaub habe ich das nämlich nie.
Ärztin: Ich kenne Sie lange genug, um zu wissen, dass Sie gesund leben, viel in der Natur sind und Sport treiben, sodass ich Ihnen erst mal empfehle, ein bisschen langsamer zu machen. Und achten Sie auf Ihre Ernährung und trinken Sie vielleicht ein bisschen weniger Kaffee. Ich verschreibe Ihnen noch Tabletten, die die Magensäure etwas neutralisieren.
Patient: Und wenn es nicht besser wird?
Ärztin: Dann können wir gemeinsam weiter überlegen, was zu tun ist.
Patient: Na gut.
Ärztin: Falls Sie in den kommenden Wochen keine Besserung feststellen, dann rufen Sie mich an!
Patient: Mach ich!
Ärztin: Das Rezept bekommen Sie vorne am Empfang.
Patient: Vielen Dank, Frau Michaelis, ja und dass Sie sich die Zeit genommen haben.
Ärztin: Das ist doch ganz normal. Auf Wiedersehen.

② 30 *Radiosprecher:* Alternative Heilmethoden – der neue Trend. Je sanfter und grüner, umso besser.
Ob Pillen, Kügelchen oder Öle – die alternativen Heilmethoden sind auf dem Vormarsch. Nachdem die traditionelle Schulmedizin in den Augen vieler Menschen versagt hat, wenden diese sich mehr und mehr der natürlichen Medizin zu. Sie behaupten: Seit 2.000 Jahren versucht die Menschheit, sich mit natürlichen Mitteln zu heilen, die Schulmedizin ist aber erst viel später entstanden. Somit können Pflanzenextrakte, Kräuter und ätherische Öle nicht grundsätzlich schlecht sein. Und infolge der Technisierung der Schulmedizin greifen immer mehr Menschen auf alternative Heilmethoden zurück.
Ein Forschungsteam der Universität Duisburg beschäftigte sich nun mit der Frage, welchen Stellenwert die sogenannte natürliche Medizin hat und wieso der Vertrauensvorschuss ihr gegenüber so groß ist. Hierbei kommt es zu erstaunlichen Ergebnissen: Zunächst einmal sind je nach Umfrage 60 bis 80 Prozent der Befragten grundsätzlich aufgeschlossen für alternative Heilverfahren. Die klassische Schulmedizin sehen nämlich viele als kalte, menschenverachtende Apparatemedizin an, während alternative Heilmethoden den Ruf genießen, natürlich und ganzheitlich zu sein. Infolgedessen müssen die Heilpraktiker, Kräuterverkäufer und Kügelchenhersteller auch keine wissenschaftlich gesicherten Nachweise erbringen.
② 31 Egal ob Bachblüten, Homöopathie oder Heilpflanzen: Bei allen Behandlungsmethoden spielt ein grenzenloser Glaube an die Natur ebenso mit wie die Annahme, dass es ja nicht schaden kann. Das hat zur Folge, dass die meisten Patienten meinen, pflanzliche Präparate bedenkenlos einnehmen zu können, entweder als Frischpflanzen und Extrakte oder auch in Form von Tees, Kapseln, Tropfen oder Salben. Viele Patienten sind von der Ungefährlichkeit pflanzlicher Präparate so überzeugt, dass sie auch giftige Stoffe zu sich nehmen, solange es nur aus der Natur kommt. So brüstet man sich zum Beispiel damit, dass bestimmte Giftpflaster in kürzester Zeit chronische Rückenleiden lindern, fragt aber nicht danach, wie es dem Patienten in vier Monaten oder in einem Jahr geht. Dass die Wirksamkeit verschiedener alternativer Heilmethoden meist nicht bewiesen ist und ihre langfristigen Folgewirkungen häufig nicht bekannt sind, scheint aber weder Therapeuten noch Patienten zu interessieren. Hauptsache, alles kommt möglichst natürlich daher. Doch trotz solcher Mängel spricht auch einiges für alternative Heilmethoden. Diese gehen zum Beispiel oft Hand in Hand mit ausführlichen Patientengesprächen und dem Versuch einer umfassenden Diagnose. Folglich entsteht häufig ein engeres und vertrauteres Verhältnis zwischen Arzt und Patienten. Zudem haben alternative Heilmethoden sowie Arzneimittel meist eine schonendere Wirkung als synthetische Medikamente oder der Einsatz medizinischer Apparate, demzufolge haben sie in der Regel deutlich weniger Nebenwirkungen als klassische Medikamente oder Verfahren. Außerdem belegen inzwischen Studien zum Beispiel die Wirksamkeit von Akupunktur oder Meditation. Hier gibt es nachweisbare Ergebnisse, sodass in diesen Bereichen auch Schulmediziner von alternativen Heilverfahren lernen können. „Es gibt viele Scharlatane und viele Studien von miserabler Qualität", meint David Eisenberg von der Harvard Universität, aber es gibt auch positive Erfahrungen. Am besten, man übernimmt in der Schulmedizin einfach, was wirksam und sicher ist.

Lektion 9

③ 1 1. *Frau 1:* Hey, Tina, bist du's? Ich glaub's ja nicht! Tina! Dass ich dich nach so vielen Jahren hier treffe. Und du siehst aus wie früher. Ich schwör's! Du bist ja gar nicht älter geworden.
③ 2 2. *Mann:* Er hat als Einziger die Prüfung mit Auszeichnung bestanden. Aber er war ja schon als Kind so ehrgeizig. Ja, doch, es ist schon ein tolles Gefühl, wenn deine Kinder dir solche Freude bereiten.
③ 3 3. *Frau 2:* Der Arme! Sitzt wieder ganz allein am Tisch und keiner setzt sich zu ihm. Ich glaub', der hat wirklich keine Freunde.
③ 4 4. *Kind:* Aber das tut bestimmt weh, wenn der bohrt. Ich will nicht dorthin. Der soll mir nicht in den Mund gucken.
③ 5 5. *Frau 3:* Ich hab's satt, immer hinter euch herzuräumen! Statt mir zu helfen, macht ihr immer nur Unordnung. Jetzt steh gefälligst auf und räum die Spülmaschine aus!

③ 6 *Radiosprecherin:* „Barfuss" – ein Film von und mit Til Schweiger. Ein Filmtipp von Karina Zöller. Nach seinen Ausflügen in Hollywood-Produktionen wie „Tomb Raider: Die Wiege des Lebens" und „King Arthur" ist Til Schweiger 2004 nach Deutschland zurückgekehrt und hat seitdem einige sehr erfolgreiche „Romantic Comedys" gedreht. Bei einer seiner beliebtesten Liebeskomödien „Barfuss" von 2005 fungierte Schweiger als Drehbuchautor, Regisseur und Produzent und übernahm die männliche Hauptrolle des Nick Keller. Nick Keller ist das schwarze Schaf einer reichen Familie. In den letzten Monaten hatte er sechs Arbeitsplätze und wurde jedes Mal rausgeworfen. Und auch sein Verhältnis zu seiner Familie ist nicht spannungsfrei. Sein Stiefvater Heinrich und sein Bruder Viktor halten ihn für einen völligen Versager. Nur seine Mutter hat den Glauben an ihn nicht verloren, aber die hat er seit acht Monaten nicht mehr angerufen.
Vom Arbeitsamt wird er als Reinigungskraft in eine psychiatrische Klinik vermittelt. Nachdem er auch dort keine Verantwortung zeigt, wird er sofort entlassen. Zerknirscht setzt er sich in eine Ecke des Baderaums und überlegt, was er als Nächstes tun soll. Auf diese Weise kann er in letzter Sekunde verhindern, dass sich die junge Leila – von Johanna Wokalek wunderbar naiv-kindlich gespielt – das Leben nimmt. Das hat aber ungeahnte Konsequenzen: Leila folgt ihrem Retter heimlich und steht abends plötzlich vor seiner Tür – im Nachthemd und barfuß.

Leila wurde die ersten 19 Jahre ihres Lebens von ihrer Mutter zu Hause eingesperrt und hat keine Erfahrung im Umgang mit anderen Menschen. Nach dem Tod der Mutter, zu dem Leila beigetragen hatte, weil sie keine Hilfe rief, wurde sie in die Klinik eingeliefert. Wieder eingeschlossen fühlt sie sich einsam und verlassen. Geistig ist Leila noch ein Kind und äußerst naiv. Sie nimmt alles wörtlich, was man ihr sagt, und zeigt unglaublich direkt, was sie fühlt.

7 Nick wird von seiner Mutter daran erinnert, dass er zur Hochzeit seines Bruders eingeladen ist; die Braut ist ausgerechnet Nicks ehemalige Freundin. Notgedrungen nimmt Nick Leila mit auf die Reise von München nach Hamburg, die sich über drei Tage erstrecken wird. Da Nicks Konto gesperrt wurde und sie sich keine Fahrkarten kaufen konnten, fliegen sie aus dem Nachtzug raus. Danach stiehlt Nick ein Auto und versucht, dieses zu verkaufen, um an Geld für ein Hochzeitsgeschenk zu gelangen. Trotz aller Hindernisse und Schwierigkeiten folgt Leila Nick voller Vertrauen. Und Nick wiederum, der noch nie erlebt hat, dass ihm jemand blind vertraut, schließt das naive und schüchterne Mädchen immer mehr ins Herz. Auf der Hochzeit gibt es jede Menge Konflikte und Probleme mit der Familie und Leila dreht durch. In der Folge informiert Nick heimlich die Klinik, dass sie Leila abholen sollen. In dem Moment wird ihm aber bewusst, dass er Leila liebt. Als man Leila abholt, wird Nick festgenommen, weil man glaubt, dass er sie entführt hat; er kommt aber kurz danach wieder frei. In der Klinik versucht Leila, sich zu erhängen, aber im letzten Augenblick schlüpft sie aus der Schlinge, kauert sich schluchzend auf den Boden und stammelt, dass sie Nick liebt und ohne ihn nicht weiterleben möchte. Nick wiederum simuliert einen Wahnanfall, um so in Leilas Klinik eingeliefert zu werden. Die Ärztin, die Nick in der psychiatrischen Anstalt untersucht, merkt, dass er simuliert. Als sie aber begreift, dass er Leila wirklich liebt und ihr ernsthaft helfen will, erfüllt sie seine Bitte und nimmt ihn in die geschlossene Abteilung auf, damit er mit Leila zusammen sein kann. Die letzte Szene des Films zeigt Nick und Leila acht Monate später im Supermarkt beim Einkaufen. Beide wurden aus der Klinik entlassen.

8 1998 kaufte Til Schweiger in den USA das Drehbuch für „Barfuss". In der ursprünglichen Fassung geht es um einen jungen Gauner, der eine Patientin aus einer psychiatrischen Klinik entführt und sie unter einer erfundenen Identität gegenüber seinen reichen Eltern als Braut ausgibt, um an Geld zu kommen, mit dem er seine Schulden in der Unterwelt begleichen will. Til Schweiger und seine Mitautoren ließen das Kriminelle fort, verlegten die Handlung nach Deutschland und konzentrierten sich auf die Beziehung zwischen der verstörten Patientin Leila und ihrem Lebensretter Nick.

Schweiger ist mit „Barfuss" eine gelungene Mischung aus romantischer Komödie und Road Movie gelungen. Die Geschichte würzt er mit abwechslungsreichen Gastauftritten von bekannten Gesichtern wie Jürgen Vogel, Axel Stein und Markus Maria Profitlich und mit wohldosierter Situationskomik. Die Faszination des Films ist aber vor allem der Newcomerin Johanna Wokalek zu verdanken, die die komplexe Rolle der Leila mit ihrer Gratwanderung zwischen Tragik und Komik brillant zu meistern weiß. Vor allem durch sie erweist sich „Barfuss" als ein kurzweiliger und unterhaltsamer Mix aus Romantik und Komödie, der mit Tempo und Charme zu begeistern und nicht nur weibliche, sondern auch männliche Zuschauer anzusprechen weiß.

9 *Sprecher:* Militärschnitt – Eine Kurzgeschichte von Stephan Schulte Kattenbusch.

Ich habe es an Susana's Reaktion bemerkt, als sich die Tür öffnete. Ich bediente noch einen anderen Kunden, doch als die Türglocke erklang, hob ich für einen Moment meinen Blick. Zwar konnte ich ihn von meinem Platz aus nicht sehen, doch sah ich im Spiegel das angstvolle Gesicht von Susana und die Zeichen, die sie ihm mit der Hand machte. Als wolle sie einen Hund verscheuchen.

Doch er ließ sich nicht einschüchtern.
„Wer ist es?"
„Es ist für dich. Ein neuer Kunde, der wissen möchte, ob du Zeit für ihn hast", antwortete Susana mit einer nicht ganz erholten Stimme.
„Lass ihn eintreten. In einem Moment bin ich hier fertig und kann ihn bedienen."
Von Anfang an haben wir es so aufgeteilt. Susana und Evelyn bedienen die Frauen, und ich bin für die Männer verantwortlich.
Ich bin eifersüchtig. Ich gebe es zu. Ich könnte nicht zusehen, wie Susana das Haupt eines anderen Mannes massiert. Zusehen, wie ihre Finger einen anderen streicheln. Sie lächeln sehen, ohne zu hören, was die anderen Typen zu ihr sagen und ohne ihre Antworten zu hören. Ich weiß nämlich ganz genau, was die anderen denken. Dass sie wie von Gott geschaffen ist. Umwerfend. Nicht umsonst habe ich sie geheiratet. Ich musste um sie kämpfen, anfangs widerstand sie, sie wollte nicht, doch schließlich habe ich sie zu meiner Frau gemacht.
Ich weiß, dass alle ein Auge auf sie geworfen haben. Jene, die sie durchs Fenster sehen und entscheiden, es sei Zeit für einen neuen Haarschnitt, und jene die monatlich kommen, da der Mann von heute auf sein Aussehen achten muss. Ich hasse die Art, wie sie Susana ansehen. Aber es ist gut für das Geschäft. Aber die Männer, die bediene ich. Und wem das nicht gefällt, der kann gehen. Bitte sehr! Es gibt genügend Friseure in dieser Stadt.

10 Das hat mich noch misstrauischer gemacht. Der junge Mann, der gerade eingetreten war und an den ich mich nicht erinnern kann, ihn vorher mal gesehen zu haben, schien nicht überrascht darüber zu sein, dass Susana ihn nicht bediente, obwohl sie frei war. Er hat auch nicht protestiert. Im Gegenteil, als wäre es das Selbstverständlichste der Welt setzte er sich auf einen Stuhl und wartete. Um den Schein zu wahren, nahm er eine Zeitschrift. Ich habe ihn aus dem Augenwinkel beobachtet, während ich Herrn Condea zu Ende rasierte. Ich bin es gewohnt, dass die Männer ihre Augen nicht von Susana lassen können, doch dies war die Höhe. So offen, so unverschämt! Und jedes Mal, wenn sie glaubte, ich könnte sie nicht sehen, antwortete Susana mit diesem verführerischen Lächeln, das sie besitzt.
„Bitte, setzen Sie sich. Wie möchten Sie Ihren Schnitt?"
„Kurz geschoren. Militärschnitt. Den Frauen gefallen die Militärs."
Er hat das extra gesagt. Ich weiß es. Ich bin mir sicher. Er wollte sehen, wie ich reagiere. Ich weiß nicht wie, aber er wusste, dass ich, seit dem, was meinem Vater geschehen ist, die Militärs nicht ausstehen kann.
Ich hab darauf nicht geantwortet. Ich habe mich auf die Arbeit beschränkt, stumm, ohne ein Wort zu sagen. Auch er verstummte, beobachtete mich jedoch mit diesem verachtenden Lächeln. Ich verspürte so eine Lust, ihm einen Schlag in dieses verdammte Lächeln zu verpassen! Doch ich ließ mir nichts anmerken, er sollte nicht merken, dass ich bereits Verdacht geschöpft hatte.
„Entschuldigen Sie mich einen Augenblick. Ich fühl mich unwohl. Ich brauche ein Glas Wasser. Ich komme gleich zurück. Möchten Sie auch ein Glas Wasser?", sagte ich laut, damit auch Susana es hören könne, und verschwand ins Hinterzimmer.

11 „Hab ich dir nicht gesagt, du solltest nie hierher kommen? Bist du verrückt, hier einfach so aufzutauchen? Und wenn er es merkt?"
„Ich musste den Alten mal sehen. Und vor allem hielt ich es nicht mehr aus ohne dich."
Ich hatte es schon seit Wochen vermutet. Es begann alles, als ich hörte, wie Carmen zu Susana sagte, sie hätten sich ja seit Ewigkeiten nicht gesehen, und so weiter und so fort. Susana dagegen hatte mir nur zwei Tage vorher erzählt, sie hätte Carmen auf der Straße getroffen und sie hätten einen Kaffee getrunken und sich dabei verquatscht. Daher käme sie so spät. Ich tat so, als hätte ich nichts bemerkt, doch seitdem habe ich meine Augen und Ohren offen ge-

halten und habe noch weitere Indizien gefunden. Jedes für sich unbedeutend, doch in ihrer Summe nährten sie meinen Verdacht, der heute seine Bestätigung fand.
Ich trat wieder in den Friseursalon ein, als wäre nichts geschehen, dankte dem Mann fürs Warten und fuhr fort mit der Maschine, ihm die Haare zu schneiden. Ich hätte ihm am liebsten eins in die Fresse gehauen, um ihm sein bescheuertes Lächeln aus dem Gesicht zu zaubern, doch ich hielt mich zurück. Ich wartete. Militärschnitt. Kurz geschoren.
„Ich sage dir, den Frauen gefällt der Militärschnitt. Sie glauben, es ist ein Zeichen der Männlichkeit. Der nackte Kopf erinnert sie an etwas anderes. Sie lieben es, mit ihren Händen über meinen Kopf zu streichen."
Ich schwöre Ihnen, es war nicht geplant. Ich mache es immer. Da sie selber nicht dahin kommen, rasiere ich meinen Kunden immer am Ende eines Haarschnittes den Hals mit dem Rasiermesser. Damit kein einziges Härchen übrig bleibt.
„Wenn du mir nicht glaubst, dann frag doch deine Susana. Die wird es dir bestätigen können."
Die Wahrheit muss gesagt sein: Er hat es selber herausgefordert. Ich hatte es nicht geplant und ich hätte es nie getan, so eifersüchtig ich auch bin. Aber dieser Idiot musste mich genau in dem Moment provozieren, in dem ich das Messer in der Hand hatte. Dafür muss man doch echt bescheuert sein, oder? Ich meine, was erwartete er? Dass ich ruhig bleibe?

Lektion 10

12 *Gabriela:* Du, Klaus, wenn alles klar geht, hab' ich im Sommer meinen Bachelor in der Tasche. Na ja, und ich überleg' mir inzwischen, ob ich meinen Master nicht im Ausland machen soll. Aber irgendwie weiß ich nicht so recht. Na ja, und, äh, du warst doch zwei Jahre in Mexiko. Würdest du sagen: „Das kann ich jedem nur empfehlen"?
Klaus: Hm, so eine schwierige Frage gleich am Sonntagmorgen. Also, als ich ins Ausland ging, hatte ich die Vorstellung, dass so ein Auslandsaufenthalt nur Vorteile hätte. Ich dachte mir, dass ich gleich mehrere Fliegen mit einer Klappe schlagen könnte.
Michaela: Ja, ja, das ist mal wieder typisch für Klaus. Immer gleich alles auf einmal, nie Schritt für Schritt.
Klaus: Na ja, warum nicht. Ich fahr' damit nicht schlecht. Aber um ehrlich zu sein, ich hatte schon etwas übertriebene Vorstellungen. Ich hab' gehofft, mein Spanisch erheblich zu verbessern, neue Freunde zu finden und ein bisschen hab' ich sogar davon geträumt, in Mexiko der Liebe meines Lebens zu begegnen.
Michaela: Daraus ist aber wohl nichts geworden.
Klaus: Na ja, aber träumen wird man ja wohl dürfen, oder? Und schließlich hab ich noch gehofft, dass ich jemanden finde, mit dem ich später so was aufbauen kann in Richtung Solarkocher. Ja, und für den Lebenslauf dacht' ich, wär' die Sache sowieso ein Pluspunkt.
Gabriela: Oh, mein lieber Mann! Da wolltest du aber 'ne ganze Menge!
Klaus: Ja, ja, stimmt schon. Ist wohl auch etwas typisch für mich. Na ja, und dann kam's eben, wie es kommen musste: Wunsch und Wirklichkeit stimmten dann doch nicht ganz überein – wie so oft im Leben. Natürlich kann ich inzwischen besser Spanisch, aber schreiben kann ich zum Beispiel immer noch nicht besonders gut. Schließlich will man die Leute auch nicht ständig mit der Bitte um Korrekturen nerven oder so. Mexikaner kenne ich jetzt auch 'ne Menge. Aber die große Liebe hab' ich nicht gefunden – oder sie mich nicht.
Michaela: Sag' ich doch!
Klaus: Tja, und ob es mir für die berufliche Zukunft tatsächlich etwas bringt, das muss sich erst noch rausstellen.

13 *Gabriela:* Aber Vorteile hat es doch sicherlich, eine längere Zeit – also ich mein', so mindestens 'n Jahr – im Ausland zu verbringen, oder?
Klaus: Na klar. Und ich würde sogar sagen, die Vorteile überwiegen. Positiv daran ist, dass man die neue Sprache gleich anwenden kann oder muss und täglich auch im Alltag dazulernt, natürlich. Ein weiterer Vorteil ist: Man lernt mal eine ganz andere Mentalität und Kultur kennen. Das geht ja schon los bei den alltäglichsten Dingen wie Pünktlichkeit, Essgewohnheiten, Körperkontakten unter Freunden und so weiter.
Gabriela: Hm, das ist bestimmt gar nicht immer so leicht.
Klaus: Ja, und darum kann das auch ein Nachteil sein: Dieser anderen Mentalität und Kultur ist man schon irgendwie ausgesetzt. Man muss sie also mögen oder sich mit ihr anfreunden, sonst fühlt man sich in dem Land völlig fehl am Platz. Also, Vorteile und Nachteile hängen deswegen, wie ich finde, auch immer vom Blickwinkel und von der Offenheit der betreffenden Person ab. Auf jeden Fall sollte man keine zu hohen Erwartungen haben. Die können nämlich leicht enttäuscht werden. Und dann fällt es besonders schwer, dem Ganzen noch etwas Positives abzugewinnen beziehungsweise bis zum Ende durchzuhalten.
Michaela: Und, wie war's bei dir?
Klaus: Also, ich kann sagen, meinen Horizont hat die Zeit in Mexiko auf jeden Fall erweitert. Und das ist wohl der größte Vorteil, wenn man eine neue Kultur mal länger hautnah erlebt. Man fängt spätestens dann an, die eigene, also unsere europäische, deutsche Mentalität zu hinterfragen und merkt: Es geht auch ganz anders. Je nachdem entdeckt man plötzlich Seiten an sich, die man bisher nicht kannte. Oder man kann eine bestimmte Seite von sich mehr ausleben, was so in der eigenen Kultur nicht gehen würde.
Gabriela: Hm, versteh' ich nicht, was meinst du denn damit?
Klaus: Na ja, zum Beispiel wenn du als Mensch eher ein unpünktlicher Typ bist, kannst du es dort, also ich spreche jetzt natürlich von Mexiko, auch leichter haben.
Gabriela: Ach so. Gibt's denn auch echte Nachteile?
Klaus: Der einzige echte Nachteil könnte sein, dass es viel mehr Mühe und Zeit kostet, die bestehenden Kontakte zu Freunden und Familie auf die Entfernung aufrechtzuerhalten. Dazu muss man schon bereit sein, wenn man sie nicht verlieren will.

14 *Gabriela:* Das klingt ja alles ganz schön weise, was du da gerade sagst. Aber was mich noch interessiert: Wem würdest du also zu einem längeren Auslandsaufenthalt raten?
Klaus: Also, eigentlich habe ich das schon indirekt angesprochen: Ich empfehle so eine Auslandsphase Leuten, die persönlich oder beruflich davon profitieren wollen. Das müssen aber auch Leute sein, die bereit sind, ihre Beziehungen zu Hause weiter zu pflegen, denn sonst machen sie bestimmt eher die Erfahrung: „Aus den Augen, aus dem Sinn." Wobei das natürlich nicht immer schlecht sein muss, denn so stellt sich leicht heraus, wer wirkliche Freunde sind. Und natürlich sollte er oder sie auch bereit sein, die organisatorischen und praktischen Hürden für dieses Vorhaben in Angriff zu nehmen: Visum beantragen, WG-Zimmer untervermieten und so weiter.
Gabriela: Hm, und was sollte man am ehesten im Ausland machen, wenn es einem insbesondere um eine interkulturelle und nicht so sehr um eine akademische Erfahrung geht?
Klaus: Tja, also, ich würde sagen: je nach dem. Wenn jemand irgendwas beruflich ausprobieren möchte, vielleicht ein Praktikum oder einen Freiwilligendienst. Wenn jemand dasselbe weitermachen will wie hier, dann sicherlich studieren oder arbeiten.
Gabriela: Und was würdest du mir empfehlen?
Klaus: Also, wenn du dir nicht sicher bist, ob du überhaupt im Ausland studieren möchtest, dann würde ich erstmal für einige Zeit in ein Land reisen, das dich interessiert, zum Beispiel mit einem „Work and Travel-Visum". Dann kannst du sehen, wie du zurechtkommst, ob dir das überhaupt liegt, länger in einem fremden Land zu leben, und was sich dir für Möglichkeiten vor Ort bieten.

Gabriela: Hm, das klingt ganz gut. Das werd' ich mir überlegen. Ah, ja und danke für deine weisen Antworten.
Klaus: Na, so alt bin ich ja nun auch wieder nicht.
Michaela: Bist du dir da so sicher?

15 *Sprecherin:* Wie bekomme ich Informationen? Das europäische Netzwerk Eurodesk berät – kostenlos und neutral – junge Leute, die für längere Zeit ins Ausland gehen wollen.
Herr Hahn-Rehmer: Hahn-Rehmer, Eurodesk. Was kann ich für Sie tun?
M. Jung: Guten Tag, hier ist Martina Jung. Ich habe auf Ihrer Webseite gelesen, dass Sie auch telefonisch beraten. Hätten Sie jetzt Zeit oder passt es gerade nicht?
Herr Hahn-Rehmer: Doch, dafür sind wir ja da! Was möchten Sie denn wissen?
M. Jung: Also, ich habe mich schon mal bei Ihnen im Internet umgesehen, und jetzt bin ich ganz verwirrt. Ich weiß nicht so recht, was ich machen soll. Ich studiere Betriebswirtschaft im 3. Semester und möchte gern ins Ausland – am liebsten ein Praktikum machen. Könnten Sie mir da vielleicht etwas empfehlen?
Herr Hahn-Rehmer: Ich kann Sie schon beraten, aber zuerst muss ich etwas klarstellen. Wir beraten neutral, das heißt, wenn ich Ihnen eine Organisation nenne, gebe ich damit keine Garantie für ihre Qualität ab. Vielleicht haben Sie schon die Nutzungshinweise in unserer Datenbank gelesen?
M. Jung: Nein, tut mir leid. So weit bin ich noch nicht gekommen.
Herr Hahn-Rehmer: Na ja, das macht ja auch nichts. Ich wollte Sie nur darauf hinweisen. Natürlich schauen wir, ob die Organisationen vielleicht ein Gütezeichen haben oder zumindest nicht auf der Sektenliste stehen, aber richtig prüfen können wir sie natürlich nicht.
M. Jung: Klar, das hätte ich auch nicht erwartet.
Herr Hahn-Rehmer: Aber kommen wir zu Ihrer Frage. Zunächst möchte ich Ihnen eine Gegenfrage stellen: Worum geht es Ihnen denn bei Ihrem Auslandsaufenthalt? Geht es Ihnen um das Fach oder eher um Sprachkenntnisse oder um die interkulturelle Erfahrung?
M. Jung: Ja, ich glaube, um alle drei, aber ich möchte vor allem auch arbeiten.
Herr Hahn-Rehmer: O. k. Ich würde Ihnen aber von einem Praktikum abraten.
M. Jung: Entschuldigen Sie, wenn ich Sie unterbreche. Warum denn kein Praktikum? Das wäre doch sicherlich nützlich!
Herr Hahn-Rehmer: Prinzipiell schon, aber aus unserer Erfahrung ist es bei Ihnen noch zu früh. Sie sind doch noch am Anfang Ihres Studiums. Da fehlt es eigentlich noch an fachlicher Kompetenz, um wirklich als Praktikant arbeiten zu können. Ich würde Ihnen eher empfehlen, mit einem Freiwilligendienst ins Ausland zu gehen. Der Arbeitseffekt ist derselbe, aber Sie brauchen keine besonderen Vorkenntnisse.

16 *M. Jung:* Gut. Was gibt es denn da für Möglichkeiten?
Herr Hahn-Rehmer: Sie könnten zum Beispiel ein freiwilliges europäisches Jahr machen oder ein freiwilliges ökologisches Jahr im Ausland oder …
M. Jung: Entschuldigen Sie, wenn ich kurz dazwischenfrage. Ein Jahr? Das ist doch viel zu lang für mich, ich dachte da eher an die Semesterferien.
Herr Hahn-Rehmer: Das geht allerdings nicht. Die Programme in den Freiwilligendiensten dauern in der Regel zwischen sechs Monaten und einem Jahr. Da brauchten Sie schon mindestens ein Urlaubssemester.
M. Jung: Also, das kommt für mich nicht infrage. Hätten Sie noch eine andere Idee?
Herr Hahn-Rehmer: Ja, da gibt es schon noch etwas. Sie könnten mit „WWOOF" ins Ausland gehen.
M. Jung: Verzeihung, mit wem, bitte? Könnten Sie das noch mal wiederholen?
Herr Hahn-Rehmer: Mit „WWOOF – willing workers on organic farms". Da können Sie auf einer ökologisch orientierten Farm arbeiten. Sie überlegen sich, in welches Land Sie wollen, wir nennen Ihnen Adressen und Sie nehmen dann selbst Kontakt auf und fragen, ob Hilfskräfte gebraucht werden. Sie können reisen, wohin, wann und wie lange Sie wollen und sehr kurzfristig entscheiden.
M. Jung: Klingt interessant, obwohl Landarbeit nicht gerade meine Lieblingsbeschäftigung ist.
Herr Hahn-Rehmer: Ja, das kann ich verstehen. Aber vielleicht ist es eine ganz neue Erfahrung! Australien und Neuseeland sind zum Beispiel sehr gefragt.
M. Jung: Hm, haben Sie noch einen Moment Zeit? Ich hätte da noch 'ne Frage.
Herr Hahn-Rehmer: Bitte!
M. Jung: Wie ist es denn mit der Bezahlung bei diesem Programm?
Herr Hahn-Rehmer: Sie arbeiten gegen Unterkunft und Verpflegung.
M. Jung: Das heißt also, die Reisekosten müsste ich selbst bezahlen.
Herr Hahn-Rehmer: Genau.

17 *Frau Seemann:* GIZ, Seemann, guten Tag.
Herr Bremer: Guten Tag, hier ist Jens Bremer. Bin ich hier richtig bei der Deutschen Gesellschaft für Internationale Zusammenarbeit?
Frau Seemann: Ja, genau. Was kann ich für Sie tun?
Herr Bremer: Ich wollte mich gern nach Fortbildungsprogrammen erkundigen, die Sie im Ausland durchführen.
Frau Seemann: Darf ich fragen, wie alt Sie sind?
Herr Bremer: Natürlich! Ich bin 25. Und ich hab' gerade meine Ausbildung als kaufmännischer Ingenieur abgeschlossen.
Frau Seemann: Ah, Sie haben Ihre Ausbildung schon beendet. Das ist gut, haben Sie denn schon Berufspraxis?
Herr Bremer: Nein, leider noch nicht.
Frau Seemann: Na ja, das macht nichts. – Wie steht es mit Fremdsprachen?
Herr Bremer: Englisch kann ich recht gut, Französisch nur ein bisschen, dafür spreche ich ein wenig Russisch.
Frau Seemann: Aha. Und wohin zieht es Sie am meisten?
Herr Bremer: Am liebsten würde ich in die USA.
Frau Seemann: Ja, da wollen alle hin. Wenn ich Ihnen einen Tipp geben darf: In asiatischen Ländern finden Sie leichter ein Praktikum. Wie lange wollen Sie denn raus?
Herr Bremer: Sechs Monate müssten es schon sein.

18 *Frau Seemann:* Dann wären zum Beispiel Japan oder China genau das Richtige für Sie. Da gibt es das Heinz Nixdorf-Programm zur Förderung der Asien-Pazifik-Erfahrung deutscher Nachwuchsführungskräfte.
Herr Bremer: Aha! Und worauf wird da Wert gelegt?
Frau Seemann: Das Programm möchte im Geiste seines Gründers, des Unternehmers Heinz Nixdorf, die Kreativität und unternehmerischen Anlagen der Nachwuchskräfte stärken und sie Marktkenntnisse dort sammeln lassen, wo die Wirtschaft große Dynamik entfaltet – nämlich in Asien.
Herr Bremer: Das klingt ziemlich gut. Halt die Sprache?! Ich kann weder Japanisch noch Chinesisch.
Frau Seemann: Keine Sorge! Es gibt die Möglichkeit einer sprachlichen Vorbereitung.
Herr Bremer: Aha! Und wo kann ich da nähere Informationen bekommen? Oder können Sie mir die geben?
Frau Seemann: Genauere Informationen können Sie über uns erhalten. Haben Sie was zu schreiben?
Herr Bremer: Ja, hab' ich.
Frau Seemann: O. k., also: GIZ, Friedrich-Ebert-Allee 40, 53113 Bonn, Tel: 0228/44600. Fax …
Herr Bremer: Das brauche ich nicht. Wie lautet Ihre Internet-Adresse?
Frau Seemann: www.giz.de, dort finden Sie sicher auch noch an-

dere interessante Informationen. Geben Sie einfach „Nixdorf" bei „Suchen" ein, dann kommen Sie direkt auf die richtige Seite.
Herr Bremer: Alles klar und ganz herzlichen Dank!
Frau Seemann: Ich wünsche Ihnen viel Erfolg.
Herr Bremer: Vielen Dank. Auf Wiederhören.
Frau Seemann: Wiederhören.

Lektion 11

19 Auszug aus: Joseph Haydn: Die Jahreszeiten, Der Sommer

20 *Sprecherin:* Norbert
In den Baumwipfeln, dort, wo der Wald heller wurde und sich zu einem Feld hin öffnete, war eine Gruppe von Eichhörnchen zu Hause. Wie herrlich war es im Sommer von früh bis spät von Baum zu Baum und von Ast zu Ast zu springen. Wie viel Spaß machte es, sich in Baumhöhlen zu verstecken, die anderen bis zur Baumspitze zu verfolgen und zwischen den Blättern hindurchzuhuschen.
Als der Herbst kam und die Tage kürzer wurden, begannen die Eichhörnchen Eicheln, Nüsse und Körner für den Winter zu sammeln und im Wald zu vergraben. Nur Norbert nicht. Der flitzte weiterhin durch den Wald, eilte die Baumstämme hinauf und hinab, sprang im Geäst herum und erfreute sich an der Schnelligkeit. Und manchmal setzte er sich ganz oben auf einen Baumwipfel und ließ sich stundenlang die Sonne ins Gesicht scheinen.
„Du tust ja gar nichts!", schimpften die anderen. „Wir arbeiten tagein, tagaus und du faulenzt hier rum. Fang endlich mit dem Sammeln an!"
„Ich sammle doch", sagte Norbert. „Was denn?", wollten sie wissen.
„Sag ich nicht", entgegnete Norbert. Das ärgerte die fleißigen Eichhörnchen und sie wandten sich von Norbert ab.
Bald kam der Winter, es wurde kalt und ungemütlich. Die Eichhörnchen zogen sich in ihre Baumhöhlen zurück und verließen diese nur, um etwas von ihren versteckten Vorräten zu holen. Das Leben war jetzt schrecklich langweilig für sie, es gab nichts zu tun und manch einer wurde trübsinnig.
Auch für Norbert war es zu kalt geworden, an eisigen Baumstämmen und auf feuchten Ästen herumzuturnen. Er suchte nach einer gemütlichen Baumhöhle, die guten waren aber alle besetzt. Er versuchte Nahrung zu erschnuppern, aber Schnee und Eis hatten den Waldboden längst bedeckt, und er konnte nichts finden.
„Habt ihr was für mich?", fragte Norbert seine Freunde. Die aber lachten ihn aus und sagten: „Wo ist denn deine Sammlung? Jetzt hol dir doch was davon!"
„Lass mich rein, dann zeig ich dir, was ich gesammelt habe", sagte Norbert schließlich zu einem der Freunde, der besonders traurig aussah. Der Freund ließ ihn schließlich rein, und nachdem Norbert sich ein bisschen aufgewärmt hatte, fing er an zu erzählen: Geschichten von Sommer und Sonne, von Farben und Düften, von Spiel und Bewegung. Und schon bald wurde es dem Eichhörnchen warm ums Herz, es wurde fröhlich und konnte wieder lachen. Bis tief in die Nacht hinein hörte man lautes Lachen und Sprechen aus der Baumhöhle.
Am nächsten Tag hatte es sich schnell herumgesprochen, wie Norbert den Sommer ins Herz zurückbringt, und alle wollten das erleben. So hatte Norbert für den Rest des Winters Unterschlupf und konnte jedes der beschämten Eichhörnchen mit seinen gesammelten Geschichten beglücken.

21 *Radioprecher:* Die Natur als Ingenieur: Was ist Bionik?
Im Zeitalter der modernen Technik erscheinen viele Errungenschaften des Menschen im Vergleich zum Vorbild Natur noch immer eher bescheiden: So muss verglichen mit den akrobatischen Flugkünsten der Stubenfliege selbst der modernste und wendigste Hubschrauber passen. Die Natur hingegen scheint ein geradezu unerschöpfliches Reservoir an oft genial einfachen Lösungen parat zu haben. Was liegt näher, als sich diese zum Vorbild zu nehmen? Die Bionik, eine Wissenschaft an der Grenze zwischen Technik und Biologie, tut genau dies. Als Grenzgänger zwischen den Disziplinen forschen ihre Vertreter nach den Prinzipien, die hinter den Konstruktionen der Natur stehen, und versuchen, diese Prinzipien in die Technik zu übertragen.
Der Begriff Bionik wurde 1960 vom amerikanischen Luftwaffenmajor Steele geprägt. Er sollte das „Lernen aus der Natur für die Technik" verdeutlichen. Oder, wie der deutsche Vorreiter der Bionik, Werner Nachtigall, es formulierte: Lernen von der Natur für ein eigenständiges technisches Gestalten.
Fragen an die Natur haben im Moment Hochkonjunktur, denn die Konstruktionen der Natur sind vor allem eins: effektiv bei maximaler Energie- und Materialausnutzung. Im Zeitalter schwindender Ressourcen und drohender Klimaveränderung sind es vor allem diese Eigenschaften, die das Vorbild Natur für Wissenschaftler und Techniker interessanter denn je machen. Das Paradebeispiel für Bionik ist der Traum vom Fliegen! Der Vogel gilt als Vorbild für die Flugzeugkonstruktion: Der Mensch hat bis heute große Fortschritte in der Flugtechnik gemacht. Doch die Perfektion des Vogelfluges bleibt unerreicht. Aber Bionik muss nicht immer kompliziert sein. Auch in einfachen Dingen steckt die Genialität der Natur, wie zum Beispiel in einer Pinzette. Und wer nicht wie Enten und Gänse Schwimmflossen zwischen den Zehen hat, zieht sich einfach welche an.

22 Ein Klassiker der Bionik ist der Lotuseffekt. Professor Wilhelm Barthlott von der Universität Bonn machte in den 70er-Jahren eine bahnbrechende Entdeckung: Die Blätter der im fernen Osten beheimateten Lotusblume sind immer sauber. Sie haben die faszinierende Fähigkeit, sich selbst zu reinigen. In jahrzehntelanger Arbeit wurde dieser sogenannte Lotuseffekt genauestens erforscht. Mittlerweile ist er patentiert und im praktischen Einsatz.
Das Lotusblatt enthüllt erst unter dem Elektronenmikroskop sein Geheimnis: Auf der Blattoberfläche sitzen winzige Wachskristalle, die dem Blatt eine raue, genoppte Struktur verleihen. Die unzähligen mikroskopisch kleinen Noppen bewirken, dass Schmutzpartikel und Wassertropfen nur wenige Kontaktstellen mit dem Blatt haben und daher nicht anhaften können. Wassertropfen perlen kugelförmig ab und nehmen dabei Schmutz- und Staubpartikel mit.
Es ist gelungen, diese raue Mikrostruktur auf künstlichen Oberflächen nachzubilden. Der Lotuseffekt hat heute in diversen Anwendungen Einzug in den Alltag gehalten. Es gibt Keramikgefäße, die nicht verschmutzen können. Es gibt Fassadenfarbe, die Wasser und Schmutz von Hauswänden einfach abperlen lässt. Es gibt ein Silikonwachs, das auf verschiedene Materialien aufgesprüht werden kann, zum Beispiel auf Markisen, Dachziegel oder schnell verschmutzende Gegenstände wie Gepäckablagen in Zügen. Geforscht wird auch daran, Flugzeuge mit einer Lotuseffekt-Oberfläche zu versiegeln. Dann könnten sich Wassertropfen und Eiskristalle nicht mehr auf Tragflächen und Flugzeugrumpf halten und das lästige Enteisen im Winter würde wegfallen.

23 1. *Sprecherin:* Jakarta – Der indonesische Vulkan Merapi hat auch am Wochenende unvermindert heiße Gaswolken und Lava ausgespuckt. Angesichts der nach wie vor großen Gefahr durch den Feuerberg auf Java riefen die Behörden am Sonntag die Menschen aus der direkten Gefahrenzone auf, in den Notquartieren zu bleiben.

24 2. *Sprecher:* Bangkok – Bei Überschwemmungen und Erdrutschen im Norden Thailands sind nach ersten Schätzungen der Behörden mehr als hundert Menschen ums Leben gekommen. Nach den ungewöhnlich heftigen Monsun-Regenfällen am Wochenende stehe das Wasser auf manchen Straßen bis zu zwei Meter hoch, sagte der Gouverneur der Provinz Uttaradit.

🔊 25 3. *Sprecherin:* Hamburg – Ein Unwetter mit Sturm und Orkanböen ist in der Nacht zum Sonntag über weite Teile Deutschlands hinweggefegt. In Hameln in Niedersachsen wurde dabei ein 71-jähriger Mann von einem herabstürzenden Ast erschlagen.

🔊 26 4. *Sprecherin:* Wellington – Während in Deutschland mehrheitlich auf steigende Temperaturen und weniger Regen gewartet, wird, stöhnt Neuseeland unter einem der trockensten Sommer in den vergangenen hundert Jahren. Die Lage für die Landwirte sei ernst. Sollte die Dürre anhalten, sei ihre Produktion ernsthaft in Gefahr, beklagten auch Viehzüchter.

🔊 27 5. *Sprecher:* Lissabon – Das Flammen-Inferno in den Wäldern Portugals nimmt immer dramatischere Ausmaße an. Mehrere Menschen wurden verletzt, zahlreiche mussten ihre Dörfer verlassen. Angefacht durch heiße Winde aus Afrika breiten sich die Feuer immer weiter aus. Mehr als 3.400 Feuerwehrleute und Soldaten kämpften in Portugal bei drückender Hitze gegen mehr als 20 Waldbrände. Mindestens 15 Menschen erlitten Verletzungen.

🔊 28 6. *Sprecherin:* Kaprun – Von einer Lawine ist eine Urlaubergruppe aus den Niederlanden in der Nähe des österreichischen Ortes Kaprun verschüttet worden. Die zwölf Bergsteiger und ihr österreichischer Bergführer konnten sich selbst aus den Schneemassen befreien.

🔊 29 7. *Sprecher:* Warschau – Die Kältewelle aus Russland hat nun auch in Polen erste Opfer gefordert. Allein an diesem Wochenende wurden mindestens 27 Kältetote gemeldet. Im Osten des Landes fiel das Quecksilber nachts zum Teil auf Temperaturen von minus 32 Grad. Seit Beginn des Winters sind in Polen bereits 144 Menschen an den Folgen der Kälte gestorben.

🔊 30 *Radiosprecher:* Und nun folgt unsere Sendung „Redezeit – Experten im Gespräch" mit Nicola Preuß.
Interviewerin: Liebe Hörerinnen und Hörer, herzlich willkommen bei unserer Themenreihe „Erneuerbare Energien". Um das wachsende Energie- und Klima-Problem in Deutschland zu lösen, möchte die Bundesregierung unser Energiekonzept auf drei Füße stellen: 1. Energieeinsparung, 2. effiziente Nutzung von Energie und 3. Ausbau der erneuerbaren Energien. Was die erneuerbaren Energien betrifft, so geht man von einem Mix aus Wind- und Wasserkraft, Solarenergie, Biomasse und Erdwärme aus.
Für unsere Sendereihe haben wir Experten der einzelnen Branchen gebeten, sich den kritischen Fragen unserer Hörerinnen und Hörer zum Thema zu stellen und das Für und Wider der Energiequellen zu beleuchten. Das Thema der heutigen Sendung ist Windkraft; wir sprechen darüber mit Hermann Roser von der Kampagne „Windkraft im Blick". Herzlich willkommen, Herr Roser.
Herr Roser: Herzlichen Dank und guten Tag!
Interviewerin: Herr Roser, im letzten Jahr soll der Anteil der Erneuerbaren Energien am Strommix in Deutschland bei 19,9 Prozent gelegen haben. Ist das nicht ein bisschen wenig?
Herr Roser: Na ja, wie man's nimmt. Im internationalen Vergleich nimmt Deutschland in punkto erneuerbare Energien eine Spitzenposition ein. Dennoch wäre hier eine enorme Steigerung möglich: Eine aktuelle Studie des Fraunhofer-Instituts zum Beispiel kommt zum Ergebnis, dass die Windenergie bis zu 65% des Strombedarfs decken könnte, wenn man auf nur 2% der Fläche in Deutschland Windenergieanlagen bauen würde.
Interviewerin: Schön, aber hier sind wir schon beim ersten Vorwurf unserer Hörerinnen und Hörer gegen Windenergieanlagen: Windräder verschandeln und verunstalten die Landschaft! Das meint unter anderem Bruno Moser aus Greiffenstein, wenn er sagt: „Wertvolle Naturräume in Deutschland werden zu Energieerzeugern degradiert. Landschaften verkommen zu Windenergieparks!"

Herr Roser: Hm, soll ich Ihnen auch hierzu eine Zahl nennen? Nur 27% der Deutschen finden Windkrafträder unästhetisch. Und außerdem: Windkraftanlagen sind technische Symbole einer nachhaltigen Energieerzeugung. Wenn man sie nicht in besonders naturnahe und außergewöhnlich schöne Landschaften baut, stören sie ihre Umgebung nicht. Die meisten Anlagen werden auf Feldern gebaut und brauchen nur sehr wenig Platz.
Interviewerin: Mmh, einige unserer Hörer befürchten Gesundheitsrisiken: Annette Lehners aus Michelstadt zum Beispiel will krebskrank geworden sein, nachdem eine Windkraftanlage in der Nähe ihres Einfamilienhauses gebaut worden war. Sie will das Gesundheitsrisiko von Windrädern nachweisen können.
Herr Roser: Dazu kann ich nur sagen: Es ist inzwischen erwiesen, dass von Windenergieanlagen keine krank machende oder belästigende Wirkung ausgeht.
Interviewerin: Auf die Gesundheitsfrage würde ich allerdings gern noch näher eingehen: Was ist mit der Lärmbelästigung?
Herr Roser: Nun, natürlich hängt die Frage, wie laut man etwas empfindet, auch von der Einstellung der jeweiligen Person zu Lärm ab. Aber moderne Windenergieanlagen sind relativ leise. Dank der technologischen Entwicklung laufen gut konstruierte Anlagen so ruhig, dass sie für Menschen, die ein paar hundert Meter entfernt wohnen, fast nicht zu hören sind. Da sind andere natürliche Geräusche wesentlich lauter. Also keine Lärmbelästigung und damit kein Gesundheitsrisiko!

🔊 31 *Interviewerin:* Unser Hörer Markus Keller aus Lützelbach will beobachtet haben, dass es in seinem Dorf weniger Vögel gibt, seitdem am Dorfrand drei Windräder aufgestellt wurden. Außerdem sollen durch Windanlagen schon Tausende von Vögeln gestorben sein. Könnten Sie uns dazu bitte Untersuchungsergebnisse liefern?
Herr Roser: Genaue Untersuchungsergebnisse dazu liegen mir nicht vor. Doch gibt es eine Veröffentlichung von US-Wissenschaftlern in der Zeitschrift „Nature", wonach die Zahl von einigen tausend Vögeln, die durch Windkraftanlagen getötet werden, sehr gering sein soll im Vergleich zu den „mehreren Millionen" Vögeln, die pro Jahr von Hauskatzen oder im Straßenverkehr getötet werden. Und ich ...
Interviewerin: Tut mir leid, wenn ich Sie unterbreche, aber ich fürchte, unsere Zeit reicht sonst nicht mehr.
Herr Roser: Ja, bitte.
Interviewerin: Ich würde nämlich gern noch zum letzten Punkt kommen, zur Frage der Kosten: Nur um geeignete Standorte für Windkraftanlagen in der Umgebung zu finden, soll der Odenwaldkreis schon rund 100.000 Euro ausgegeben haben. Produktion, Transport und Betrieb der Anlage kosten ein Vielfaches davon, meint unser Hörer Johannes Möhler aus Erbach. Und damit reiht er sich ein in die Reihe der Anrufer, die Windenergie für zu teuer halten.
Herr Roser: Nun, dazu ist Folgendes zu sagen: Im Gegensatz zu erneuerbaren Energien sind fossile Energien begrenzt. Die weltweiten Vorräte an Öl, Gas und Uran sind in einigen Jahrzehnten aufgebraucht, und auch die Kohlevorräte sind begrenzt. Die Kosten für Kohle, Öl oder Gas sind alles andere als stabil, sondern steigen ständig. Schon heute ist Windstrom billiger als konventionell erzeugter Strom. Außerdem haben Windenergieanlagen eine positive Ökobilanz.
Interviewerin: Positive Ökobilanz? Was heißt das? Würden Sie das bitte erläutern?
Herr Roser: Das heißt, dass Windkraftanlagen schon in drei bis sechs Monaten die Energie wieder hereinholen, die für Herstellung, Betrieb und Entsorgung benötigt wird.
Interviewerin: Herr Roser, das ist eine wertvolle Information. Ich danke Ihnen für dieses interessante Gespräch.
Und wenn Sie möchten, liebe Hörerinnen und Hörer ...

Lektion 12

32 *Paul:* Hallo, du entschuldige, dass ich zu spät komme. Was gibt's?
Herbert: Schon o. k., Paul. Ich wollte es dir am Telefon nicht sagen. Du wirst nicht glauben, was passiert ist?
Paul: Was ist denn?
Herbert: Du weißt doch, dass ich immer Lotto spiele.
Paul: Ja, und? – nein, du wirst doch nicht endlich …?
Herbert: Doch. Ich habe gestern 10.000 Euro gewonnen.
Paul: Ist nicht dein Ernst?
Herbert: Doch. Ich weiß immer noch nicht, was ich dazu sagen soll – ich kann's noch gar nicht glauben!

Paul: Das ist ja großartig. Ich freue mich echt für dich!

33 du fragst: „was ist?" ich sage: „nichts"
und ziehe weiter mein Gesicht
du sagst: „dann ist ja alles gut"
ich krieg' die Wut, mir kocht das Blut
hast du den Aufschrei nicht gehört
den meine Körpersprache röhrt
den tiefen Schmerz zwischen den Zeilen
die schwer auf meiner Zunge weilen
ich bombardier' dich mit Photonen
die meine Aggressionen betonen
sie interessier'n dich einen Scheiß
diese Millionen von Details
das alles bleibt …
ausgesprochen unausgesprochen
alles bleibt
ausgesprochen unausgesprochen
würd'st du mich wirklich lieben
dann wüsstest du genau
wie ich gerade fühle
und was ich wirklich brauch'
das alles bleibt
ausgesprochen unausgesprochen zwischen uns

34 hab' diesen Punkt, der mich berührt
mit viel Missachtung demonstriert
hab' überdeutlich „nichts" gesagt
und dir damit mein Leid geklagt
hab' dich gewarnt, mit keinem Laut
hab' auf dein Feingefühl gebaut
du musst doch wissen, wenn ich schweig
dann ist das auch 'n Fingerzeig
jeder sieht doch weit und breit
wie dieser Blick zum Himmel schreit
das hast du alles nicht gehört
bist du denn wahrnehmungsgestört
das alles bleibt …
ausgesprochen unausgesprochen
alles bleibt …

35 *Sprecherin:* Small Talk: Die Kunst der leichten Konversation – ein Radio-Feature
Moderator: Guten Abend, liebe Hörerinnen und Hörer! Herzlich willkommen zu unserem heutigen Feature zum Thema „Small Talk: Die Kunst der leichten Konversation".
Kennen Sie das? Ein Empfang: Sie stehen in einer Gruppe, Sie klammern sich an die Kaffeetasse, zerdrücken fast Ihr Wein- oder Sektglas und überlegen krampfhaft: „Was könnte ich denn jetzt noch mal sagen?" Langsam fangen Sie an zu schwitzen und schließlich ergreifen Sie mit einer gemurmelten Entschuldigung die Flucht.
Oder Sie reden zwar mit, aber Sie leiden still: „Was für ein oberflächlicher Mist! Was soll das ganze Gequatsche? Kommt ja doch nichts bei raus!" Sie nicken verständnisvoll, lächeln gequält und schauen heimlich auf die Uhr. „Ob es wohl sehr auffällt, wenn ich gleich hier verschwinde?", fragen Sie sich. Dabei scheint es den anderen zu gefallen. Die lachen und sind fröhlich. Warum nur kommt Ihnen alles so sinnlos und langweilig vor?
Ist Small Talk wirklich sinnlos, langweilig und oberflächlich? Dieser Frage wollen wir heute nachgehen. Dazu begrüße ich ganz herzlich die Psychologin und Kommunikationsforscherin, Frau Dr. Gaby Lange, und Herrn Michael Göbel, Kommunikationstrainer und Managementberater. Ich freue mich, dass Sie heute Abend kommen konnten, um mit mir und unseren Hörerinnen und Hörern die Kunst des Small Talks zu beleuchten.
Dr. Lange: Guten Abend.
M. Göbel: Guten Abend, Herr Meyerhof und vielen Dank für die Einladung.

36 *Moderator:* Ja, wie ist das jetzt eigentlich mit dem Small Talk? Lassen Sie uns zuerst die Meinung von einigen Passanten hören, die wir im Zentrum von Berlin interviewt haben.
Frau 1: Wie ich Small Talk finde? Was soll ich dazu sagen? Den gibt's doch täglich: bei der Arbeit, beim Einkaufen, an der Bushaltestelle. Was soll daran Besonderes sein? Gehört halt zum täglichen Leben. Menschen sprechen eben miteinander. Gott sei Dank!
Mann: Small Talk? Grässlich! „Ist aber heiß heute!" „Immer noch Regen!" „Haben Sie schon die neue Frisur von dem und dem gesehen?" Ist doch alles völlig uninteressant! Entweder man unterhält sich richtig oder besser gar nicht. Im Zweifelsfall bin ich für gar nicht!
Junge: Small Talk? Was soll das denn sein? Keine Ahnung! Oder meinen Sie chatten?
Frau 2: Also Small Talk finde ich extrem wichtig. Ich bin viel geschäftlich unterwegs. Ohne Small Talk würden viele Kontakte gar nicht zustande kommen. Man kann doch nicht in der ersten Sekunde direkt zur Sache kommen. Small Talk hilft, sich kennen zu lernen, eine Beziehung aufzubauen, und entspannt die Atmosphäre. Ich liebe Small Talk, aber man muss schon wissen, über welche Themen man sprechen kann und über welche lieber nicht. Sonst kann es auch mal in die Hose gehen und dann „Ade Geschäft!"

37 *Moderator:* Zum letzten Beitrag möchte ich Sie direkt einmal fragen, Frau Lange. Stimmt es, dass man mithilfe von Small Talk eine Beziehung aufbauen kann?
Dr. Lange: Das stimmt auf jeden Fall. Da hat die Dame absolut recht. Ein Fachkollege hat einmal gesagt: „Small Talk ist soziales Lausen". Also Small Talk erleichtert Beziehungen, öffnet Türen, schafft Kontakt. Schweigen dagegen hinterlässt bei anderen Menschen häufig einen negativen Eindruck. Sie fragen sich: Warum sagt der Mensch nichts? Ist er desinteressiert oder einfach unhöflich? Mag er mich vielleicht nicht? Schweigen kann sogar zu Aggressionen führen. Wenn man einen ganzen Abend neben einer Person sitzt, die – egal zu welchem Thema – immer nur die kürzest mögliche Antwort gibt, so ist das unglaublich mühsam, und schließlich denkt man sich vielleicht: „Du Idiot, dann eben nicht!" und schweigt ebenfalls oder wendet sich jemand anderem zu. Dabei ist ein solches Verhalten in der Regel gar keine Unhöflichkeit, sondern entsteht häufig durch Unsicherheit.
M. Göbel: Entschuldigen Sie, wenn ich Sie unterbreche. Dem kann ich nur voll und ganz zustimmen! Unsicherheit ist wirklich häufig der Grund dafür, dass man sich nicht an der Konversation beteiligt. Aber Small Talk kann man lernen. Und man sollte ihn sogar üben – wie jede Fertigkeit.
Moderator: Wie können wir uns das vorstellen? Können Sie ein paar Beispiele geben?
M. Göbel: Ja, gern. Man kann in Situationen trainieren, in denen es um nichts geht, zum Beispiel im Aufzug, beim Einkaufen, auf dem

Parkplatz, im Bus oder Zug, im Wartezimmer. Fangen Sie mit unbekannten Menschen ein Gespräch zu einem Thema an, über das Einigkeit besteht. Warten Sie nicht zu lange, denn je länger sie warten, desto schwieriger wird es. Einigkeit besteht zum Beispiel meist beim Thema „Wetter": „Schrecklich heiß heute, nicht wahr?", an der Kasse: „Finden Sie nicht auch, dass das Gemüse ganz schön teuer ist? Wie kommt das nur, jetzt mitten im Sommer?" und so weiter, und so weiter. Man sollte es als Spiel betrachten, denn es macht sogar Spaß.
Moderator: Aber ist das nicht alles ein bisschen oberflächlich?
M. Göbel: Das finde ich gar nicht. Es geht ja zunächst einmal darum, Unsicherheit abzubauen. Wenn ich in solchen Situationen merke, dass die meisten Menschen eher freundlich reagieren, dass ich auf diese Weise ins Gespräch kommen kann, hat das doch einen sehr positiven Effekt. Den werde ich bestimmt nicht erzielen, wenn ich es gleich mit tiefschürfenden Themen versuche.
Moderator: Das leuchtet natürlich ein. Was sind eigentlich Themen, die sich für Small Talk eignen?
M. Göbel: Wie schon gesagt, natürlich das Wetter, aber auch Themen wie Hobbys, Freizeit, Urlaub, Reisen, Essen und Trinken, Kultur, Sport …
Dr. Lange: Entschuldigen Sie, wenn ich hier mal einhake. Sport ist prinzipiell schon ein geeignetes Thema, aber es kann auch gefährlich sein. Sie sind begeisterter Jogger, aber vielleicht erzeugt gerade das Abneigung bei Ihrem Gesprächspartner. Vielleicht hat er's schon oft versucht und nicht durchgehalten, und Sie erinnern ihn an seine Schwäche.
38 *Moderator:* Das ist richtig. Aber vielleicht hören wir zunächst einmal einige Fragen von Hörerinnen und Hörern und Sie antworten dann, einverstanden?
Dr. Lange: Aber selbstverständlich!
Hörerin 1: Ja, hier Ines Drünert aus Chemnitz, guten Abend in die Runde. Ich bin nicht sehr talentiert im Small Talk und würde gern von Herrn Göbel wissen, welche Themen man denn möglichst vermeiden sollte.
M. Göbel: Also, tabu für die ersten Kontakte sind zum Beispiel Themen wie Politik und Religion oder Krankheiten. Auch Eheprobleme oder Gelddinge haben da nichts zu suchen. Vermeiden sollte man natürlich auch, über andere zu reden oder unbedingt und dauernd witzig sein zu wollen.
Hörer: Hallo und guten Abend! Hier Dirk Starke, Weimar. Ich werde in einem Projekt in Peru arbeiten. Ich habe gehört, dass Small Talk dort eine viel wichtigere Rolle spielt als bei uns. Können Sie mir dazu etwas sagen?
Dr. Lange: Was Sie sagen, stimmt. Small Talk ist dort ein wichtiger Faktor für das Gelingen von Kommunikation – sowohl im Privat- als auch im Geschäftsleben. In einer geschäftlichen Besprechung werden zunächst einmal ausgiebig Dinge aus dem Privatleben besprochen. Was machen die Kinder? Wie geht es der Frau, dem Vater, der Mutter, so sie noch leben et cetera, et cetera. Auch Fragen, die wir bei uns eher schon zur Intimsphäre rechnen würden, werden häufig gestellt. Darauf muss man vorbereitet sein, um nicht unangemessen zu reagieren.
Hörerin 2: Hallo, hier Barbara Klein. Ich muss demnächst an einem Empfang zum 40-jährigen Firmenjubiläum teilnehmen und hab' schon Horror davor, besonders vorm Small Talk. Ich kann das nicht so gut. Ich weiß zum Beispiel nie, wie ich die Leute ansprechen soll. Haben Sie da einen Tipp?
Dr. Lange: Es geht sehr vielen so wie Ihnen. Aber auch hier kann einem ein bisschen Taktik helfen. Eine wichtige Sache ist: Gehen Sie mit einem Lächeln auf die Menschen zu, nehmen Sie Blickkontakt auf. Sagen Sie einen Gruß, Ihren Vor- und Nachnamen, erzählen Sie kurz etwas „Eigenes" und dann stellen Sie eine offene Frage. Grüßen ist ja selbstverständlich, der ganze Name wirkt persönlicher als nur der Nachname, und wenn Sie zunächst etwas Eigenes sagen, kann sich das Gegenüber nicht ausgefragt fühlen, wenn Sie eine Frage stellen. Auch Komplimente machen hilft: „Sie sehen ja toll aus, kommen Sie gerade aus dem Urlaub?" – Schon haben Sie einen Einstieg für das Thema Urlaub.
M. Göbel: Ein kleiner Tipp noch von mir: Sie könnten sich vor der Veranstaltung sogar einen Spickzettel machen, auf dem Sie einige Themen notieren, zu denen Sie etwas zu sagen haben oder über die Sie selbst gern sprechen. Das hilft, Unsicherheit abzubauen.
Moderator: Wie wir sehen, ist Small Talk wirklich eine Kunst. Und ein beliebtes Thema für Small Talk ist auch die Zeit und wie schnell sie doch vergeht. Nutzen Sie Ihre Zeit und talken Sie, liebe Hörerinnen und Hörer, das macht das Leben freundlicher!
Hier RZ-Radio. Sie hörten ein Feature zum Thema „Small Talk: Die Kunst der leichten Konversation".

39 1. *Frau Ehrenmann:* Guten Tag.
Angestellter: Guten Tag, was kann ich für Sie tun?
Frau Ehrenmann: Ja, also – ich möchte mich über einen Busfahrer beschweren.
Angestellter: Ja? Um was geht es denn?
Frau Ehrenmann: Hm, letzte Woche, genauer gesagt am 14. November, wollte ich wie immer um 7.30 Uhr mit meiner Tochter im Kinderwagen mit dem Bus 36 von der Steinstraße zum Mozartplatz fahren. Na ja, und weil es stark geregnet hat, war der Bus voller also sonst.
Angestellter: Hm, ja?
Frau Ehrenmann: Nun, der Busfahrer hat mir erklärt, dass der Bus schon voll wäre und er deswegen keine weiteren Personen mitnehmen dürfte. Dabei war im Bus noch genug Platz für mich und den Kinderwagen.
Angestellter: Nun, da kann der Busfahrer nichts dafür. Es gibt schließlich die Anweisung, dass der Bus nicht zu voll sein darf. Na, und wenn der Busfahrer das missachtet und es passiert was, ist er dran.
Frau Ehrenmann: Ja, das mag sein. Aber dann ist es umso verwunderlicher, dass der Busfahrer einen anderen Fahrgast noch mitgenommen hat. Nur uns nicht wegen dem Kinderwagen. Und es kann doch nicht angehen, dass Mütter mit Kinderwagen benachteiligt werden!
Angestellter: Nein, natürlich nicht. Das war bestimmt keine Absicht und es tut uns wirklich leid.
Frau Ehrenmann: Ich möchte aber, dass Sie dem Busfahrer sagen, dass er Frauen mit Kinderwagen nicht benachteiligen darf. Und außerdem musste ich, weil mich der Bus nicht mitnahm, mit dem Taxi fahren. Das hat 16 Euro gekostet! Die möchte ich erstattet bekommen.
Angestellter: Hm, so einfach geht das nicht. Sie hätten ja auf den nächsten Bus warten können.
Frau Ehrenmann: Wie bitte! Sie sind gut! Der Bus kommt nur alle 30 Minuten und ich musste pünktlich zur Arbeit und vorher noch meine Tochter zur Kita bringen. Da konnte ich unmöglich auf den nächsten Bus warten.
Angestellter: Ja, schon, dennoch können wir nicht einfach Ihre Taxikosten übernehmen.
Frau Ehrenmann: Aha, und warum nicht? Was schlagen Sie denn stattdessen vor?
Angestellter: Ähm, also – wir könnten Ihnen einen Gutschein für zwei Mehrfahrtentickets geben, das entspricht ungefähr Ihren Auslagen für das Taxi.
Frau Ehrenmann: Einverstanden, das ist ein guter Vorschlag. Vielen Dank!
Angestellter: Gut, dann stelle ich Ihnen gleich den Gutschein aus, den können Sie dann an jedem Fahrkartenschalter gegen die Mehrfahrtentickets eintauschen.

40 2. *Frau Ehrenmann:* Guten Tag.
Angestellter: Guten Tag, was kann ich für Sie tun?
Frau Ehrenmann: Ja, also – ich möchte mich über einen Busfahrer beschweren.
Angestellter: Ja? Um was geht es denn?
Frau Ehrenmann: Es war so: Letzte Woche am 14. November wollte ich wie immer um 7.30 Uhr mit meiner Tochter im Kinderwagen mit dem Bus 36 von der Steinstraße zum Mozartplatz fahren. Na ja, und weil es stark geregnet hat, war der Bus voller als sonst.
Angestellter: Hm, ja? Und?
F. Ehrenmann: Nun, der Busfahrer hat mir – der hat mir einfach verboten, in den Bus einzusteigen. Er hat mir erklärt, dass der Bus voll wäre und er deswegen keine weiteren Personen mitnehmen dürfte. Dabei war im Bus noch genug Platz für mich und den Kinderwagen! Also, so was Unverschämtes ist mir noch nie passiert.
Angestellter: Also bitte! Das war doch nicht unverschämt. Wir haben schließlich unsere Anweisungen. Und es ist verboten, mehr Personen als zugelassen zu transportieren. Der Busfahrer hat nur seine Pflicht getan. Stellen Sie sich vor, es wäre was passiert!
Frau Ehrenmann: Wie bitte?! Das kann ja wohl nicht wahr sein! Schließlich hat der Busfahrer auch einen anderen Mann mitgenommen. Nur uns nicht. Es kann nicht angehen, dass Mütter mit Kindern im öffentlichen Nachverkehr diskriminiert werden.
Angestellter: Entschuldigen Sie, aber Sie können unseren Busfahrern nicht einfach Diskriminierung vorwerfen. Unsere Busfahrer sind äußerst korrekt. Ich möchte Sie bitten, diesen Vorwurf zurückzunehmen.
Frau Ehrenmann: Was, das ist ja wohl eine Frechheit! Erst lässt man mich und meine Tochter im strömenden Regen am Straßenrand stehen, zwingt uns, ein Taxi zu nehmen, und dann soll ich mich auch noch entschuldigen.
Angestellter: Sie sollen sich ja nicht persönlich entschuldigen. Ich wollte nur sagen, dass so verallgemeinernde Vorwürfe einfach unzutreffend sind.
Frau Ehrenmann: Aha. Und was ist jetzt mit meinen Taxikosten von 16 Euro?! Ich erwarte, dass Sie die übernehmen.
Angestellter: Wie bitte!? Wir können doch nicht einfach Ihre Taxikosten übernehmen.
Frau Ehrenmann: Aber sicher doch! Schließlich musste ich wegen Ihrem Busfahrer ein Taxi nehmen, um meine Tochter in die KITA zu bringen und pünktlich zur Arbeit zu kommen.
Angestellter: Nein, so einfach geht das nicht. Sie hätten schließlich einen späteren Bus nehmen können. Da könnte ja jeder kommen.
Frau Ehrenmann: Also, das ist ja die Höhe! Ich werde mich über Sie beschweren. Ich möchte jetzt sofort Ihren Vorgesetzten sprechen.
Angestellter: Gut, wenn Sie unbedingt wollen. Da werden Sie aber auch nichts anderes hören.

	Lernziele / Kannbeschreibungen		LB-Lektion		AB-Lektion
Interaktion mündlich	sich an Gesprächen und Diskussionen beteiligen sowie eigene Ansichten begründen und verteidigen	Ansichten begründen und verteidigen	1 (B, C, F) 2 (A, B) 5 (A)	8 (D) 11 (D) 12 (F)	1 (C) 9 (A) 12 (F)
	verschiedene Gefühle differenziert ausdrücken und auf Gefühlsäußerungen anderer reagieren	Gefühle ausdrücken und auf Gefühlsäußerungen reagieren	6 (A) 9 (F)		
	den eigenen Standpunkt begründen und Stellung zu Aussagen anderer nehmen	den eigenen Standpunkt begründen	3 (A, E) 4 (E)		
	ein Problem darlegen, dabei Vermutungen über Ursachen und Folgen anstellen sowie Vor- und Nachteile abwägen	ein Problem darlegen	11 (F)		
	zu einem gemeinsamen Vorhaben beitragen und dabei andere einbeziehen	zu einem Vorhaben beitragen	6 (E) 9 (D)	12 (D)	12 (C, D)
	bei Interessenkonflikten oder Auffassungsunterschieden eine Lösung aushandeln	bei Interessenkonflikten eine Lösung aushandeln	6 (D)		
	klare und detaillierte Absprachen treffen und getroffene Vereinbarungen bestätigen	Absprachen treffen und Vereinbarungen bestätigen	5 (F)		
	gezielt Fragen stellen und ergänzende Informationen einholen	Fragen stellen und Informationen einholen	4 (F) 8 (C) 10 (D)		
	auf Fragen im eigenen Fach- oder Interessenbereich detaillierte Antworten geben	auf Fragen detaillierte Antworten geben	7 (A)		
	sich an Einrichtungen oder Organisationen wenden und um Rat oder Hilfe bitten	sich an Einrichtungen oder Organisationen wenden	10 (D)		
	anderen Personen Ratschläge oder detaillierte Empfehlungen geben	Ratschläge geben	4 (F) 6 (A)		
	detaillierte Informationen umfassend und inhaltlich korrekt weitergeben	detaillierte Informationen weitergeben	7 (F)		
	mit Behörden und Dienstleistern umgehen	mit Behörden und Dienstleistern umgehen			10 (D)
	in einem offiziellen Gespräch oder Interview Gedanken ausführen	in einem Gespräch Gedanken ausführen	2 (E)		
	ein Interview führen und auf interessante Antworten näher eingehen	ein Interview führen	2 (F) 11 (E)		
	komplexere Situationen telefonisch bewältigen und dabei Bezug auf den Gesprächspartner nehmen	Situationen telefonisch bewältigen	10 (D)		10 (D)
Interaktion schriftlich	in privater Korrespondenz Gefühle, Erlebnisse und Erfahrungen ausdrücken bzw. kommentieren	in Korrespondenz Gefühle und Erlebnisse ausdrücken	9 (E)		1 (D)
	einen anspruchsvolleren formellen Brief schreiben	einen formellen Brief schreiben	12 (E)		1 (B) 5 (D) 10 (D) 12 (E)
	Schriftwechsel mit Behörden und Dienstleistern selbstständig abwickeln	Schriftwechsel mit Behörden / Dienstleistern abwickeln	10 (D)		10 (D)
	komplexe Formulare oder Fragebögen ausfüllen und dabei freie Angaben formulieren	komplexe Formulare oder Fragebögen ausfüllen	10 (E)		1 (A) 2 (A)
	komplexe Sachverhalte für andere schriftlich darstellen und die eigene Meinung dazu äußern	Sachverhalte schriftlich darstellen	5 (E)		7 (C) 11 (B)
	sich schriftlich über ein Problem beschweren und Zugeständnisse fordern	sich schriftlich über ein Problem beschweren	12 (E)		12 (E)
	zu einem Dossier schriftlich Stellung nehmen und Kritikpunkte anführen	zu einem Dossier Stellung nehmen			10 (A)
	Informationen und Sachverhalte schriftlich weitergeben und erklären	Informationen schriftlich weitergeben	4 (D) 5 (E)	11 (B)	
	detaillierte Informationen umfassend und inhaltlich korrekt weitergeben	detaillierte Informationen schriftlich weitergeben	4 (B)		

	Lernziele / Kannbeschreibungen		LB-Lektion		AB-Lektion
Rezeption mündlich	komplexe Informationen über alltägliche und berufsbezogene Themen verstehen	komplexe Informationen verstehen	5 (C)		
	Informationen in Ansagen und Mitteilungen verstehen	Ansagen und Mitteilungen verstehen			11 (C)
	detaillierte Anweisungen und Aufträge inhaltlich genau verstehen	Anweisungen und Aufträge verstehen	4 (B) 5 (D)		10 (F)
	längeren Gesprächen zu aktuellen, interessanten Themen folgen	längeren Gesprächen folgen	1 (A, C) 3 (F) 6 (C) 7 (D)	8 (C) 10 (A, C, D) 12 (E)	3 (F)
	im Radio Informationen aus Nachrichten- und Feature-Sendungen verstehen	im Radio Informationen aus Nachrichten-, Feature-Sendungen verstehen	5 (C) 11 (C) 12 (C)		
	(im Fernsehen) Informationen in Reportagen, Interviews oder Talkshows verstehen	Informationen in Reportagen, Interviews, Talkshows verstehen	1 (F) 2 (C) 3 (C, E) 4 (D)	5 (E) 7 (A) 8 (D) 11 (B, E)	
	die Hauptaussagen von klar aufgebauten Vorträgen, Reden und Präsentationen verstehen	Hauptaussagen von Vorträgen verstehen	4 (F) 7 (F)		
	in einer Diskussion der Argumentation folgen und hervorgehobene Punkte im Detail verstehen	in einer Diskussion der Argumentation folgen	3 (E) 6 (D)		
	ausführliche Beschreibungen von interessanten Dingen und Sachverhalten verstehen	Beschreibungen verstehen	4 (A, B, C)		4 (B)
	literarischen oder alltäglichen Erzählungen folgen und viele wichtige Details verstehen	Erzählungen folgen	9 (C, E) 11 (A)		9 (C)
Rezeption schriftlich	in Texten neue Sachverhalte und detaillierte Informationen verstehen	neue Sachverhalte und Informationen verstehen	4 (C, E) 5 (C) 6 (B, D)	7 (A, E) 10 (A, B, F) 12 (D)	11 (B, F) 12 (D)
	in längeren und komplexeren Texten rasch wichtige Einzelinformationen finden	rasch Einzelinformationen finden	2 (E) 3 (B, C) 5 (B)	7 (B) 9 (B)	3 (B, D) 5 (B) 6 (B) 9 (B)
	in Artikeln und Berichten über aktuelle Themen Haltungen und Standpunkte verstehen	Standpunkte verstehen	3 (A, D) 6 (F) 7 (C)	8 (C, E) 11 (D) 12 (B)	6 (C) 8 (E)
	in längeren Reportagen zwischen Tatsachen, Meinungen, Schlussfolgerungen unterscheiden	Tatsachen, Meinungen, Schlussfolgerungen unterscheiden	8 (B) 11 (F)		
	Anzeigen zu Themen eines Fach- oder Interessengebiets verstehen	Anzeigen verstehen	1 (B) 5 (D) 9 (F)		5 (D)
	in Texten Informationen, Argumente oder Meinungen ziemlich vollständig verstehen	Informationen, Argumente, Meinungen verstehen	1 (D) 2 (B, D)		
	lange komplexe Anleitungen verstehen, wenn schwierige Passagen mehrmals gelesen werden können	lange komplexe Anleitungen verstehen	10 (C)		
	in Verträgen die Hauptpunkte verstehen, Rechtliches jedoch nur mithilfe des Wörterbuchs	in Verträgen die Hauptpunkte verstehen	10 (E)		
	in Korrespondenz die wesentlichen Aussagen verstehen	Korrespondenz verstehen	1 (E) 5 (D) 9 (E)	11 (C) 12 (E)	
	literarische Texte lesen, dabei die Gesamtaussage und viele Details verstehen	literarische Texte lesen	1 (F) 3 (F) 4 (A) 5 (F)	8 (A, F) 9 (A, D) 12 (A)	11 (A)

	Lernziele / Kannbeschreibungen		LB-Lektion		AB-Lektion
Produktion mündlich	zu verschiedenen Themen ziemlich klare und detaillierte Beschreibungen geben	detaillierte Beschreibungen geben	4 (A, C)		12 (F)
	Sachverhalte systematisch erörtern sowie wichtige Punkte und relevante Details hervorheben	Sachverhalte systematisch erörtern	6 (F)		
	Erfahrungen, Ereignisse, Einstellungen darlegen und die eigene Meinung mit Argumenten stützen	eigene Einstellungen darlegen und mit Argumenten stützen	1 (D) 8 (A) 12 (F)		12 (F)
	einen kurzen Text relativ spontan und frei vortragen	einen kurzen Text vortragen	8 (F) 10 (A) 12 (C)		1 (B) 8 (C)
	eine vorbereitete Präsentation gut verständlich vortragen	eine Präsentation vortragen	4 (F) 7 (F)		
	Informationen aus längeren Texten zusammenfassend wiedergeben	Informationen zusammenfassend wiedergeben	1 (E) 9 (B) 10 (C)		
	Informationen und Argumente zusammenfassen und kommentiert wiedergeben	Informationen und Argumente wiedergeben	12 (B)		
	mündlich Vermutungen über Sachverhalte, Gründe und Folgen anstellen	mündlich Vermutungen anstellen	2 (B) 4 (A) 5 (B)	6 (B) 8 (F) 9 (C, D)	
	eigene Gedanken und Gefühle mündlich beschreiben	Gedanken und Gefühle mündlich beschreiben	2 (F) 9 (A) 12 (A)		
	eine Geschichte zusammenhängend erzählen	eine Geschichte erzählen	11 (A)		
	über aktuelle oder abstrakte Themen sprechen und Gedanken und Meinungen dazu äußern	Gedanken und Meinungen äußern	1 (A) 2 (A, C)	7 (F) 11 (A)	
	komplexere Abläufe beschreiben	komplexere Abläufe beschreiben	1 (E)		
Produktion schriftlich	über interessante Themen klare und detaillierte Berichte schreiben	Berichte schreiben	10 (A)		
	ein Thema schriftlich darlegen, Punkte hervorheben sowie Beispiele anführen	ein Thema schriftlich darlegen	6 (F) 7 (E) 10 (F)		9 (D)
	eigene Gedanken und Gefühle schriftlich beschreiben	Gedanken und Gefühle schriftlich beschreiben	9 (E)		
	in Texten Vermutungen über Sachverhalte, Gründe und Folgen anstellen	schriftlich Vermutungen anstellen	8 (B) 9 (E)		
	zu allgemeinen Artikeln oder Beiträgen eine Zusammenfassung schreiben	eine Zusammenfassung schreiben	2 (B) 5 (B) 7 (E)		
	Informationen und Argumente schriftlich zusammenführen und abwägen	Informationen und Argumente schriftlich abwägen	6 (C) 7 (C) 11 (F)		
	sich während eines Gesprächs oder einer Präsentation Notizen machen	sich Notizen machen	4 (F) 7 (D)	11 (B) 12 (C)	4 (F) 7 (D)
	Erfahrungen und Ereignisse detailliert und zusammenhängend schriftlich beschreiben	Erfahrungen und Ereignisse schriftlich beschreiben	10 (F) 11 (C)		9 (C)
	eine zusammenhängende Geschichte schreiben	eine Geschichte schreiben	1 (F) 3 (F)	6 (E) 9 (E)	3 (E) 11 (A)
	Anzeigen verfassen, die eigene Interessen oder Bedürfnisse betreffen	Anzeigen verfassen	5 (D)		5 (D)
	über aktuelle oder abstrakte Themen schreiben und eigene Gedanken und Meinungen dazu ausdrücken	über abstrakte Themen schreiben und Meinungen ausdrücken	2 (D) 3 (C) 6 (B)	8 (E) 9 (B)	6 (C) 8 (E)